[図2] 非行少年の発見とその後の対応

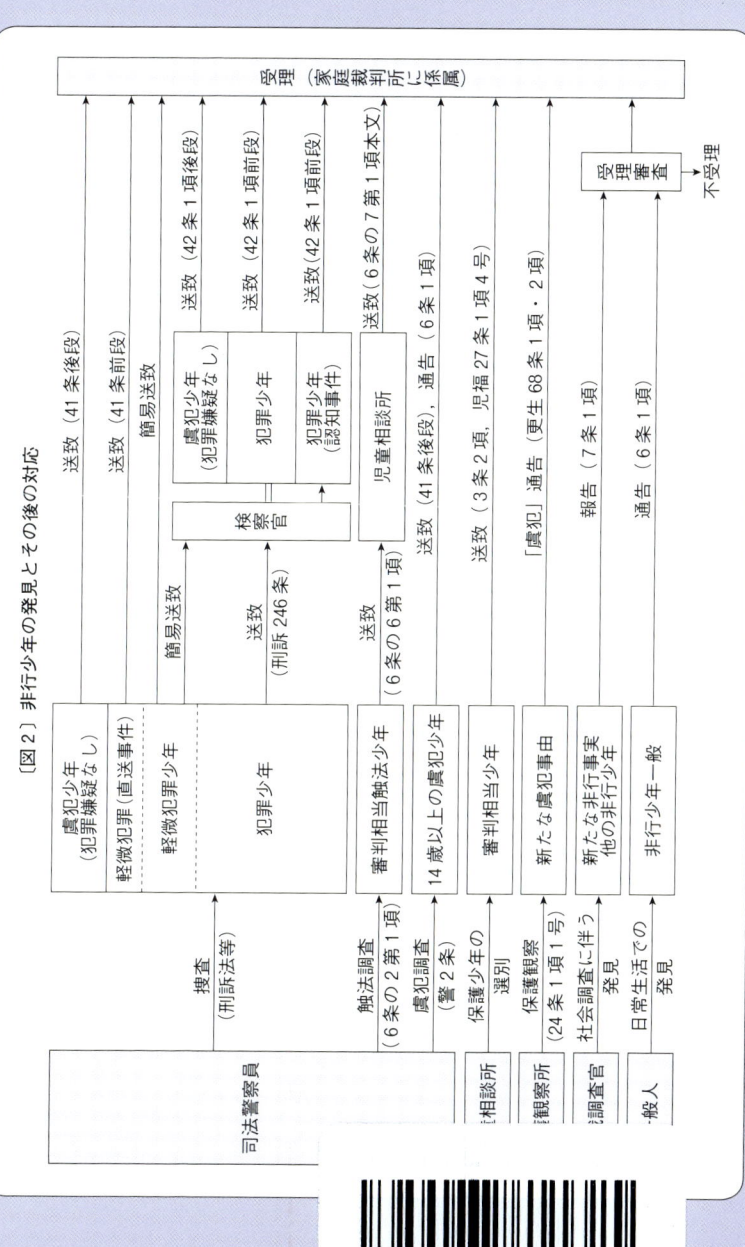

ブリッジブック
少年法入門
Bridgebook

丸山雅夫 著

信山社
Shinzansha

はしがき

　1997年の「神戸児童連続殺傷事件（酒鬼薔薇聖斗事件）」や1999年の「光市母子殺害事件」のように，世間の耳目を集める少年事件が起きるたびに，「少年法の対応は甘い」とか「少年犯罪者には厳しく対応しなければならない」といった主張（いわゆる厳罰化論）が声高に叫ばれる。こうした主張は，テレビタレント化したコメンテーターが一様に口にすることもあってか，人々の感覚に受け入れられやすいものであり，世間一般の共感を得ているようにすら思われる。しかし，果たして，厳罰化論を主張する人々は，成人刑事システムと異なる少年司法システムが成立した歴史的過程や根拠，さらには特有の理念・目的や構造を正確に理解したうえで主張を展開しているのであろうか。批判そのものは自由であるとしても，正確な知識にもとづかずに自己の印象や感覚だけを頼りにした批判は，適切なものとは言いがたい。本書を著そうとした最大の理由は，何よりも，適切な議論と批判のための素材を提供しようとする点にある。そこで，本書においては，図を用いるなどの工夫とともに，少年法の基礎知識をできるだけ正確に，かつ分かりやすく叙述することを心がけた。他方，先行業績の引用は一切省略し，判例等の引用も最小限のものとしている。

　以上のような背景から，本書は，信山社のブリッジブック・シリーズのひとつとして公刊することになった。ただ，他のブリッジブックとは異なり，多くの大学では少年法（に関連した）

授業が開講されていないため，本書がブリッジすべき先が明らかでないものとなっている。できれば，本書をきっかけとして，本書と同じ体裁で詳述している拙著『少年法講義［第2版］』（成文堂，2012年），さらには詳細な注釈書である田宮裕・廣瀬健二編『注釈少年法［第3版］』（有斐閣，2009年）にまでブリッジしていただければ幸いである。特に本書の基本的な構成は，拙著へのブリッジを意識したものとなっている。他方，特にブリッジ先を意識せずに，少年法の入門書ないしは概説書として本書を読んでいただくことも十分に可能である。法学部の学生だけでなく，社会福祉や教育学などの分野で子どもの問題を学ぶ学生，さらには単に少年法に興味を持っている一般の人にとっても，役立ちうるものになっている。本書をきっかけとして，家庭裁判所調査官をはじめ，少年問題に積極的に関わっていこうとする学生が1人でも生まれるならば，これに過ぎる喜びはない。まずは，まっさらな気持ちで，少年法の基礎を学ぶところから始めてみよう。

　出版事情がきわめて厳しいなか，本書の出版を勧めていただいた信山社の渡辺左近氏に，心からの御礼を申し上げたい。本書が多くの人々に読まれることによって，ご支援に応えられるものとなるよう願っている。

　2013年3月

丸 山 雅 夫

ブリッジブック少年法入門　Bridgebook

目　　次

はしがき

序章　少年司法システムの特殊性 …………………………… 1

Ⅰ　成人刑事司法と少年司法 (1)

1　固有の少年観にもとづく少年司法システム (1)
(1)犯罪に対する成人と少年の区別的対応 (1)　(2)少年観の変化 (2)

2　国家による介入の正当化原理と少年司法システム (2)
(1)国民の自由に対する国家の介入 (2)　(2)成人犯罪者に対する法的介入 (3)　(3)非行少年に対する法的介入 (4)

Ⅱ　少年司法における 2 つの潮流と少年法制 (5)

1　コモン・ロー法系と大陸法系 (5)
(1)コモン・ローと大陸法 (5)　(2) 2 つの法系と少年法制 (6)

2　少年司法における具体化 (7)
(1)さまざまな形態 (7)　(2)日本の現行少年法 (7)

第 1 章　日本の非行現象 ………………………………………… 9

Ⅰ　日本における少年非行の現状 (9)

1　検証の意義と方法 (9)
(1)少年非行の検証の意義と限界 (9)　(2)統計的検証のための基礎資料 (10)

2　少年非行の現状と特徴 (11)
(1)少年非行の経年的傾向 (11)　(2)成人犯罪(者)との比較 (12)　(3)犯罪類型における特徴 (12)　(4)一般的特徴 (13)

Ⅱ　社会における厳罰化への動きとその背景 (15)

1　少年非行に対する社会の見方 (15)

　　　　　(1)非行の「凶悪化」幻想？（15）　(2)情報伝達手段の変化と影響（16）
　　2　モラル・パニックと厳罰化要求（17）
　　　　　(1)社会のモラル・パニック（17）　(2)いわゆる厳罰化論（17）
　Ⅲ　犯罪少年の実名報道への傾斜（19）
　　1　同一性推知情報の開示禁止（19）
　　　　　(1)旧法74条から現行61条へ（19）　(2)61条の趣旨（19）
　　2　犯罪少年をめぐる状況の変化（20）
　　　　　(1)61条と新聞報道（20）　(2)61条と雑誌報道（21）
　　3　裁判所の対応と今後の方向性（22）
　　　　　(1)裁判所の対応の変化（22）　(2)実名報道の今後（23）

第2章　少年法制の独立と少年司法システム………… 25

　Ⅰ　欧米の近代化と少年法制（25）
　　1　「小さな大人」による犯罪の扱い（25）
　　　　　(1)「小さな大人」という少年観（25）　(2)コモン・ロー法系における対応（26）　(3)大陸法系における対応（26）
　　2　固有の少年司法システムの分化への動き（27）
　　　　　(1)「子どもの救済」運動（27）　(2)刑事司法における犯罪少年への配慮（28）　(3)新派の刑法理論（29）　(4)福祉モデル少年法制（30）　(5)旧派と新派の関係（31）
　Ⅱ　日本の近代化と少年法制（32）
　　1　少年処遇の前史（32）
　　　　　(1)旧刑法の制定まで（32）　(2)旧刑法と民間感化事業（33）
　　2　感化法とその内容（35）
　　　　　(1)旧刑法下の感化法とその限界（35）　(2)現行刑法の制定と第1次感化法改正（36）
　Ⅲ　旧少年法から現行少年法へ（37）
　　1　旧少年法（大正少年法）とその内容（37）
　　　　　(1)旧少年法の成立（37）　(2)旧少年法の構造（38）　(3)少年

の刑事事件（原則）(39) (4)少年の保護事件（例外）(40)
  2 現行少年法とその概要 (41)
    (1)現行少年法の成立 (41) (2)現行少年法の特色 (42)

第3章 少年法の基本構造 …………………………………… 44

Ⅰ 少年法の法的性格と関連法令 (44)
  1 少年法の法的性格 (44)
    (1)刑事法としての少年法典 (44) (2)少年法の性格と社会のイメージ (45)
  2 少年事件に関わる法令等 (45)
    (1)少年法制に関わる法令 (45) (2)通達等による補完 (46)
    (3)国際的な動向 (46)

Ⅱ 少年法の目的と理念 (47)
  1 少年の健全育成と成長発達権 (47)
    (1)少年法1条が明示する目的 (47) (2)社会復帰モデルと成長発達権 (47)
  2 非行に対する少年の責任 (48)
    (1)少年法の性格と少年の責任 (48) (2)少年法における責任 (49)
  3 少年の人権の保障 (50)
    (1)少年法における人権の扱い (50) (2)人権保障の具体化 (51)
  4 少年事件の被害者に対する配慮 (51)
    (1)犯罪被害者の配慮に向けた動き (51) (2)少年法における犯罪被害者への配慮 (52)

Ⅲ 少年法の特徴 (53)
  1 専門機関の設置 (53)
    (1)家庭裁判所の創設 (53) (2)家庭裁判所裁判官 (54)
    (3)家庭裁判所調査官 (55) (4)少年鑑別所 (56)
  2 全件送致主義と家庭裁判所先議主義 (57)

　　　　(1)少年審判の特性 (57)　(2)全件送致主義と家庭裁判所先議主義 (57)

　　3　保護処分優先主義と不処分優先主義 (60)
　　　　(1)保護処分優先主義 (60)　(2)不処分優先主義 (60)

　　4　ケースワーク機能と社会防衛機能 (61)
　　　　(1)家庭裁判所のケースワーク機能 (61)　(2)社会防衛機能 (62)

　　5　少年審判の構造と職権主義 (63)
　　　　(1)刑事裁判と少年審判 (63)　(2)職権主義的運用 (63)

　　6　個別処遇の原則 (64)
　　　　(1)要保護性の個別性と個別処遇 (64)　(2)個別処遇の具体化 (65)

第4章　少年法の対象 …………………………………… 67

Ⅰ　少年法が扱う「少年」(67)

　　1　「少年」の意義と少年の年齢 (67)
　　　　(1)少年の意義 (67)　(2)少年法の適用年齢の上限 (68)
　　　　(3)少年法の適用年齢の下限 (68)

　　2　年齢の基準時と認定方法 (69)
　　　　(1)年齢判断の基準時 (69)　(2)年齢の認定方法と判断資料 (71)

　　3　成人に対する特別な扱い (72)
　　　　(1)特別な対応の必要性 (72)　(2)成人後の特別な扱い (73)

Ⅱ　少年法が扱う「非行」(74)

　　1　「審判に付すべき少年」の意義 (74)
　　　　(1)非行少年の意義 (74)　(2)特例的な扱い (74)

　　2　犯罪少年 (75)
　　　　(1)犯罪少年の意義 (75)　(2)犯罪の意義 (75)　(3)責任要件の要否 (76)

　　3　触法少年 (77)
　　　　(1)触法少年の意義 (77)　(2)触法少年の扱い (77)

4　虞犯少年 (79)
　　　(1)虞犯少年の意義と扱い (79)　(2)虞犯事由 (81)　(3)虞犯性 (81)

Ⅲ　少年法が扱う事件 (82)

　　1　少年法が直接の対象とする事件 (82)
　　　(1)少年保護事件 (82)　(2)準少年保護事件 (84)
　　2　少年の刑事事件 (84)
　　　(1)少年保護事件と少年刑事事件 (84)　(2)少年刑事事件の扱い (85)

第5章　非行少年の発見と家庭裁判所の受理 …………86

Ⅰ　発見活動の意義と発見主体 (86)

　　1　発見活動の意義 (86)
　　　(1)少年保護事件手続の起点 (86)　(2)発見活動と保護原理 (87)
　　2　発見活動の主体と客体 (87)
　　　(1)発見活動の主体 (87)　(2)発見活動の客体 (88)

Ⅱ　発見活動の実際 (89)

　　1　捜査機関による犯罪少年の発見 (89)
　　　(1)捜査の基本方針 (89)　(2)被疑少年の捜査と逮捕後の扱い (91)　(3)少年の勾留 (92)　(4)勾留に代わる観護措置 (93)　(5)少年の取調べ (96)　(6)捜査後の対応（送致）(97)
　　2　捜査機関による触法少年・虞犯少年の発見 (98)
　　　(1)触法少年に対する従前の対応とその限界 (98)　(2)警察官による触法調査制度 (100)　(3)少年に対する配慮 (102)　(4)調査後の対応 (102)　(5)虞犯少年の発見活動 (103)
　　3　捜査機関以外の者による発見活動 (104)
　　　(1)児童福祉機関による発見活動 (104)　(2)保護観察所による発見活動 (105)　(3)家庭裁判所調査官による発見活動 (106)　(4)一般人による発見活動 (106)

Ⅲ　家庭裁判所による事件受理 (108)

1　不告不理の原則 (108)
(1)不告不理の原則と受理の意義 (108)　(2)不告不理の原則の適用範囲 (109)

2　家庭裁判所の受理 (110)
(1)家庭裁判所に少年事件が持ち込まれる経路 (110)　(2)家庭裁判所の土地管轄 (111)　(3)家庭裁判所による受理とその効果 (112)

第6章　少年保護事件手続Ⅰ——観護と調査 ……… 116

Ⅰ　観護措置 (116)

1　観護措置の意義と種類 (116)
(1)観護措置の意義 (116)　(2)観護措置の種類 (117)

2　観護措置の要件 (119)
(1)観護措置の一般的要件 (119)　(2)観護措置の必要性（実質的要件）(119)

3　観護措置の手続 (120)
(1)観護措置がとられる事件 (120)　(2)観護措置決定手続 (122)　(3)観護措置をとる時期をめぐる問題 (123)　(4)観護措置の執行 (124)　(5)観護措置に伴う仮収容 (125)　(6)観護措置中の接見と余罪捜査 (126)

4　観護措置の期間 (128)
(1)期間の原則 (128)　(2)特別更新 (128)

5　観護措置に対する不服（異議）申立て (129)
(1)不服申立ての意義と方法 (129)　(2)異議の申立て (130)　(3)異議申立ての審理 (131)　(4)特別抗告 (132)

6　観護措置の終了等 (132)
(1)観護措置の変更と終了 (132)　(2)終了の効果 (133)

Ⅱ　調査の意義と種類 (134)

1　法的調査と社会調査 (134)
(1)調査の意義 (134)　(2)裁判官による法的調査 (134)

　　　　　(3)調査官による社会調査 (136)
　　2　事件の分配（インテイク）(137)
　　　　　(1)インテイクの意義と手続 (137)　(2)通常調査事件の扱い
　　　　　(137)

Ⅲ　家庭裁判所調査官の社会調査 (138)
　　1　社会調査の内容 (138)
　　　　　(1)人格調査と科学主義 (138)　(2)調査の専門性と独立性
　　　　　(139)　(3)調査手続と調査の方法 (140)　(4)調査の嘱託，援
　　　　　助・協力依頼 (141)　(5)被害者の申出による意見聴取 (142)
　　2　呼出しと同行 (144)
　　　　　(1)意　義 (144)　(2)呼出し (144)　(3)同行状 (146)　(4)同行
　　　　　状の執行 (147)
　　3　少年鑑別所の資質鑑別 (148)
　　　　　(1)資質鑑別の意義 (148)　(2)資質鑑別の運用 (148)　(3)社
　　　　　会調査との関係 (150)
　　4　調査結果の報告と記録の作成・保管 (150)
　　　　　(1)調査報告の方式等 (150)　(2)少年調査記録と少年保護事
　　　　　件記録 (151)　(3)記録・証拠物の閲覧謄写 (152)
　　5　社会調査と適正手続 (153)
　　　　　(1)社会調査の要件 (153)　(2)適正手続のあり方 (154)

Ⅳ　調査を経た事件の扱い (155)
　　1　審判不開始決定 (155)
　　　　　(1)調査後の３つの方向性 (155)　(2)審判不開始の意義 (156)
　　　　　(3)審判に付することができない場合（手続的審判不開始）
　　　　　(156)　(4)審判に付すのが相当でない場合（実体的審判不開
　　　　　始）(157)　(5)決定の方式と効果 (158)
　　2　他の法システムへの移送 (159)
　　　　　(1)児童福祉機関への送致 (159)　(2)検察官送致 (160)
　　3　審判開始決定 (160)
　　　　　(1)審判開始の意義と要件 (160)　(2)決定の方式と効果 (161)

第7章 少年保護事件手続Ⅱ——少年審判 …………… 163

Ⅰ 審判の意義と特徴 (163)

1 審判の意義と特徴 (163)
(1)審判の意義 (163) (2)審判の主な関係者 (164)

2 審判の諸原則 (167)
(1)非公開の原則 (167) (2)直接審理の原則 (168) (3)併合審判と個別審理 (168) (4)非方式性と保護的・教育的配慮の要請 (169)

3 審判開始決定の効果 (170)
(1)審判の準備 (170) (2)記録・証拠物の閲覧と謄写 (171)

Ⅱ 審判の方式 (171)

1 審判廷の構成と審判の進行 (171)
(1)審判の場所と出席者 (171) (2)審判の進行 (172)

2 非行事実の審理（事実認定）(173)
(1)事実認定の意義 (173) (2)証拠調べの態様 (174) (3)証拠法則 (175) (4)証拠の取調方法と心証の程度 (177) (5)非行事実の認定替え (178)

3 要保護性に関する審理 (178)
(1)要保護性の審理 (178) (2)余罪の扱い (180) (3)被害者の申出による意見の聴取 (180)

4 審判調書 (181)
(1)審判調書の性質 (181) (2)審判調書の記載事項 (181)

5 軽微事件・交通関係事件の扱い (182)
(1)軽微事件の扱い (182) (2)交通関係事件の扱い (182)

Ⅲ 特殊な審判形態 (183)

1 裁定合議事件 (183)
(1)裁定合議制の導入 (183) (2)合議体での審理 (184)

2 検察官関与決定事件 (184)
(1)検察官関与の意義と趣旨 (184) (2)検察官関与の要件 (185) (3)検察官関与の手続 (185) (4)検察官の権限 (186)

3　被害者等傍聴申出事件 (187)
　　　(1)被害者傍聴制度導入の背景と趣旨 (187)　(2)被害者傍聴の内容 (187)　(3)配慮規定（2項〜5項）(188)　(4)被害者等に対する説明 (189)

Ⅳ　試験観察 (190)

　　1　試験観察 (190)
　　　(1)試験観察の意義と機能 (190)　(2)対象事件と決定手続等 (191)　(3)試験観察の方法 (192)　(4)付随的措置 (192)
　　2　身柄付補導委託 (193)
　　　(1)補導委託制度の意義と法的性質 (193)　(2)補導委託の運用 (194)

Ⅴ　審判を経た少年保護事件の扱い (195)

　　1　概要と他の法システムへの移送 (195)
　　　(1)保護事件の審判後の行方 (195)　(2)他の法システムへの移送 (196)
　　2　不処分決定 (197)
　　　(1)不処分決定の意義と要件 (197)　(2)決定の方式と効果 (197)
　　3　保護処分決定 (198)
　　　(1)保護処分の意義と要件 (198)　(2)決定の告知等 (199)　(3)保護処分の決定書 (200)
　　4　没取と費用徴収 (201)
　　　(1)没　取 (201)　(2)費用徴収 (202)
　　5　一事不再理の効力 (203)
　　　(1)46条の趣旨と従前の実務 (203)　(2)27条の2との関係 (204)　(3)一事不再理効の範囲と効果 (205)

Ⅵ　事後手続 (206)

　　1　抗告と再抗告 (206)
　　　(1)抗　告 (206)　(2)抗告受理の申立て (209)　(3)抗告審の裁判と決定の効力 (210)　(4)再抗告 (211)

2　抗告以外の事後手続 (212)
　　　(1)保護処分の取消し（27条）(212)　(2)少年保護事件の補償 (214)　(3)少年保護事件の再審 (215)

第8章　処遇（保護処分）過程 …………………… 217

Ⅰ　保護処分の選択と付随措置 (217)

　1　処遇選択における考慮事情 (217)
　　(1)処遇選択の意義 (217)　(2)非行事実と要保護性の関係 (218)　(3)外国人少年の扱い (219)
　2　保護処分に付随する措置 (219)
　　(1)環境調整命令 (219)　(2)報告・意見の提出，動向観察，処遇勧告 (220)

Ⅱ　保護観察処分 (221)

　1　保護観察の意義と内容 (221)
　　(1)保護観察の意義と種類，担当機関 (221)　(2)保護観察の方法と期間等 (222)　(3)遵守事項違反に対する措置 (223)
　2　保護観察の類型 (223)
　　(1)一般保護観察と交通保護観察 (223)　(2)一般短期保護観察と交通短期保護観察 (224)

Ⅲ　児童自立支援施設・児童養護施設送致 (225)

　1　意義と担当機関 (225)
　　(1)保護処分としての意義 (225)　(2)処遇担当機関 (225)
　2　児童自立支援施設における処遇 (226)
　　(1)児童自立支援施設とその処遇 (226)　(2)保護処分としての限界 (227)

Ⅳ　少年院送致 (228)

　1　少年院送致処分の意義等 (228)
　　(1)少年院送致の意義と担当機関 (228)　(2)少年院の種類と収容対象・期間 (229)　(3)少年院送致決定の執行 (230)
　2　少年院における処遇の運用 (230)

(1)少年院処遇の多様化（230）　(2)長期処遇と短期処遇（233）
　　　(3)連戻し（234）　(4)保護者に対する措置（235）
　　3　少年院処遇をめぐる個別問題（236）
　　　(1)虞犯少年の少年院送致（236）　(2)少年院収容受刑者（236）
　　　(3)14歳未満少年の収容と教育（237）

Ⅴ　準少年保護事件（238）

　　1　保護処分の取消し（238）
　　　(1)27条の2の趣旨の拡張（238）　(2)取消しの要件（238）
　　　(3)取消手続と決定（239）
　　2　収容継続申請事件（240）
　　　(1)収容継続の意義と対象（240）　(2)収容継続の要件（241）
　　　(3)申請手続と審理手続（241）　(4)終局決定（242）
　　3　戻し収容申請事件（243）
　　　(1)戻し収容の意義と対象，要件（243）　(2)申請手続と審理手続（243）　(3)終局決定（244）
　　4　施設送致申請事件（245）
　　　(1)施設送致の意義と手続（245）　(2)決定等（245）

第9章　少年の刑事事件 …………………………………… 247

Ⅰ　少年の刑事事件の意義と要件（247）

　　1　少年に対する刑事処分（247）
　　　(1)少年に対する刑事処分の意義（247）　(2)2000年の少年法改正（248）
　　2　検察官送致（逆送）（249）
　　　(1)刑事処分相当検送（20条1項）（249）　(2)原則逆送（20条2項）（249）　(3)決定手続と効果（250）

Ⅱ　少年の刑事事件手続（251）

　　1　起訴前と公訴提起の段階（251）
　　　(1)観護措置（みなし勾留）の扱い（251）　(2)起訴強制とその例外（253）　(3)検察官による再送致（254）

2　裁判段階(255)
　　　(1)少年刑事裁判の特殊性(255)　(2)少年刑事事件の裁判員裁判(256)　(3)家庭裁判所への再移送(256)

Ⅲ　少年の刑事処分とその執行(258)

　　1　少年の刑事処分に関する特則(258)
　　　(1)死刑と無期刑の緩和(258)　(2)不定期刑の活用(260)
　　　(3)換刑処分の禁止(261)　(4)人の資格に関する法令の適用(262)
　　2　刑事処分の執行に関する特則(262)
　　　(1)刑の優先執行主義(262)　(2)自由刑の執行(263)　(3)仮釈放(264)

終章　少年法の動向　………………………………………266

Ⅰ　少年法の改正と国際的動向(266)

　　1　少年法の改正(266)
　　　(1)実現しなかった根本的改正の試み(266)　(2)2000年改正とその後の動向(268)
　　2　少年法の国際的動向(270)
　　　(1)少年司法に関する国際的動向(270)　(2)子どもの権利条約(270)　(3)3つの国連規則(271)

Ⅱ　少年法の将来と課題(272)

　　1　少年法の将来(272)
　　　(1)少年法の現状とその評価(272)　(2)刑事裁判システムとの共通性(273)　(3)侵害原理と保護原理の関係(274)
　　2　少年法の課題(274)
　　　(1)重大事犯への対応(274)　(2)ダイヴァージョンの方向性(275)

　　事項索引

目　次

重要語句コメント一覧　（下記の語句は本文中で＊を付し，解説した）

序　章　日本の刑罰 (3)／責任主義 (4)

第1章　刑法犯と一般刑法犯 (11)／神戸連続児童殺傷事件 (16)／小松川女子高生殺害事件 (21)／新聞協会の方針 (21)／堺少女等殺傷事件 (22)

第2章　罪刑法定主義 (27)／少年処遇施設の設置 (29)／プロベーション制度 (29)／保安処分制度 (30)／私立感化院 (34)／成人刑事事件の管轄 (43)

第3章　流山中央高校事件 (51)／未特例判事補の単独関与 (54)／疑わしきは被告人の利益に (57)／起訴裁量主義 (59)／14歳未満の少年の扱い (59)／要保護性と非行事実との関係 (65)／保護処分の種類の制限 (66)

第4章　少年刑事事件の控訴の場合 (71)／決定と決定書 (83)

第5章　児童相談所 (88)／勾留に代わる1号観護の取消し (95)／押収 (物)(96)／司法警察員 (98)／一般人以外の発見機関による一般通告 (104)／再起事件 (110)／身柄事件と在宅事件 (114)／受理審査 (114)／家庭裁判所への占有の移転 (114)

第6章　観護措置中の少年の法的地位 (118)／その他の保護者通知等 (123)／外国籍少年の場合 (123)／試験観察決定等と観護措置 (133)／審判条件 (135)／被害者調査 (139)／科学調査室と医務室 (139)／調査命令 (140)／家裁内部での事件の移送 (155)／一事不再理 (158)／強制的措置の許可 (160)

第7章　保護者の権利と義務 (166)／付添人の権限 (166)／被害者等の申出による記録の閲覧・謄写 (171)／罰金見込検送の活用 (183)／国選付添人 (185)／弁護士付添人からの意見聴取 (188)／調査過程における試験観察の可否 (190)／補導委託の法的性質に関する解釈論 (194)／第三者没取 (202)／争いのない事案 (204)／刑事処分を求める抗告の可否 (209)

第8章　政治犯・確信犯 (219)／一般遵守事項 (223)／長崎事件，佐世保事件 (227)／広島少年院事件 (233)

第9章　年超検送 (248)／調査官観護の扱い (252)／弁護人の扱い (253)／「処断すべきとき」の意義 (259)／永山事件最高裁判決 (260)／光市母子殺害事件最高裁判決 (260)

終　章　修復的司法 (276)

略語一覧

少年法の条文は条数のみとし，その他は下記のほか一般の例によった。

院	少年院法	心神喪失	心神喪失等の状態で重大な他害行為を行った者の医療及び観察等に関する法律
監 則	監獄則幷図式		
監	監獄法		
感	感化法		
鑑処規	少年鑑別所処遇規則	草 案	改正刑法草案
規	少年審判規則	道 交	道路交通法
旧	旧少年法	売 春	売春防止法
旧 刑	旧刑法	犯捜規	犯罪捜査規範
刑	刑法	判 特	判事補の職権の特例等に関する法律
刑事施設	刑事収容施設及び被収容者等の処遇に関する法律	非 訟	非訟事件手続法
刑 訴	刑事訴訟法	北京ルール	少年司法運営に関する国連最低基準規則
刑訴規	刑事訴訟法規則		
憲	憲法	民	民法
権利条約	子どもの権利に関する条約	民 訴	民事訴訟法
更 生	更生保護法	リヤド・ガイドライン	少年非行の防止に関する国連ガイド・ライン
裁	裁判法		
裁判員	裁判員の参加する刑事裁判に関する法律	留意事項	少年警察活動推進上の留意事項について
児 福	児童福祉法		
少 警	少年警察活動規則	家 月	家庭裁判所月報
少年保護規則	自由を奪われた少年の保護に関する国連規則	刑 集	最高裁判所判例集刑事編
		民 集	最高裁判所判例集民事編
少 補	少年の保護に係る補償に関する法律	判 時	判例時報
		判 タ	判例タイムズ

Bridgebook

序章
少年司法システムの特殊性

　現在，世界の各国は，成人の犯罪（者）を扱う刑事司法システムとは別に，少年事件や非行少年を独自に扱うための特別な少年司法システムを有している。その起源はコモン・ロー法系と大陸法系のそれぞれに求めることができ，形態的には3つのものに大別できる。本章では，国家が少年非行に対して法的に介入することを正当化する原理を明らかにしたうえで，介入原理と少年司法システムの形態との関係を明らかにする。

I 成人刑事司法と少年司法

1 固有の少年観にもとづく少年司法システム

(1) 犯罪に対する成人と少年の区別的対応

　現在，世界の多くの国においては，成人犯罪（者）と少年犯罪（者）をそれぞれ別個の司法システムで扱うべきだとする考え方が広く定着しており，それぞれに対して独自の司法制度が確立している。成人の犯罪を扱うものが，刑法と刑事訴訟法にもとづく 刑事司法システム であり，少年の犯罪を扱うものが，少年法にもとづく 少年司法システム である。日本も，14歳以上の者の行為に刑法が適用されることを基本にしながら（刑41条），未成年者（20歳未満）

I

の行為については，少年法が刑法に優先して適用されることを明らかにしている（1条・2条1項参照）。刑事司法システムと少年司法システムは，重なり合う部分をもちながらも（40条参照），それぞれが独立した司法システムとして存在し，運用されているのである。

(2) 少年観の変化

　第2章で明らかにするように，少年司法システムは成人犯罪者を対象とする刑事司法システムから分化し，独立してきたという歴史をもつ。その背景には，少年（子ども）という存在に対する見方（少年観）が大きく変化したことがある。それは，少年を単に「小さな大人」と見なして扱う少年観から，子どもには固有の特性（「精神的未熟さ」とその反面としての「可塑性・教育可能性の高さ」）があることを重視する少年観への変化であった。

　犯罪との関係でいえば，少年は，成熟を遂げた（自己を確立している）存在と見なされる成人と比べて未成熟である（自己決定能力が低い）ために，環境からの影響等によって犯罪に陥りやすい一方で，生育環境の調整など適時で適切な介入をしてやれば早期の立ち直り（再社会化）が容易かつ確実である，と考えられている。こうした少年観は，少年犯罪への対処についても，少年という特性に即した固有の司法システムを要求することになる。日本の少年法も，このような少年観を前提として構成されている（1条参照）。

2　国家による介入の正当化原理と少年司法システム

(1) 国民の自由に対する国家の介入

　われわれが生活しているのは自由主義を基盤とする社会であり，原則として，個人には自由な行動が保障されている。しかし，個人の集合から成り立つ社会においては，個人の自由も無制約的なもの

ではなく，一定の制限を受けるべき場合がある（憲13条参照）。その典型が犯罪であり，国家は，犯罪者に対して 刑罰＊という厳しい制裁（犯罪者の生命を奪うことさえもある）を予定している。

　個人の自由に対する国家（公的権力）の法的介入を正当化するための根拠としては，侵害原理，保護原理（保護主義），道徳原理（道徳主義）が考えられる。

　侵害原理 は，個人の行動が他者の利益を害したことや，害するおそれのあることを理由として，国家が個人に介入するものである。他方，保護原理 は，他者の利益を害するおそれがない行動であっても，それを放置すれば行為者本人の利益が害されることを理由として介入するもので，一般にパターナリズムと呼ばれる。また，道徳原理 は，他者および本人の利益を害するおそれのない行動についても，その放任が社会の道徳秩序の維持にとって弊害になることを理由として介入するものである。しかし，道徳原理による積極的な法的介入は，法による道徳の強制（リーガル・モラリズム）になりかねないから，個人の自由への介入を正当化する原理としては認めることができない。

　＊　**日本の刑罰**　日本の刑法に規定されている刑罰は，独立して科すことのできるもの（主刑）として，重い順に，死刑，懲役，禁錮，罰金，拘留，科料の6種類がある（刑9条・11〜17条）。死刑は犯罪者の生命を奪い（生命刑），懲役・禁錮・拘留は自由を奪い（自由刑），罰金・科料は財産を奪う刑罰（財産刑）である。また，主刑に付加して科すことのできる財産刑（付加刑）として没収があり（同19条），財産刑を科すことができない場合の代替処分（換刑処分）として，労役場留置（罰金・科料の代替）と追徴（没収の代替）がある（同18条・19条の2）。

(2)　成人犯罪者に対する法的介入

　成人犯罪者に対する法的介入（刑罰による制裁）は，もっぱら侵

害原理によって正当化される。しかし，近代刑法は責任主義＊を前提としているため，責任が否定される者（触法行為者）に対する刑罰を侵害原理で正当化することはできない。他方，触法行為者であっても，刑罰以外の方法による介入は侵害原理から正当化されることもあり，触法精神障害者に対する強制的医療の実施（心神喪失33条以下）がその例である。それは，同時に，本人に対する利益（医療措置）という側面もあるから，保護原理による介入としても正当化できる。なお，成人の場合，他者の利益を害するおそれについては，将来的に犯罪者となること（虞犯）の証明や予測が不可能であるため，侵害原理による介入が否定され，人格的な成熟を遂げていることから，保護原理による介入も排除される。

このような結論を認める点で，多くの国における刑事司法システムには一般的な共通性が見られる。

> ＊ **責任主義** 刑法に違反した行為であっても，社会的に非難できない（責任がない）場合には犯罪の成立を否定するという考え方で，「責任なければ刑罰なし」ともいわれる。近代刑法は，行為者の行為と内心との結びつきを社会的非難の前提として（主観的責任の原則），客観的に悪い結果が生じた以上は一律に犯罪の成立を認める「結果責任」から決別した。それは，さらに，一定の人的関係にもとづく団体責任（縁坐や連坐）を否定し（個人責任の原則），責任要素（故意または過失）を要求する（意思責任の原則）とともに，行為の時点に責任が存在すべきこと（同時存在の原則）を要求する。

(3) 非行少年に対する法的介入

成人に対する刑事司法システムが犯罪だけを対象とするのに対し，少年司法システムの対象は非行（→74頁）一般にまで拡張されている。しかも，侵害原理によって介入が正当化される犯罪についてさえ，刑罰（行為に対する社会的非難）ではなしに処遇（再社会化の方策）を中心に構成されており，保護原理を重視したものとなって

いる。それは，成人では原則的に介入がひかえられる触法行為についても同じである。また，成人では介入が許されない虞犯についても，少年の置かれている状態が少年自身を害する可能性があることに着目して，保護原理を根拠とする介入が認められている。このように，非行少年に対する法的介入は，侵害原理と保護原理との調和のうえに成り立つものである。

　もっとも，侵害原理と保護原理との調和のあり方（重視の程度や強調の度合い）はさまざまであり，それに応じて，個々の具体的な少年司法システムの姿も異なりうる。たとえば，保護原理を特に強調すれば，介入の対象を要保護少年一般（単に扶助が必要な子どもなどを含む）にまで拡張し，それらのすべてを救済するための制度として少年法制を構成することができる。誕生直後の少年法制は，まさにそのようなもの（司法システムと福祉システムとの混合）であった。他方，侵害原理を特に強調すれば，対象を犯罪少年に限定したうえで（触法少年や虞犯少年の排除），少年刑事裁判制度を導入することもできる。実際，2003年から施行されているカナダ少年刑事裁判法は，そのようなものとして構成されている。

II　少年司法における2つの潮流と少年法制

1　コモン・ロー法系と大陸法系

(1) コモン・ローと大陸法

　大学での「法学」や「法学入門」の講義においては，一般に，各国の法制度は，コモン・ロー法系（イギリスやアメリカなど）と大陸法系（ドイツやフランスなど）のいずれかに淵源を持っているとい

う説明がされる。前者は,判例の集積によって個別事案の解決を図るものとされ,後者は,制定法の解釈と運用にもとづいて具体的な事案の解決を図るものとされる。少年司法システムの分化や独立も,このような2つの大きな潮流の中で推移してきたものである。ただ,コモン・ロー法系と大陸法系の違いは,現在では,図式的に単純化して説明できるほどに顕著なものでなくなっている点には注意を要する。

(2) 2つの法系と少年法制

コモン・ロー型　コモン・ロー法系においては,判例の集積にもとづく事案解決が硬直的な運用になりがちであったことから,衡平法(エクイティ)による個別的な救済が認められ,そのことが,少年の特性に応じた柔軟な運用を期待される少年司法システムの創設を後押しした。それは,保護原理を強調することによって,成人の刑事裁判(コモン・ロー)から分離独立する形で分化し,国親(パレンス・パトリエ)の考え方(国親思想)を基礎とするものである。国親思想は,実の親が親としての責務(子どもの健全な育成の保障)を果たさない場合には,国家が親に代わって親としての責務を果たすという,後見的で福祉的な介入を認める。

　国親思想にもとづく少年法制は,1899年のアメリカにおいて実現し,一般に「英米型」と呼ばれる。こうした少年法制は,一般に,「少年法」や「少年裁判所法」といった名称の特別な法律にもとづくことが多い。

大陸法型　他方,制定法の存在を前提とする大陸法系の国では,刑事政策的な見地から,固有の特性をもつ少年犯罪(者)を成人犯罪(者)と同じように扱うのは適切でないとする認識が一般化し,通常の刑事裁判制度を少年用に修正する形で少年司法システムを分

化させた。そのため，それは，形態的には刑事裁判制度の枠内にとどまっており（分離独立まではしていない），刑事法的な性格が強く，侵害原理との結びつきも強いものである。

こうした少年司法システムは，「少年刑法」といった名称の法律にもとづくことが多く，一般に「大陸型」と呼ばれる。

2 少年司法における具体化

(1) さまざまな形態

各国の少年司法システムの具体的な内容は，どちらの法系に属するかによって自動的に決まってしまうわけではなく，各国の事情のもとで，侵害原理と保護原理をどのように調和させるかに応じてさまざまでありうる。たとえば，英米型の典型であったアメリカの諸州でも，1970年代以降に侵害原理を強調した改正が見られるし，カナダ少年刑事裁判法は侵害原理を特に強調した内容のものとなっている。

他方，「北欧型」と呼ばれる少年法制（スウェーデンやデンマーク）は，要扶助少年などをも広く対象とする点で初期の英米型に類似しながら，行政機関（児童福祉委員会）が問題解決に当たる点で，保護原理をさらに徹底したものとなっている。

(2) 日本の現行少年法

日本は，明治期以降，大陸法系の法制度にならって法を整備してきた。そのため，大正末期（1922年）に制定された（旧）少年法は，大陸型に近い内容のものであった。しかし，第2次大戦後に制定された現行少年法は，当時のアメリカの少年法制にならった英米型のものとして成立し，現在に至っている。ただ，その具体的な内容は，英米型を基礎としながらも，コモン・ロー法系と大陸法系の中間に

位置づけられるものである。

　「少年法制は発明ではなく発展である」と言われる。それは，少年司法システムが歴史的な産物であり，侵害原理と保護原理との調和にさまざまな形があるからにほかならない。そのことは，日本の現行少年法について，さまざまな観点や立場からさまざまな（場合によっては正反対ともいえる）内容の改正が主張されている現状にもよく示されている。少年司法システムを論じる際には，少年法制の具体的な姿が決して論理必然的に導かれるものではないことを，明確に意識しておかなければならない。

Bridgebook

第1章

日本の非行現象

　日本では，1980年代の中頃から，少年非行が悪化（増加と凶悪化）しているとの指摘を前提として，少年法を厳罰化して対処すべきだとする論調が見られるようになった。こうした主張には必ずしも実証的な裏づけはないものの，感覚的な印象論として，社会的に広い共感を得ているように思われる。本章では，少年非行の統計的データを確認し，そこから何が明らかになるかを示したうえで，厳罰化論となじみやすい「犯罪少年の実名報道」について見ておく。

Ⅰ　日本における少年非行の現状

1　検証の意義と方法

(1)　少年非行の検証の意義と限界

　日本の少年非行の現状については，「増加とともに凶悪化している」という主張が多く見られる一方で，決して悲観すべきものではないとする評価も見られる。前者は厳罰化論になじみやすく，後者は保護的対応の強化論と結びつく。このような対立的な見方は，治安対策の目的や意義，さらには少年法の役割についての立場の違いから生じており，双方が納得するような結論に至ることは不可能である。また，それぞれの主張は，必ずしも実証的な根拠にもとづか

ない，印象的な結論であることも少なくない。したがって，非行現象を評価し，少年法のあり方を考えるためには，非行の現状を自分自身で検証する作業が不可欠である。

　非行現象を検証するためには，量的アプローチと質的アプローチの2つがありうる。前者は，非行の全体的ないしは一般的な状況を統計的手法で解明するものであり，後者は，個々の非行事案を内容的に分析するものである。非行の実態をより正確に理解するためには，2つのアプローチから獲得されたデータや知見にもとづいて，総合的な観点から検証することが望ましい。しかし，質的アプローチは，個々の非行事案の詳細な内容を知ることが不可能であるため，データの獲得に大きな限界がある。したがって，現実的には，量的アプローチによる検証で満足せざるをえない。

(2) 統計的検証のための基礎資料

　少年非行の現状を量的に把握するための資料としては，毎年11月に公刊される法務省法務総合研究所の『犯罪白書』が何よりも有用である。それは，警察庁の統計，法務省の警察統計年報・矯正統計年報・保護統計年報，最高裁の司法統計年報にもとづいて，犯罪の動向と犯罪者の処遇とともに，少年非行の動向と非行少年の処遇について，詳細な現状分析と解説を加えている。また，毎年度初期の『家庭裁判月報』誌上において，最高裁事務総局家庭局が，司法統計年報と最高裁判所資料にもとづいて，前々年度の少年事件の概況を総合的に分析している。さらに，警察庁の『警察白書』と内閣府の『青少年白書』においても，それぞれの立場から少年非行の現状が分析されている。

　これらの資料は大学図書館などで簡単に入手できるから，自分の目で確認することをお勧めする。以下では，『犯罪白書』を手がか

2 少年非行の現状と特徴

(1) 少年非行の経年的傾向

　刑法犯＊で検挙された少年の人員を年度ごとに見ると，1946年の11万1,790人と2011年の11万6,089人とで大きな変動はないように見える。しかし，最近の少子化（少年の総数の減少）を考慮して，少年人口比（少年10万人に占める刑法犯少年の比率）で見ると，1946年の669.3から2011年の968.4へと明らかな増加傾向が認められる。このことから，少年非行の量的増加という意味での悪化は否定できない事実である。

　もっとも，この間の経年的な状況は決して平坦なものでなく，1951年の16万6,433人（少年比は948.6），1964年の23万8,830人（1,190.4），1983年の31万7,438人（1,715.0）をピークとする上下動の波が見られる。第1のピークについては，戦後の経済的貧困に起因する「生存型非行」の頻発が指摘され，第2のピークについては，戦後経済の回復と急成長時代を反映した「遊び型非行」への質的変化が指摘されている。また，第3のピークについては，窃盗（万引きや自転車盗など）や横領（放置自転車の乗り逃げなど）といった軽微な犯罪と触法がそれを支えていること（一般刑法犯総数の約85％程度）が明白である。このように，非行の動向にも，それぞれの時代に特有の背景が見られる。

　その後，検挙人員・少年比ともに減少傾向が見られ，2000年前後から若干の上昇傾向を見せながら，近年は減少へと転じている。

＊　**刑法犯と一般刑法犯**　刑法犯とは，刑法に規定された犯罪および10の特別法（爆発物取締罰則等）に規定された犯罪をいう。少年刑法犯の統計

には，犯罪少年のほか，触法少年が含まれる。家庭裁判所に係属する虞犯少年が1％程度であることからすれば，少年刑法犯に関する統計的数値は，少年非行全体の状況を直接的に反映するものといえる。他方，一般刑法犯とは，刑法犯全体から自動車運転過失致死傷罪等（道路上の交通事故に関連する場合に限る）を除いた犯罪をいう。自動車運転過失致死傷罪等は成人に特徴的な犯罪であるため，成人犯罪（者）との比較を論じる場合には一般刑法犯の統計を利用するのが適切である。

(2) 成人犯罪（者）との比較

刑法犯における少年 人口比 を成人人口比（成人人口10万人に占める成人犯罪者の比率）と比べると，第3のピーク前から成人人口比を大きく上回っていたが（2倍程度），ここ15年ほどは1.4倍程度で推移した後，2011年には1.15倍程度（844.2対968.4）にまで接近している。他方，一般刑法犯における推移を見ると，成人人口比が刑法犯に比べて25％程度にまで低下する（217.3）のに対し，少年人口比は80％程度への低下にとどまる（787.2）。この結果，一般刑法犯では，少年人口比が成人人口比の約4倍という状況になる。

こうした事態に対して，社会では，成人犯罪に比べて少年犯罪が深刻な状況にあるという見方が一般化しているように思われる。しかし，少年が成人へと成長していく存在であることからすれば，そのような評価は正しくない。少年人口比が成人人口比を大きく上回ることは，非行少年の割合の高さを示す一方で，非行少年がそのまま成人犯罪者になっていくわけではないことを意味する。一般刑法犯における人口比の比較は，少年非行には一過性のものが多く，犯罪性が固定していないこと（可塑性の高さ）を示すものでもある。

(3) 犯罪類型における特徴

少年による一般刑法犯の罪名別検挙人員の推移を年度ごとに見ると，第3のピーク前から，軽微な窃盗や横領の割合がきわめて高く

なり（1982年で約84％），その後も定着している（2011年で約80％）。他方で，いわゆる凶悪犯（強盗，殺人，放火，強姦）については，全体の割合としても高くなく，1946年（約3.2％）と3つのピーク時（約2.8％，約3％，約0.77％）を通じて安定的であり，最近では減少傾向が明らかである（2011年で約0.94％）。特に，殺人の件数の減少傾向が顕著なものとなっている。

一方，成人においても財産犯の割合は高いものの，窃盗や横領が一般刑法犯全体の約70％であるのに対して，知能犯の典型である詐欺罪の割合が少年の約4倍になっている。また，いわゆる凶悪犯については，成人でも近年における減少傾向は顕著であるものの，約1.4％程度で少年よりも明らかに高率である。

以上のデータからすれば，統計的に見る限り，成人犯罪を含めて日本の治安状況の「悪化」は確認できず，ましてや「少年非行が深刻な状況にある」とまではいえない。少年非行の現状の評価においては，このような統計データを前提としなければならない。

(4) 一般的特徴

粗暴化　　日本の少年非行の特徴のひとつとして，粗暴化が指摘されており，少年による家庭内暴力や校内暴力の増加との関係でいわれることが多い。親や同居の家族に対する少年の家庭内暴力は，日本に特有の社会現象として，1960年代から問題視されてきた。また，校内暴力は，中学校と高校を中心に，特に1970年代終盤から1980年代にかけて社会問題になっていた。しかし，これらの問題は，現在，完全に解消されてはいないが，すでに一般的特徴といえるほどのものではなくなっている。

現在，家庭内暴力は，いわゆるDV形態のものや児童虐待の急激な増加へと変化しており，学校に関する問題も，いじめや不登校，

引きこもりといった事態が深刻化している。また，粗暴犯（凶器準備集合，暴行，傷害，脅迫，恐喝）の割合も，3つのピーク時（約9.5％，約13.5％，約11％）から2011年（約9％）まで安定的である。したがって，これまで指摘されてきた粗暴化の特徴は，家庭内暴力と校内暴力の流行現象の指摘にとどまるということができる。

低年齢化　　非行の低年齢化も，日本の非行現象の特徴とされてきた。低年齢化現象は，非行の中心となる年齢層の人口比（各年齢層の少年10万人に占める非行少年の比率）が，年長少年層（18歳・19歳）から中間少年層（16歳・17歳）へ，さらには年少少年層（14歳・15歳）へと移行していく現象をいう。たしかに，年長少年層の割合が大きく変動していないのに対して，第3のピーク時には中間少年層と年少少年層の割合が増加し，特に年少少年の増加が顕著であったため，低年齢化の事実を確認できる。

しかし，2000年頃からは，中間少年層の割合の増加によって年少少年層との割合が接近しており，僅差のままで現在に至っている。2011年の一般刑法犯における人口比は，年長少年層が598.8，中間少年層が1,126.3，年少少年層が1,494.7であった。したがって，第3のピークを例外として，低年齢「化」現象を明確に確認することはできない。むしろ，経年的には，すべての年齢層が一定の割合で非行少年群を形成しているということができる。

一般化　　非行の一般化現象は，非行少年を生みだす環境要因（家庭，生育環境など）に特別なものはなく，どのような環境からも非行少年が出現するという内容のものである。これは，特に，非行原因の特定が困難であった第2・第3のピークとの関係で強調された。この点の確認については，統計的な量的アプローチからは明確な検証が不可能であり，個々の事案に対する質的アプローチからの

検証の積み重ねによって明らかにしていくしかない。ただ，軽微な内容の非行が経年的に圧倒的部分を占めているという特徴からすれば，非行発生要因には特別なものがあることは確認できず，その意味では一般化現象が定着しているといえる。

Ⅱ 社会における厳罰化への動きとその背景

1 少年非行に対する社会の見方

(1) 非行の「凶悪化」幻想？

　少なくとも統計的なデータからする限りは，少年非行の量的「悪化」は確認することができない。それにもかかわらず，近時の社会においては，少年非行の質的悪化という印象（凶悪化幻想）が支配的であるように思われる。

　こうした印象が形成される原因のひとつとして，統計的検証になじまない質的評価が，評価者の体験（疑似体験）にもとづく印象的な判断に陥りがちなことを指摘できる。一般に，個別の事件の凶悪化が主張される場合には，「前代未聞の凶悪な犯行」とか「少年らしからぬ残虐な行為」といった表現が頻繁に用いられ，悪質さがことさらに強調される傾向が見られる。特に「神戸児童連続殺傷事件」＊については，その内容の異様さもあって，各種の報道媒体によるそのような対応が顕著であった。

　しかし，凶悪さを指摘する際に，客観的な証明になじまない感覚的な形容句を用いることで主張内容を論証したかのように振る舞うのは，明らかに適切でない。そうした手法は，しばしば，個人的印象をあたかも客観的事実であるかのように見せかける目的で使われ

るからである。こうした観点からは，少年非行の凶悪化の指摘は，実際には「幻想」に近い印象によるものといわざるをえない。

> ＊ **神戸連続児童殺傷事件**　1997年2月から5月にかけて，神戸市須磨区で14歳の男子少年が5名の児童を殺傷した事件で，被害男児の頭部を切断したうえ「酒鬼薔薇聖斗」名義の犯行声明文を添えて中学校の正門前に置いたり，新聞社に挑戦状や犯行声明文を送りつけるなどした。その後，雑誌による顔写真の掲載やウェブサイトでの顔写真の配信など，61条との関係でも大きな議論を呼んだ。また，送致時16歳未満の犯罪少年の逆送（刑事裁判手続への係属）を禁じていた当時の20条但書の存在が批判され，20条の大幅改正の契機となった。

(2) 情報伝達手段の変化と影響

　少年非行の凶悪化の印象が一般化している大きな原因は，情報伝達手段の変化と，それにともなう情報量の増大に求められよう。特に，1960年代にテレビが急激に普及したことが決定的であった。テレビが登場する以前の事件報道は，新聞が中心であったため，地域的限定性，紙面の制約に伴う情報量の制限，同一事件を継続的に報道することの困難さなどの限界があり，ひとつの少年事件に人々が接触する程度にも大きな限界があった。

　他方，テレビによる事件報道は，全国ネットでの広域性，放映時間の長さに伴う情報量の飛躍的増加，継続的な報道可能性の増大など，新聞報道をはるかに上回る。何よりも決定的なのは，現場からの中継（現場性）によって，視聴者に臨場感をもって訴えかける点にある。このようにして，人々が少年事件報道に接触する機会や回数，時間が飛躍的に増大した結果，少年非行の悪化（凶悪化）という印象が無意識のうちに人々に刷り込まれ，社会の共通認識を形成しているように思われる。こうしたメカニズムは，厳密には証明不可能なもので，仮説の域を出ないものではあるが，実際には大きな

影響力を持っていると思われる。

2 モラル・パニックと厳罰化要求

(1) 社会のモラル・パニック

「少年非行の現状は憂慮すべき状況にある」とする認識は、しばしば、「この事態を何とかしなければ社会は大変なことになる」というモラル・パニックを引き起こし、少年非行に対して厳しい対応を要求する方向（いわゆる厳罰化論）に向かいがちである。こうしたモラル・パニックは、1960年代の終盤からイギリス社会とアメリカ社会を広く支配した。また、カナダにおいては、1993年の連邦議会議員選挙の際に、ケベック・ブロック連合を除くすべての主要政党が、法と秩序の尊重・回復と少年犯罪（者）に対する毅然とした対応を訴え、当時の少年法制の大規模で根本的な改革を公約に掲げた。その結果、犯罪少年に対する裁判を刑事裁判のなかに取り込む少年刑事裁判法が2002年に制定され、翌年から施行されることになった。

日本の社会の現状は、カナダに見られたほどには急進的でないにしても、非行少年に対する保護的な対応に批判的であるように思われる。そうした傾向は、犯罪少年の実名報道（誰が行った犯罪なのかを知りうる情報〔同一性推知情報〕の開示）の要求に見ることができる。そして、こうした動きの基礎となっているのが、「少年非行は悪化している」という認識（印象）である。

(2) いわゆる厳罰化論

厳罰化論の内容は、必ずしも一様ではないが、非行に対して厳しい態度で臨むべきだとする点で共通性が見られる。それは、日本の少年非行が深刻な状況にあるという認識を前提として、その原因を

少年法の保護主義的な対応（一般には「甘さ」と言われる）に求め，少年法を厳しい内容のものに変えれば深刻な状況は解消される，と考えている。こうした主張は，三段論法的に見えることから社会に受け入れられやすく，制裁を手段とする威嚇力への信頼という点も社会の共感を得やすいものである。

　ただ，こうした論法が成立するためには，①非行の現状が本当に深刻なものであること，②そうした状態が少年法の保護主義的な対応に起因していること，③厳しい内容の少年法が非行対策として実効的なものであること，のすべてが証明される必要がある。しかし，すでに見たように，①については証明されておらず，②と③はそもそも証明になじむものではない。したがって，三段論法的に見える厳罰化論は，単なる印象にもとづくものといわざるをえない。

　また，非行（少年）に対して厳しい対応を要求する点は，社会が少年法を「刑法」に類似した法律と見ていることによると思われる。そのため，非行に対する社会的非難ではなく，社会復帰（再社会化）を重視する運用に対して，少年犯罪があたかも「なかったかのように扱われている（リセットされてしまう）」といった印象が形成され，少年法に対する一種の反感となって表れていることが推測される。こうした反感に対しては，少年法制が独立したことの意義と歴史，理念や目的，特徴などを明らかにして（→第2章），少年法（制）に対する正確な理解を図ることが重要である。

Ⅲ　犯罪少年の実名報道への傾斜

1　同一性推知情報の開示禁止

(1)　旧法74条から現行61条へ

　旧法74条は，少年事件に関する「事項」を新聞紙等の出版物に掲載することを禁止したうえで，その違反に対して，1年以下の禁錮または千円以下の罰金という厳しい刑罰を規定していた。それは，報道の禁止対象が少年事件の事項一般に及んでいた点，さらに違反行為に対して罰則をもって臨んでいた点で，現行61条と大きく異なるものであった。特に，報道の禁止対象の範囲が広かった点については，少年の保護（犯罪少年として特定されることで再社会化が阻害されるのを防ぐ）ということ以上に，少年犯罪の大きな特徴である事件の模倣を防止するという観点（一般予防的な刑事政策的観点）を重視したものであったとされる。

　これに対して，61条は，報道の禁止対象を少年の名前や写真等（同一性を推知しうる情報）に限定しただけでなく，その違反に対しても罰則をおかなかった。罰則規定としなかった理由は，日本国憲法21条1項が保障する言論・出版等（表現）の自由に配慮したためである。61条は報道関係者の職業倫理と良識（自主規制）に対する信頼を前提としたものであり，したがって，報道人はそれに真摯にこたえるだけの行動を期待されている。

(2)　61条の趣旨

　こうした内容をもつ61条の立法理由は，同一性推知情報の開示を禁止することによって，少年とその家族の名誉とプライバシーを保護するとともに，非行少年の十分な保護と更生を図る（周囲の目

を気にせずに再社会化を果たす）という観点（特別予防的な刑事政策的観点）に求められる。制定以後，61条は，その趣旨をさらに徹底する方向で運用されてきた。たとえば，61条の文言としては明示されていないにもかかわらず，矯正施設に収容された少年にも61条の準用が認められ，捜査段階でも少年の同一性情報を開示しない運用（犯捜規209条）が確立されている。

また，情報伝達手段が飛躍的に発達・多様化している現状のもとで，禁止される情報開示手段は，「出版物に掲載」するという文言にもかかわらず，テレビやラジオによる公表，さらにはウェブサイトを利用した開示など，伝達手段である以上は種類や媒体を限定すべきでないと考えられている。

2 犯罪少年をめぐる状況の変化

(1) 61条と新聞報道

61条の趣旨を徹底する運用が見られる一方，センセーショナルな少年犯罪が発生するたびに，報道現場を中心として実名報道の是非をめぐる議論が起こり，社会に話題を投げかけてきた。特に，1958年に発生した「小松川女子高生殺害事件」[*1]の少年に対する実名報道を契機として，61条に一定の例外を認めるべきだとする機運が高まり，関係機関の協議の結果，「新聞協会の少年法第61条の扱いの方針」（1958年12月16日）[*2]が策定されるに至った。

その後，有力な新聞各社は，新聞協会の方針を基本としながら，その内容を実質的に拡張する方向で独自の報道基準を策定し，それにもとづいて実名報道の是非を判断してきた。その結果，「浅沼社会党委員長刺殺事件」（1960年）および「中央公論社社長夫人等殺傷事件（嶋中事件）」（1961年），「少年ライフル魔事件」（1965年），

「連続ピストル射殺事件（永山事件）」（1968年。→260頁），「名古屋大高緑地アベック殺人事件」および「目黒区両親等刺殺事件」（1988年）などで，各社の報道姿勢の違いが顕著になった。

いずれにしても，実名報道をめぐる議論は，1980年代中頃までは新聞報道のあり方が中心であり，「報道の自由と国民の知る権利」対「犯罪の抑止と捜査への協力」という構図のものであった。

＊1　**小松川女子高生殺害事件**　定時制高校に通う18歳の男子生徒（保護観察処分中）が同校の女子生徒を殺害した事件で，被害者の遺体を通学先の高校の屋上に遺棄するとともに，新聞社に犯行声明の電話をかけ，被害者宅や警察に遺品を郵送した。少年の逮捕後，全国の約半数の新聞が実名を報道し，朝日新聞を除く在京新聞のすべてが実名で報道するという状況が生じた。殺人罪と強姦致死罪での死刑判決が確定した（元）少年は，1962年11月26日に宮城刑務所で刑を執行された。

＊2　**新聞協会の方針**　その内容は，「20歳未満の非行少年の氏名，写真などは，紙面に掲載すべきではない」という原則（61条の趣旨）を確認したうえで，例外的に，「逃走中で，放火，殺人など凶悪な累犯が明白に予想される場合」や「指名手配中の犯人捜査に協力する場合」など，「少年保護よりも社会的利益の擁護が強く優先する特殊な場合については」61条の除外例とし，「これを新聞界の慣行として確立したい」というものであった。

(2)　61条と雑誌報道

1980年代の後半になると，それまでの新聞報道よりも，雑誌報道のあり方が問題の中心となり，議論の場面と内容が大きく変化した。特に，特定の雑誌が「確信的」とも言える態度で少年の実名等を明らかにする事態がくり返され，少年犯罪に対する社会の厳罰化要求が強くなるなかで，「犯罪少年は特定されなければならない」といった議論が見られるようになった。なかには，「野獣に人権はない」として61条を批判する立場さえ見られた。

実名や写真をはじめとする同一性推知情報が公表された主な事件

には,「札幌両親殺害事件」(1985年),「綾瀬女子高生殺害事件(女子高生コンクリート詰め殺害事件)」(1988年),「市川一家殺傷事件」(1992年),「木曽川・長良川リンチ殺人事件」(1994年),「神戸児童連続殺傷事件」(1997年。→16頁),「堺少女等殺傷事件(堺通り魔事件)」(1998年)*,「光市母子殺害事件」(1999年。→260頁)などがある。これら一連の事件への対応を通じて,61条と報道をめぐる深刻な問題が改めて顕在化することになった。

* **堺少女等殺傷事件** 1998年1月,19歳の男子少年が大阪府堺市の路上で女子高生,幼稚園児とその母親を包丁で襲撃した事件で,園児を死亡させ,他の2人に重傷を負わせた。20条逆送され刑事裁判で18年の懲役刑が確定した元少年は,実名等を報道されたことについて,人格権(プライバシー権,氏名肖像権,名誉権等)と実名報道されない権利の侵害を理由として,記事の執筆者,雑誌編集者,発行所に対して,不法行為による損害賠償と謝罪広告を求めて提訴した。

3 裁判所の対応と今後の方向性

(1) 裁判所の対応の変化

61条違反に対する従来の対応　61条を罰則規定としなかった現行法のもとでは,61条違反を刑事裁判で扱うことはできず,民事上の不法行為責任(民709条)を追求するしかない。そして,61条違反を理由とする従来の民事裁判においては,いずれも不法行為の成立が認められ,損害賠償を肯定するという対応が定着していた。裁判所は,一般に,61条の立法趣旨に配慮しながら,その違反に対して厳しい態度で臨んでいたのである。

大阪高裁の判断　こうした対応を大きく変えたのが,堺少女等殺傷事件の高裁判決であった。大阪高裁は,不法行為責任を認めた大阪地裁判決を取消し,61条は少年に実名報道をされない権利を

与えたものではなく，仮に権利であるとしても罰則規定でない以上は表現の自由に優先するものではないとし，「社会一般の意識としては，右報道における被疑者等の特定は，犯罪ニュースの基本的要素であって犯罪事実と並んで重要な関心事であると解されるから，犯罪事実の態様，程度及び被疑者ないし被告人の地位，特質，あるいは被害者側の心情等からみて，実名報道が許容されることはあ〔る〕」とした（大阪高判平12・2・29判時1710号121頁）。

大阪高裁の結論は，刑法の名誉毀損罪における真実性証明の許容規定（刑230条・230条の2）に関する解釈論にもとづいている。本判決に対しては元少年側から上告と上告受理が申し立てられたが，いずれも取り下げられ，控訴審判決が確定している。

最高裁の判断　「木曽川・長良川リンチ殺人事件」の民事裁判では，本名酷似の仮名を使うことの是非が争われた。原審は，少年の成長発達権の保障という観点から，およそ誰からも少年が特定されないことが61条の内容であるとして，本名酷似の仮名使用に不法行為の成立を認めた（名古屋高判平12・6・29判タ1060号197頁）。

これに対して，最高裁は，実名酷似の仮名使用が名誉毀損になる場合があることを認めながらも，「X〔少年〕と面識等のない不特定多数の一般人が，本件記事により，Xが当該事件の本人であることを推知することができるとはいえない」として，原審に差し戻した（最判平15・3・14民集57巻3号229頁）。これは，少年の周囲にいる者が少年を特定できる場合であっても，不特定多数の者が少年を特定できない以上は，名誉毀損における公然性の要件を欠き，したがって不法行為を成立させないとするものである。

(2) 実名報道の今後

裁判所の変化をどう見るか　　大阪高裁および最高裁の判断は，

いずれも具体的な事案に関する事例判断であって，**実名報道**を求める社会の風潮に迎合したものではない。また，こうした方向が民事裁判例のなかで定着していくかも明らかではない。ただ，刑法の名誉毀損罪の解釈にもとづく論法は，61条について真実性証明を許容する規定がないことや，61条の立法趣旨への配慮が見られない点で，少年法の解釈論としては妥当でないように思われる。さらに，「光市母子殺害事件」で死刑判決の確定した元少年については，死刑確定直後から新聞を含めた多くの報道機関が実名報道に踏み切っている。61条の運用において，新たな問題が提起されたといえよう。

他方，憲法論として表現の自由を当然視するアメリカにおいてすら，犯罪少年の同一性推知情報の公表に対しては，刑罰という厳しい制裁で臨んでいる州は珍しくない。少年の成長発達権を根拠とする同一性推知情報の公表禁止は，権利条約（16条・40条2項）をはじめ，北京ルール（8.1条・8.2条・21条），少年保護規則（19条）にも明記されており，近時の**国際的動向**にも合致している。

今後の方向性　社会が犯罪少年の実名報道を求めることの背景には，凶悪な事件を念頭において，「そのような者は，年齢と関係なく社会にさらされなければならない」とする考えがあるように思われる。また，しばしば，「被害者側の情報が詳細に報道されるのに，加害者側の情報が報道されないのは不公平だ」とする主張さえも見られる。こうした立場は，いずれも，成人犯罪（者）に対する報道の現状を前提としている。しかし，問題の本質は，成人犯罪者をも含めて，**犯罪報道**のあり方そのものにある。その点では，犯罪少年の実名報道をめぐる問題は，単に「氷山の一角」にすぎないともいえよう。報道現場を含めて，犯罪報道のあり方についての議論を深める必要性が痛感される。

Bridgebook

第2章
少年法制の独立と少年司法システム

　少年司法システムの創設は、近代市民社会における歴史的産物にほかならない。現在の少年法制をどのように評価するにしても、その歴史的事実を無視することはできない。本章においては、少年司法システムの先駆けとなった欧米型の少年法制について、その成立過程を確認し、そうした動きを推進した社会的要因と理論的背景を明らかにする。そのうえで、日本の少年法制の成立過程を概観するとともに、旧少年法と現行少年法の特徴を指摘する。

I　欧米の近代化と少年法制

1　「小さな大人」による犯罪の扱い

(1)　「小さな大人」という少年観

　大人と少年（子ども）との間の質的な違い（特性）が意識されることのなかった時代にあっては、コモン・ロー法系と大陸法系のいずれにおいても、少年は、労働可能な体力を備えた段階で大人と同じように扱われていた。これが少年を「小さな大人」と見る少年観であり、犯罪との関係においても、少年は「小さな大人」として扱われた。土地を基盤として家族単位で構成される農耕型の社会では、労働力として一人前である以上、大人と少年との間の質的な違いに

着目するような契機すらなかったといってよい。

(2) コモン・ロー法系における対応

1330年代以前のイギリスのコモン・ローのように,「小さな大人」としての少年観が支配していた社会では, 犯罪者に対する扱いは年齢によって区別されることはなく, 犯罪者は等しく（少年・青年・成人の区別なしに）刑事裁判の対象とされ, 科される刑罰も区別されなかったとされている。その後, 人間としての完成度（人格的成熟度）に応じた区別的扱いが徐々に認められるようになったものの, 少年司法システムが独立するまでは, 7歳未満は完全な責任無能力者とされ, 7歳以上14歳未満が責任無能力を推定される存在として扱われるにすぎなかった。したがって, 責任能力の存在を証明しさえすれば, 10歳未満の少年に死刑を科すことも可能であり, そのような実例も報告されている。

(3) 大陸法系における対応

1789年のフランス革命に象徴される大陸法系の 近代市民社会 においては, 当初, 旧派とよばれる刑法理論が支配した。旧派は, 理性的判断にもとづいて合理的に行動するという人間観を前提として, 犯罪とともにその法的効果（刑罰の種類と程度）を予告しておけば（罪刑法定主義*）, 人間は理性的な利益衡量（損得勘定）にもとづいて犯罪から遠ざかる（合理的な行動選択をする）と考えた。人間は, 行動の選択に際して, 自分の自由な意思以外のいかなる要因からも影響を受けることなしに自己決定する, と考えられたのである（自由意思を前提とする非決定論）。また, 理性的な利益衡量を前提とする限り, 犯罪に対する不利益（刑罰）の内容は, 犯罪の内容との関係で必要最小限のものであれば足りることにもなる。

このような見方によれば, 犯罪についても, 理性的な判断を行う

能力の有無こそが重要であり，そのような能力を有している者である以上，当然に刑事裁判の対象とされることになる。「小さな大人」という少年観は，旧派においても前提とされていたのである。しかし，このような考え方は，18世紀終盤から急激な勢いで進展した産業革命にともなう深刻な社会問題の発生によって，大きく変化せざるをえないものとなった。

* **罪刑法定主義** 国家が犯罪者を処罰するためには，犯罪とその法的効果（刑罰）を国民に予告しなければならないとする考え方で，「法律なければ犯罪なく，法律なければ刑罰なし」という表現（フォイエルバッハ）で知られる。確実な予告のために文章による法律の規定が必要とされ（法律〔成文法〕主義），予告機能がない事後法による処罰が禁じられ（遡及処罰の禁止），一部の者だけに通用する慣習刑法による処罰が禁じられ（慣習刑法の禁止），予告の範囲を越える解釈による処罰が禁じられる（類推解釈の禁止）。現在では，より実質的な観点から，刑罰法規の明確性と内容の適正が要求され（明確性の原則と適正の原則），犯罪と刑罰のつり合いが要求される（罪刑の均衡の要請と差別的な刑罰の禁止）とともに，残虐な刑罰を禁止し，処罰に値しない行為の非犯罪化が要求されている。

2　固有の少年司法システムの分化への動き

(1)　「子どもの救済」運動

イギリスに始まった産業革命は，当時の先進諸国において，産業構造の変化（農耕型社会の崩壊と工業を中心とする資本主義経済への転換）による急速な都市化（一極集中現象）をもたらした。その結果，大都市を中心に人口の飽和状態が進行し，大規模な失業と貧困，不安定な雇用と劣悪な就業状態，移民と浮浪者の増加，貧民街・貧民窟の形成など，広範で深刻な社会的混乱がもたらされた。こうした社会現象は，社会的弱者としての子どもに顕著に見られ，放任された子ども，工場労働の場で搾取される子ども，路上生活を余儀なく

される子ども，犯罪・非行・逸脱行動に走る子どもの存在が，深刻な社会問題として浮上したのである。

こうした社会状況に対処するため，19世紀後半から20世紀にかけて，各国の上流・中流階級の人々を中心に，「子どもの救済運動」が積極的に展開されることになった。それは，スラムの一掃，公教育の充実などを推進し，保護を必要とする子どもを広く救済しようとするものであった。また，それは，子どもの養育環境としての家庭の機能を回復し，その維持と向上を目ざすものでもあった。

(2) 刑事司法における犯罪少年への配慮

子どもの救済運動が大規模に展開される直前には，少年犯罪の増加という状況のもとで，成人犯罪と少年犯罪を同じシステムのなかで同列に扱うことに大きな問題が生じていた。年齢や性別，長期と短期，初犯と累犯を区別せずに，犯罪者を同じ施設に収容していたことから，成人犯罪者から少年犯罪者への「悪風感染」によって刑務所が「犯罪学校」化することになり，少年の累犯が激増した。また，犯罪者の過剰収容にともなって収容施設の環境の劣悪化が深刻なものとなり，体力的に恵まれない少年収容者を中心に，死亡や身体的・精神的病気が急増することになった。こうした弊害に対処するため，一般的な刑務所改革とともに，少年専用の刑務所や矯正施設の設立が促進されていった[*1]。さらには，アメリカの各地に設置された救護院，イギリスの改善学校や授産学校のような，刑務所以外の施設での少年処遇も積極的に進められることになった。こうした事実に，少年処遇における刑事司法システムからの分化の始まりを見ることができる。

その一方で，刑事裁判手続においても，略式手続や成人との分離拘禁制度の立法化，プロベーション制度[*2]の導入に見られるよう

に，少年の環境に配慮した扱いが徐々に確立されることになった。特に，成人犯罪者から始まったプロベーション制度は，少年犯罪者によりよく適合するものとされ，少年司法システムを特徴づけるダイヴァージョンの先駆けをなすといわれる。日本の少年法における審判不開始（19条）や不処分（23条）も，プロベーション制度の精神と共通している。

＊1　**少年処遇施設の設置**　代表的なものを設立順に見ると，ドイツのラウエル・ハウス（1833年），イギリスのパークハースト刑務所（1838年），フランスのメトレー・コロニー（1839年），アメリカのマサチューセッツ州立矯正院（1845年），イギリスのキングスウッド矯正院（1852年），アメリカのニューヨーク州エルマイラ感化監（1876年）などがある。

＊2　**プロベーション制度**　アメリカのマサチューセッツ州ボストンの靴屋であったオーガスタスが，刑務所収容対象の成人「酔っ払い」に対して始めた保護監督制度（1841年）を起源とする。その後，対象を少年にも拡張して同州が採用するところとなり（1869年），他の州にも定着していった。今日では，一般に，犯罪者を刑事矯正施設に収容することを猶予して，条件を課して社会内で指導監督と補導援護を行い，条件違反があった場合に矯正施設に収容するという心理的強制のもとで，犯罪者自身による改善と社会復帰を図る制度として定着し，大きな成果をあげている。

(3) 新派の刑法理論

少年犯罪者に対する特別な扱いを理論的に基礎づけ，少年司法システムの独立を推進したのが，旧派を批判して登場した新派の刑法理論（実証主義的犯罪論）である。新派は，産業革命にともなう犯罪の激増を旧派理論（非決定論）の失敗として批判し，人間の行動は自由意思によって選択されるものではなく，本人の素質と環境によって決定されると主張した（決定論）。犯罪者は，その素質と環境のもとで犯罪者にならざるをえなかった存在であり，そのような者を社会的に非難（処罰）しても意味がないと考えたのである。

他方,素質と環境によって人間の行動が決定されるならば,犯罪者の素質と環境を適切なものに調整してやることで,犯罪者の再社会化(改善)も可能ということになる。こうして,新派は,犯罪者に対して,社会的非難としての刑罰に代えて,社会防衛策としての保安処分制度＊の導入を提唱したのである。あくまでも刑法理論の域を出なかった旧派に対して,新派は,国際刑事学協会を設立して(1889年)刑法改正運動に乗り出したこともあり,またたく間に実践的な刑法理論として先進諸国に広まっていった。

> ＊　**保安処分制度**　刑罰以外の方法による犯罪対策のための処分をいう。犯罪への対処方法として,かつては,刑罰によるか(旧派)保安処分によるか(新派)という択一的な主張が強かったが,近時は,ヨーロッパ諸国を中心に,危険な犯罪者や刑罰を科せない責任無能力者を保安処分で扱う傾向が定着している。日本では,戦前の刑法改正作業のなかで保安処分の導入が検討され,改正刑法草案は精神障害者に対する治療処分とアルコール・薬物中毒者に対する禁絶処分などの導入を提案したが(草案97条以下),実現には至らなかった。ただ,精神障害者に対する心身喪失者等医療観察法(平15法110)は,保安処分的な制度と見ることができる。

(4) 福祉モデル少年法制

福祉モデル少年法制の誕生　以上のような状況を背景として,1899年に,アメリカのイリノイ州で少年裁判所法が制定され,同州シカゴのクック・カウンティに少年裁判所が創設されることになった。これは,世界ではじめて固有の少年司法システムが確立したことを意味しており,アメリカの著名な法哲学者パウンドによって「マグナ・カルタに署名されて以来の司法分野における最大の出来事である」と絶賛された。この少年司法システムは,新派刑法理論を基礎としながら,要保護少年一般を救済することを目的とした民間の社会運動(子どもの救済運動)とも結びついて,刑事司法シ

ステムから分化し，独立したものである。したがって，その内容は，保護原理 を前提とする福祉的対応を目ざすものとして構成されており，一般に「福祉モデル少年法制」と呼ばれる。

諸国の追随　福祉モデル少年法制は，20世紀初頭の世界各国に急速に広がり，1905年にデンマークで少年法が制定されたのに続いて，1908年には，イギリスの児童法とカナダの非行少年法が制定された。一方，大陸法系の国においても，コモン・ロー法系での動きに強い影響を受けて，刑事司法システムのなかにではあるものの，少年司法システムの分化が見られることになった。フランスでは，1912年のベランジェ法によって少年司法システムが確立されたといわれる。また，ドイツでは，フランクフルトとケルンの裁判所に少年裁判部が設置された（1908年）のに続き，少年福祉法（1922年）と少年裁判所法（1923年）の制定を見た。日本でも，1900年に固有の少年処遇の出発点とされる感化法が制定され，1922年には本来的な意味での（旧）少年法が実現している。

(5) 旧派と新派の関係

　少年司法システムの理論的背景は，新派刑法理論であった。しかし，新派の理論は，本来は成人犯罪者を念頭においたものであり，少年犯罪者を特に意識したものではなかった。ただ，現在の状況は，成人犯罪者については，旧派（犯罪に対する社会的非難）を理論的な前提としたうえで，新派の刑事政策的提言を取り入れる方向が進んでいる。特に，ヨーロッパにおける保安処分制度の導入は，その典型である。一方，多くの少年司法システムは，すでに見たように，基本的に新派理論を前提として構成されている。その意味で，成人犯罪者を対象とする刑事司法は旧派と親和的であり，非行少年を対象とする少年司法は新派と親和的である。

Ⅱ 日本の近代化と少年法制

1 少年処遇の前史

(1) 旧刑法の制定まで

江戸期と明治初期の刑法　日本の法制度の統一は明治期以降の近代化によるものであるため,江戸期においては,少年犯罪の扱いも統一的なものでなかった。もっとも,江戸中期(1742年)に成立した幕府刑法典(**御定書百箇条**)の79においては,15歳以下(現在の15歳未満)の者の扱いについて特例が明示されていた。15歳以下の少年は,行為の善悪を判断することができない存在(子心にて無弁)とされ,成人では死罪の対象となる殺人や放火についても15歳まで親類に預け置いたうえで遠島(通常刑の一等減軽)とし,盗みの場合には成人に対する御仕置(刑罰)を一等軽くすべきものとされた。そこでは,現在の15歳未満という年齢が,刑罰の必要的減軽事由として機能していたのである。

王政復古を目ざした当初の明治政府は,大宝の古律と中国の諸法を基盤として,最初の刑法典ともいうべき **仮刑律**(仮律)を制定した。仮刑律は,15歳を刑の減軽の基準年齢とするとともに,10歳と7歳(幼年者),70歳,80歳,90歳(老年者)を基準とした特別な扱いを規定した。この特別規定は,新律綱領(1870年)とその補足法である改定律例(1873年)にも引き継がれた。このような対応は,年齢を減軽事由とするにとどまるもので,少年犯罪者をも刑事司法の対象とすることを当然の前提としたものであった。

明治期初期の行刑　当時の刑法が中国古代法を基礎とするものであったのに対し,少年の扱いをも含めた行刑は,教化主義による

刑事政策を基礎とするコモン・ロー法系の監獄法にならった監獄則并図式（1872年）にもとづいていた。監獄則は，同一の監獄内に，一般の犯罪者処遇のための区画（未決監，己決監，女監，病監）から独立した区画として，少年を主な対象とする懲治監を設けた。

懲治監は，通常の監獄で刑を終了した20歳未満の者で，改善・更生が不十分な者と生活拠点等がないために再犯が予想される者の収容延長を認める一方で，不良行為のある平民の子弟（年齢の制限はない）を親の請願にもとづいて収容するものであった（監則10条）。したがって，そこでの処遇は，犯罪のおそれ（虞犯，再犯・累犯の危険）のある者に対する懲治（懲らしめ）を中心とした犯罪予防を目的とするものであり，「懲治処分」と呼ばれた。こうした懲治監が設けられたことにより，少なくとも不良少年については，刑法にもとづく特別な処遇の一歩が踏み出されたといってよい。

(2) 旧刑法と民間感化事業

旧刑法の制定と懲治場処分　ほどなく王政復古の非現実性を認識した明治政府は，急激な西欧化に向けて法制度を整備していくことになり，その一環として，1880年にフランスのナポレオン刑法典にならって旧刑法が制定された（明13太告36）。旧刑法は，それまでの懲治処分の基本的な内容を維持したうえで，「懲治監」から名称変更された「懲治場」において懲治処分（懲治場での処遇）を行うことにした。

懲治処分の主な対象は，8歳以上16歳未満の幼者と16歳以上の責任無能力者，瘖唖者で，いずれも刑法不論者と呼ばれる存在（責任無能力者）であった（旧刑79条但書・80条1項但書・82条但書，監則19条1号）。また，それら以外にも，8歳以上20歳未満の放恣不良の子弟で尊属親の請願がある者も懲治処分の対象とされた（監

則18条・19条2号)。旧刑法は,懲治処分を責任無能力者にまで拡張する(不論罪懲治)一方で,刑法典による不良少年処遇を認めたのである。

民間感化事業の興隆　その後,犯罪者でない者(刑法不論者と不良行為者)の懲治処分を刑法典にもとづく「監獄」で処遇することが批判されるとともに,少年犯罪者に対する応報的・懲罰的な行刑の実効性のなさが自覚されていった。また,国親思想にもとづく欧米諸国の感化教育事業の実情が紹介されたこともあり,次第に,少年処遇施設としての「懲矯院」設置運動が盛り上がりを見せるようになった。その結果,不良少年に対する特別の処遇(環境の改善と保護教育)の必要性が強く意識され,宗教家や社会事業家が中心となって,さらには行刑関係者をも巻き込んで,「感化院」(懲矯院からの名称変更)の設置に向けた動きが本格化していった。

こうした動きは,池上雪枝が大阪の神道祈祷所で不良少年の保護に着手したのに続き,一連の私立感化院の設置＊として現実化していった。こうして,不良少年に対する独自の処遇体制が確立したのである。特に,巣鴨家庭学校の分校として出発した北海道家庭学校(1914年)は,家族的小舎夫婦制にもとづく感化事業をリードし続け,現在の児童自立支援施設の本来的な姿を維持している。

＊　**私立感化院**　私立感化院を創設順に見ると,東京の私立予備感化院(1885年),千葉感化院(1986年),大阪の感化保護院(1887年),岡山感化院(1888年),京都感化保護院(1889年),静岡の三河感化保護院(1890年),三重感化院(1897年),広島感化院(1899年),巣鴨の家庭学校(1899年)などがある。このように,短期間で私立感化院が設置されていったことに,感化事業に対する当時の民間人の熱い思いを見ることができる。

2 感化法とその内容

(1) 旧刑法下の感化法とその限界

感化法の制定とその内容 1880年代に隆盛となった私立感化院による感化事業は，その後，少年犯罪における不起訴処分事案の激増，感化院からの逃走事例の増加，民間事業にともなう設備・予算・人材面での制約と限界，海外における少年立法の実現を背景事情として，法律に根拠をもつ統一的事業として改編する必要性が痛感されることになった。こうした状況に対応するため，1900年に感化法（明33法37）が制定された。感化法の制定こそは，日本における少年法制の本格的な展開の出発点である。

感化法は，地方長官が管理する公立感化院の設置を地方自治体に義務づけ（感1条・3条），そこでの管理権・監督権・入院決定権を地方長官に与えるとともに（同2条・7条），在院者・仮退院者に対する親権を感化院長に与えて，検束・減食などの懲戒権を付与する（同8条・9条）一方，訴願による不服申立てを扶養義務者等に認めた（同13条）。これらの点から明らかなように，感化法は，国親思想に立脚して構成されたものである。

感化院は，親権者・後見人がいない8歳以上16歳未満の不良行為者（遊蕩・悪交など），刑法上の懲治場留置を言渡された者，民法上の懲戒権の行使として裁判所が懲戒場収容を許可した者を入院対象とし（同5条），19歳満了までを原則として（同6条），不良性を除去するための環境改善と保護教育を実施するものとされた（同7条～9条）。また，在院費を扶養義務者から徴収することを認め（同11条），それまでの感化事業を支えてきた私立感化院を代用感化院として認可することを認めた（同4条）。

感化法の限界　公立感化院 の設置は府県議会の決議にもとづく地方長官の具申を要件としたため，地方の財政問題や教育保護思想の不徹底，感化法への無理解などから，旧刑法のもとで設置された公立感化院は2府3県（神奈川〔1902年〕，秋田〔1904年〕，東京〔1906年〕，埼玉〔1906年〕，大阪〔1908年〕）にとどまっていた。また，感化法の施行後も，旧刑法が廃止されるまでの8年間は，旧刑法と監獄則にもとづく懲治処分が効力をもっていた。さらに，1903年施行の監獄官制によって監獄のすべてが司法省管轄に移管されたことから，少年処遇において，司法省管轄の監獄則（懲治場）と内務省管轄の感化法（感化院）とが錯綜するという複雑な状況が生じてしまった。

(2) 現行刑法の制定と第1次感化法改正

少年処遇における錯綜状況は，ドイツ刑法にならった現行刑法の制定（1907年）と，その直後（1908年）の感化法改正および監獄法の制定によって，ようやく解消されることになった。現行刑法は，刑事責任年齢の下限を12歳から14歳に引き上げる（刑41条）とともに，懲治場における懲治処分（責任無能力者と不良行為者の処遇）の廃止に踏み切った。懲治処分の廃止にともない，感化法の対象が拡張され，親権者のない8歳以上18歳未満の不良行為者，18歳未満で親権者・後見人からの申請がある者も感化法が管轄することになり（感5条），自営独立のための実科と教育・分類収容・予後指導を中心とした処遇を行うことになった。

感化法改正により，不良少年一般に対する感化処遇 は，内務省が管轄する感化法に統一された。また，国立感化院 設立の提示（同13条ノ3）を受けて国立感化院令が公布され（1917年），武蔵野学院が開設された。ここに至って，感化教育事業は，地方公共団体が設

置する公立感化院を中心に，私立感化院と国立感化院の混在のもとで進められる体制が確立した。他方，犯罪少年（14歳以上）の扱いは依然として刑法にもとづく監獄（特設監）によっていた（監2条）ため，非行少年のすべてを統一的に扱う少年法制ではなかった。侵害原理による介入（犯罪少年）と保護原理による介入（18歳未満の不良少年）とが，刑法と感化法とで明確に区別されていたのである。

Ⅲ 旧少年法から現行少年法へ

1 旧少年法（大正少年法）とその内容

(1) 旧少年法の成立

18歳未満の不良少年に対する処遇が感化法に統一される時期の前後を通じて，少年犯罪（者）の増加，累非行少年に対する感化教育の実効性の低さ，刑事未成年による触法行為への対策の必要性が指摘される一方で，欧米諸国を中心とした先進的少年法制の紹介等により，刑罰よりも保護処分を重視する少年裁判所の設置を求める運動が高まっていった。こうした事情を背景としながら，日露戦争（1904－05年）後の犯罪少年の増加を契機として，1911年に始まった刑事訴訟法改正作業において，犯罪少年をも取り込んだ統一的な少年立法の必要性が次第に自覚されていった。

その結果として成立したのが，司法省管轄の旧少年法（大11法42）と矯正院法であった（1922年）。旧少年法は，18歳未満を少年としたうえで（旧1条），少年の犯罪に原則として刑事処分（刑罰）をもって臨む一方で，刑罰法令に触れる行為をした少年とその虞のある少年（触法・虞犯少年）を保護処分の対象として（同4条1項），

少年審判所が管轄することにした（同 15 条）。こうした点に，刑事処分優先主義を前提としながらも，刑事司法システムとは異なる内容をもった独自の少年法制としての性格が見られる。

(2) 旧少年法の構造

旧少年法と感化法の関係　少年年齢の上限を 18 歳未満としたことで，14 歳以上 18 歳未満の者の犯罪には，少年法が刑法の補充法として機能する一方で，民法上の未成年者（20 歳未満）であっても 18 歳以上の犯罪者については，刑法だけが適用されることになっていた。他方，18 歳未満に対する保護処分の管轄が少年法に明示されたため（旧 28 条），14 歳以上 18 歳未満の保護処分については少年法が感化法に優先するものとなった。このため，旧少年法の制定にともなって，感化法が改正され（第 2 次感化法改正），両者の管轄が明確化された。

旧少年法の制定と第 2 次感化法改正によって，刑法が優先する犯罪少年を除いて，非行少年に対する処遇については，14 歳以上を少年法（司法省）が管轄し，14 歳未満を感化法（内務省）が管轄する体制が確立した。ただ，それまでの感化法による不良少年処遇に比べて，感化法が排他的ないしは優先的に管轄する範囲が制限されていたため，全体として刑事法的色彩が強くなったことは否定できない。旧少年法と感化法から始まった少年処遇における併存体制は，現在の少年法（法務省）と児童福祉法（厚生労働省）に至るまで引き継がれている。

侵害原理と保護原理との関係　旧少年法は，犯罪少年に対する刑事処分を優先するものであったため，少年犯罪（者）を少年審判所で扱う（保護処分の対象とする）ためには，検察官の送致が必要とされた（旧 27 条・62 条）。犯罪の扱いを選別する権限は検察官に与

えられていたのである（検察官先議主義）。したがって，現行少年法が規定するような逆送制度（20条）はなく，保護処分相当を理由として刑事裁判所から少年審判所に移送することだけが認められていた（旧71条）。こうした点は，侵害原理に強くなじむものである。

その一方で，刑事処分の場合と保護処分の場合を区別せずに，少年事件の出版物への掲載を一律に禁止し，その違反に刑罰（1年以下の禁錮または千円以下の罰金）を規定した点（同74条）などには，保護原理を重視する態度を見ることができる。また，保護処分の選択肢の多様性（同4条）などにも，個別処遇を重視する保護原理への配慮がうかがわれる。

(3) 少年の刑事事件（原則）

14歳以上の少年が一定の法定刑以上の重罪を犯した場合，および16歳以上の少年が犯したすべての犯罪については，刑事処分が優先するものとされた（旧27条）。ただ，刑事処分が優先する場合でも，少年の特性（未成熟さと可塑性の高さ）に配慮して，刑事裁判手続と行刑面でいくつかの特則が設けられた。その限りでは，少年犯罪者に対して，少年法が刑法・刑事訴訟法に優先することが認められていたのである（同2条）。

手続面での特則としては，捜査・公判段階における勾留の制限と独居拘置（同67条），少年被告人同士の接触の回避と手続の分離（同68条・69条），少年保護司による調査（同32条），附添人選任などの少年審判（保護処分手続）に特有な規定（同31条・42条等）の少年刑事裁判手続への準用（同64条・73条），を指摘できる。また，行刑面については，行為時16歳未満の少年犯罪者に対する死刑・無期刑の回避を含む刑の減軽・緩和措置（同7条），相対的不定期刑の導入（同8条），分界場所での懲役刑・禁錮刑の執行（同9条），

仮出獄要件の緩和（同10条～12条），労役場留置の禁止（同13条），資格制限の緩和（同14条），などが規定された。こうした特則の多くは，少年の刑事処分を例外とする現行法にも引き継がれている。

(4) 少年の保護事件（例外）

保護事件の対象と管轄機関　保護処分の対象としては，触法少年（犯罪少年を含む）と虞犯少年が明示されていた（旧4条1項）。ただ，犯罪少年についても，検察官が保護処分相当と判断する場合には，不起訴処分にしたうえで少年審判所に送致することが検察官に義務づけられており，その限りで保護処分の対象とされていた（同62条）。

旧少年法の大きな特徴は，司法機能とケースワーク機能を併有する専門機関としての **少年審判所**（組織上は行政機関）を設けたことにある（同15条・17条・21条）。また，保護・教育経験のある **少年保護司** を少年審判所に配置し（同18条），調査・審判・予審・刑事裁判・処分執行のすべての段階に関与する権限が少年保護司に与えられた（同4条・6条・23条・32条・36条・58条）。こうした少年の保護的扱いの場面における専門的関与は，現行法にも受け継がれているところである。

保護事件の扱い　保護事件の審判手続については，少年保護司による社会調査と医師による心身診察（同31条・32条）に見られる科学主義の導入，審判の非公開（同45条），審問主義的審判構造の採用（同33条以下），国選を含めた附添人の選任，保護者・附添人・少年保護司の審判出席権と意見陳述権（同42条～44条），などが規定された。また，これらの規定の多くは，少年の刑事事件にも準用され（同64条・73条），少年事件一般に対する保護的な対応が顕著なものであった。

保護事件の処分に関しては，審判不開始の可能性を明示するとともに（同40条・41条），9種類の 保護処分（訓誡，学校長訓誡，書面誓約，保護者への条件付引渡，補導委託，少年保護司観察，感化院送致，矯正院送致，病院送致・委託〔同4条・48条〕）と5種類の 仮保護処分（保護者預け，補導委託，病院委託，少年保護司観察，例外的な感化院・矯正院送致〔同37条以下〕）を認める一方で，虞犯少年に対する自由制約の強い保護処分については保護者の同意を要件とした（同55条）。他方，処分執行段階に少年審判所の関与を認める点に（同5条・57条・58条），少年審判所の行政機関としての性格が明らかにされていた。

2 現行少年法とその概要

(1) 現行少年法の成立

旧少年法の施行当初は，その適用地が大都市圏に限られ，少年審判所も東京と大阪に設置されるにとどまっていた（1923年）。他方，感化法は内容を充実させて 少年教護法 となり，感化院が少年教護院に改編された（1933年）。その後，日本は，旧少年法の適用が全国規模で実現した（1942年頃と言われる）直後に第2次世界大戦に敗北し（1945年），日本国憲法の成立（1946年）を契機として，法律制度の全面的な見直しを行うことになった。

こうした状況のもとで，アメリカの占領政策にもとづき，国親思想を基礎とする当時のアメリカの福祉モデル少年法制を模範として，1948年に現行少年法が成立した（昭23法168）。現行少年法は，旧少年法の全面改正の形式をとりながらも，少年保護・処遇体系の新立法としての実質を持つものとして成立したのである。したがって，現行法は，旧少年法と比べて多くの特色を有するものとなっている。

少年法は，同時期に制定された少年院法（1948年）と犯罪者予防更生法（1949年）とともに，少年司法システムを基礎づけるものであった。その一方で，少年法制定の前年には，少年教護法，児童虐待防止法，母子保護法が児童福祉法に統合され，それが少年福祉システムを基礎づけるものとなっていた。こうして，少年法制において司法システムと福祉システムが両立する状況が確定し，現在に至っている。現行少年法の内容については次章以下で詳しく見ていくが，旧少年法と比べた特徴は，次のようにまとめられる。

(2) 現行少年法の特色

健全育成の充実 旧少年法からの大きな変化は，少年の健全育成を前面に出して，その積極的な実現を図ったことである（1条参照）。具体的には，①保護処分の拡充と徹底の観点から，少年年齢の上限を18未満から20歳未満に引き上げ，民法上の未成年者（民4条）との一致を図った（2条1項），②検察官先議にもとづく刑事処分優先主義を改め，すべての事件を家庭裁判所に送致させたうえで（全件送致主義），事件の扱いの判断を家庭裁判所の専権（家庭裁判所先議・専議主義）とした（20条・41条・42条），③科学的な人格調査の徹底という観点から，家庭裁判所調査官による社会調査と少年鑑別所による心身鑑別（資質調査）を導入した（8条・9条・17条），などである。また，④少年の刑事事件についても，死刑・無期刑を回避すべき年齢を，行為時16歳未満から18歳未満に引き上げ（51条），⑤少年の福祉を害する成人の刑事事件を家庭裁判所の管轄におく（37条〔現在は削除〕）*，といった改正が行われた。

人権保障の強化 健全育成の充実と並んで，少年に対する人権保障の強化も，現行少年法の大きな特徴である。具体的には，⑥保護処分の決定を，行政的機能を併有していた少年審判所から，司法

機関である家庭裁判所（地方裁判所と同格）に移した（3条），⑦保護処分が強制力のある裁判所の措置とされたことから，保護処分決定に対する抗告制度を導入した（32条～35条），⑧決定機関としての少年審判所が執行面にも関与していたことを改め，保護処分の決定と執行とを明確に分離した（27条・46条），⑨裁判に適さない事実的な措置を保護処分の選択肢から除外したうえで，児童福祉法との連携のもとに，保護処分の内容を3種類（保護観察，教護院・養護施設送致，少年院送致）に整理した（24条），⑩保護処分手続における無方式を改め，手続の形式性を強化した（5条・11条・12条・17条～21条・23条～25条等），などの点を指摘できる。

＊　**成人刑事事件の管轄**　少年法は，未成年者喫煙禁止法，未成年者飲酒禁止法，労働基準法，児童福祉法，学校教育法に規定する成人の犯罪を「少年の福祉を害する成人の刑事事件」として，家庭裁判所の管轄に置いた（37条・38条）。これは，少年の非行を助長し少年の福祉を害する犯罪については，一般刑事事件と異なる扱いが少年の保護に役立つだけでなく，少年の保護と福祉の専門機関に扱わせるのが適切だと考えられたことによる。しかし，その後，実務上の多くの不都合が指摘されたことから，2008年改正によって，37条と38条が削除され，その管轄が地方裁判所・簡易裁判所に移管された。

Bridgebook

第3章
少年法の基本構造

　本章以下において，日本の現行少年法の内容を具体的に見ていくことにする。歴史的な産物である各国の少年法制は，少年の特性を重視して成立したという共通性をもちながらも，それぞれの具体的な内容が完全に一致しているわけではない。そこで，本章では，日本の現行少年法の内容を確認する前提として，少年法の法的性格を明らかにしたうえで，その目的と理念を確認し，そこから導かれる主要な特徴について概観しておく。

Ⅰ　少年法の法的性格と関連法令

1　少年法の法的性格

(1) 刑事法としての少年法典

　「少年法」ないしは「少年法制」の具体的内容については，学問上の概念規定や厳密な定義が存在しないため，さまざまなものを想定することができる。もっとも広い意味では，およそ少年に関わる法体系はすべて「少年法（制）」ということも可能である。しかし，日本では，「少年法」という名称をもって1948年に公布され，翌年の1月1日から施行されている法典（**少年法典**）を意味するという理解が一般的である。本書においても，「少年法」をそのような意

I 少年法の法的性格と関連法令

味として用いるとともに、「少年法制」とは「少年法」にもとづく法制度を意味している。

このような少年法は、虞犯を含めて、およそ犯罪（刑罰法規違反）に関係する事案の扱いを規定するものである。したがって、少年法は、刑事法の一部として、犯罪一般の扱いを規定する刑法や刑事訴訟法に対する特別法の性格をもっている。いわゆる六法全書においても、少年法は、刑事法編の一部に編纂されている。

(2) 少年法の性格と社会のイメージ

少年法は、「非行の克服」を前提として、少年の「健全育成」を目的とする（1条）。非行の克服という意味においては、犯罪防止を目的とする刑事政策の一部であり、侵害原理 を前提としている。他方、健全育成のための手段として用いられる保護処分は、刑罰のような非難を目的とするものではなく、保護原理 を前提とする。したがって、少年法は、侵害原理と保護原理の調和のもとに成立しているのである。

しかし、少年法がこのような性格のものであるにもかかわらず、それに対する社会の見方は、少年の犯罪に対する「少年用の刑法」のようなイメージが強いように思われる。このことは、特に、少年事件に対する厳「罰」化の主張に端的に現れている。

2 少年事件に関わる法令等

(1) 少年法制に関わる法令

少年法は、完結した法体系として構成されているわけでもなければ、少年法の対象となる事件（→74頁）の扱いについて網羅的に規定しているわけでもない。非行少年対策 は、少年法を基本としながら、多くの関連法令等との連携のもとで運用されている。少年事

件に関連する制定法（法律）としては，刑法，刑事訴訟法，少年院法，更生保護法，児童福祉法などがある。また，法律以外の法令として，保護事件手続の詳細を規定する少年審判規則，捜査に関する犯罪捜査規範と少年警察活動規則，さらには刑事訴訟規則や少年鑑別所処遇規則なども，それぞれ重要な役割を果たしている。

(2) 通達等による補完

少年審判は裁判の一部であるが（裁31条の3），福祉的・教育的機能をよりよく実現するために，さまざまな事実上の措置が用意されており，行政的機能をもつ事務も多い。したがって，少年事件の扱いについては，法令以外にも，通達（上級の行政庁が下級の機関や職員に対して法令の解釈指針や運用指針等を示す形式）が重要な役割を果たしている。保護者に対する保護的措置（25条の2），補導委託（25条2項3号），保護処分における環境調整措置（24条2項），保護処分決定後の動向調査や処遇勧告（規38条1項・2項）などは，通達にもとづいて具体化されている。さらには，関係機関の内規，通知，照会回答なども，運用面で重要な役割を果たしている。

(3) 国際的な動向

各国の少年法は，それぞれの国内法として制定され，運用される。しかし，少年司法システムのあり方は，国内法の問題であるだけにとどまらず，少年の人権や自立などとの関連で各国共通の重要な関心事でもある。したがって，日本の少年法の運用においても，少年法制に関わる国際的な動向をないがしろにすることはできない。世界共通の観点から国内法としての少年法のあり方や運用に指針を与えるものとして，1985年の「北京ルール」，1989年の「権利条約」，1990年の「リヤド・ガイドライン」および「少年保護規則」があり，それぞれが重要な役割を果たしている。

Ⅱ 少年法の目的と理念

1 少年の健全育成と成長発達権

(1) 少年法1条が明示する目的

法1条は,「少年の健全な育成を期し」て,「非行のある少年に対して性格の矯正及び環境の調整に関する保護処分を行う」ことと,「少年の刑事事件について特別の措置を講ずること」を明示している。ここから明らかなように,少年法の最終目的は,少年の健全育成にある。したがって,少年法は,事案の真相解明と刑罰の適正・迅速な適用(犯罪に応じた責任追及と社会的非難)を目的とする 刑事司法(刑訴1条参照)と異なり,少年の特性(未成熟さと可塑性の高さ)を認めたうえで,保護と教育を優先するもの(教育主義)として構成されている(規1条2項参照)。少年法に見られる多くの特徴も,こうした目的から導かれているのである。

法1条が明示する目的は,家庭裁判所で扱われる少年保護事件における関連法令の解釈・運用の指針である(規1条1項)だけでなく,少年の事件が刑事裁判で扱われる場合(少年の刑事事件)にも妥当すべきものとされている(50条,刑訴規277条参照)。少年司法で重視されるべき「少年の特性」は,保護事件の場合と刑事事件の場合とで異なるところがないからである。

(2) 社会復帰モデルと成長発達権

社会復帰モデル 健全育成の具体的な内容は,少年の社会復帰(再社会化)であり,社会復帰モデルと呼ばれる。その基礎となるのは,少年の特性(未成熟さと可塑性の高さ)を重視する伝統的な少年観であり,保護原理と強く結びついた考え方である。少年は,た

とえ肉体的には成人と同じように発育しているとしても，精神的には未成熟（発達途上）な状態にあり，心情的にも不安定で，環境からの影響を受けやすい存在と見なされる。そのため，そのような状態にある少年の問題性は必ずしも根深いものではないと考えられ，犯罪少年であっても，成人犯罪者と同じように扱うことは適切でないとされるのである。

　他方，未成熟のために環境からの影響を受けやすいということは，その反面として，よりよい環境を与えてやれば再社会化が容易であることを意味する。したがって，そのような少年については，教育的手段によって再社会化を図ることこそが，少年本人はもとより，社会にとっても利益になるとされるのである。

成長発達権の承認　健全育成は，少年が十全に成長発達を遂げていく権利（成長発達権）を認めることを前提とする。もっとも，成長発達権は少年法に明示的に規定されているわけでもないし，その内容が確定しているわけでもない。「権利条約」によれば，それは，すべての子どもが生命への固有の権利を有していることを認めたうえで，子どもの生存と発達をできる限り確保することだとされる。こうした精神は，日本の少年法も当然のものとして認めるところである。少年の特性を前提とする少年法は，少年が社会的に重大な失敗（非行）をしてしまった場合にも，それをただちに非難するのではなく，それを教訓として，少年が通常の社会人へと成長していく過程（再社会化）を保障するものである。

2　非行に対する少年の責任

(1)　少年法の性格と少年の責任

　社会復帰モデルを前提とする健全育成を目的として，少年の成長

発達権を認める少年法は、非行事実を契機とする介入によって、少年の再社会化を目指すもの（展望的視点）として構成される。したがって、非行に対する非難としての「責任追及」という視点は、本来的に予定されていない。この点が、刑事法の一部として立法されていながら、犯罪という過去の事実に対する社会的非難を重視する刑法（回顧的視点）と決定的に異なるのである。

他方、このことが、「少年法は甘い」という印象をもたらし、いわゆる厳罰化の主張をもたらす大きな要因になっていることも否定できない。多くの人は、展望的視点の少年法に対して、悪いことをやったという事実（非行）をリセットしてしまうものであり、何もなかったかのように社会復帰を認めるのは、社会正義に反すると考えがちだからである。こうした点からも明らかなように、非行に対する少年の責任の問題は、少年法の展望的視点を指摘するだけで十分というわけではない。

(2) 少年法における責任

現在の実務においては、少年犯罪の成立要件として、成人と同じように責任能力を要求する立場が有力である（→76頁）。犯罪の成立と犯罪に対する責任を結びつけて考えるならば、犯罪少年の責任は成人犯罪者の場合と同じことになる。しかし、非行に対する少年の責任を認めるにしても、それは、成人犯罪者に対する責任（刑罰による社会的非難）と同じものではありえない。少年犯罪者についてさえ、保護処分による再社会化が原則とされ、刑事処分はまったくの例外とされているからである（20条参照）。また、刑事未成年である触法少年（責任無能力者）を刑事的に非難することはできないし（刑41条）、侵害原理になじまない虞犯少年については、そもそも非難を考えることすらできない。少年（法）の特性を前提とす

る以上，犯罪少年に成人犯罪者と同様の責任を認めたり，同じような形で責任を追及することは，不適切である。

現行の少年法を前提として，非行少年のすべてに共通する責任を考えるならば，それは，保護処分によって少年自身が再社会化（成長発達）に向けて努力し，再社会化を実現するということ以外にはない。成長発達は，一般に少年の「権利」として強調されがちであるが，同時に非行少年の社会に対する「責任」でもある。

3 少年の人権の保障

(1) 少年法における人権の扱い

現行少年法は，旧法になかった少年の抗告権を認めた（32条以下）ことを別にして，長いこと，少年の人権保障について一般的な形で規定するところがなかった。これは，現行法が，保護原理を重視する当時のアメリカの福祉モデル少年法制にならって成立したことと強く関連している。福祉モデル 少年法制は，再社会化を実現するための処遇を少年の利益であると考えたことから，要保護性を完全に解明し最適な処遇を選択するための手続において，人権保障の観点が希薄になりがちなものであった。

しかし，人権保障を一般的に明示する規定が存在しないということは，少年事件において少年の人権に配慮しなくてよいことと同じわけではない。健全育成と人権保障は，相互に対立するものではなく，調和しうるものであり，調和を目ざすべきものでもある。憲法の規定する基本的人権の保障（憲31条以下）は，非行少年にも当然に及ぶし，少年法の解釈・運用において人権保障の観点が重視されるべきことはいうまでもない。

(2) 人権保障の具体化

その後,「流山中央高校事件」の最高裁決定（最決昭58・10・26刑集37巻8号1260頁）＊を契機として，実務・学説・立法のそれぞれにおいて，少年の人権のあり方が重要視されるようになった。当初は運用による解決が目ざされたが，2000年改正において，付添人規定（10条）が改正されるとともに，観護措置に対する異議申立て，国選付添人，保護処分の取消しに関する規定が新設されている（17条の2，22条の3，27条の2）。また，少年審判規則も，少年鑑別所での観護措置に対して，供述を強いられないことと付添人選任権の告知を明示している（規19条の3）。さらに，実務の運用においても，各家庭裁判所が事務処理要領を策定し，適切な事件処理態勢を確立するとともに，適正手続の要請にこたえる努力が続けられている。今後の論点は，刑事司法との相違を前提にしながら，どのようにして少年の人権保障を実質的に図っていくかということにある。

＊ **流山中央高校事件**　高校への放火未遂の事実について，家庭裁判所が，少年らによる仕返しのおそれがあることを理由として，少年と付添人の立会を認めずに参考人を取調べたうえで保護処分決定をしたという事案である。再抗告を受けた最高裁は，「少年保護事件における非行事実の認定にあたっては，少年の人権に対する手続上の配慮を欠かせないのであって，非行事実の認定に関する証拠調べの範囲，限度，方法の決定も，家庭裁判所の完全な自由裁量に属するものではなく，少年法及び少年審判規則は，これを家庭裁判所の合理的な裁量に委ねた趣旨と解すべき」ことを明らかにした。この決定には，法廷意見をさらに徹底する団藤裁判官の補足意見が付されている。

4　少年事件の被害者に対する配慮

(1) 犯罪被害者の配慮に向けた動き

日本の刑事司法は，旧犯罪被害者等給付金支給法（1980年）など

を若干の例外として，長いこと，犯罪被害者 の問題に関心を払ってこなかった。この事情は少年法でも同じであり，少年事件の被害者を意識した規定はまったく存在していなかった。

こうした状況のもとで，近時，被害者の人権を中心として刑事司法のあり方を見直す動きが急速に広まってきた。その結果，成人刑事司法を中心として，一連の関連法（刑訴法等）の改正と新設が積極的に行われ，犯罪被害者等基本法の制定（2004年）と犯罪被害者等基本計画の策定（2005年）が実現した。さらに，その後，刑事裁判において被害者参加制度が導入される（2007年）とともに，被害者参加のための国選弁護人制度が創設された（2008年）。その後も，犯罪被害者に対する配慮のあり方をめぐる問題は，日本の刑事司法における大きな検討課題であり続けている。

(2) 少年法における犯罪被害者への配慮

成人刑事司法における被害者配慮の動きは少年司法にも大きな影響を与え，保護事件として家庭裁判所で終結する少年事件についても，被害者に配慮した制度が導入されることになった。2000年改正では，被害者等による記録の閲覧・謄写，被害者等の申出による意見の聴取，被害者等に対する審判結果等の通知が，それぞれ認められた（5条の2，5条の3，9条の2，31条の2）。また，2008年改正によって，記録の閲覧・謄写および意見聴取における対象者の範囲が拡張されるとともに，一定の要件で被害者等による審判傍聴が認められ，さらに審判状況の被害者等への説明が認められた（5条の2，9条の2，22条の4，22条の6）。こうした状況のもとで，少年法の目的や理念をめぐる議論においても，少年事件の被害者を視野に入れた検討が不可欠なものとなっているのである。

Ⅲ 少年法の特徴

1 専門機関の設置

(1) 家庭裁判所の創設

創設の意義　旧法と比べて，少年の特性（未熟さと可塑性の高さ）をより重視する現行法は，少年事件を扱うすべての段階において専門機関が関与することによって，より適切で効果的な運用を図るものになっている。なかでも，家庭裁判所とその関係者によって少年事件を一元的に扱うことにした点は，特筆すべきものである。

旧法は，少年の保護事件を専門に扱う組織として，行政機関の性格をもつ少年審判所を設置していた。これに対し，現行法は，少年事件が家庭問題と密接な関連をもつとの認識にもとづき，地方裁判所内に設置されていた家事審判部と統合して，家事事件と少年事件を専門に管轄する司法機関としての家庭裁判所を創設した。家庭裁判所を司法機関としたことで，三権分立の原則が徹底された。

少年保護事件における家庭裁判所の意義は，民事事件や刑事事件を扱う通常の裁判所と異なる性格のものとして，少年の健全育成の観点から保護的機能を果たす点にある。具体的には，少年に対する扱いを専権的に判断して決定する選別・決定機能，そして保護処分継続中の処分を管轄する後見的機能が期待されている。

家庭裁判所　家庭裁判所は，地方裁判所に相当する下級裁判所として，各都道府県庁所在地と函館市，旭川市，釧路市に合計50か所の本庁があるほか，支部および出張所が設けられている（裁31条の5による31条の準用）。

家庭裁判所の場所的な管轄（土地管轄）は，少年の非行地，住所，

居所または現在地によって定まる（5条1項。→111頁）。また，事件の管轄（事物管轄）は，少年保護事件と家事事件を中心として家庭問題全般に及ぶ（裁31条の3参照。→74頁）。ただ，少年法と家事審判法との間の有機的な連携までは実現しておらず，調査官制度の存在（裁61条の2）が共通している程度にとどまる。

(2) 家庭裁判所裁判官

旧法は，少年事件を 少年審判官 が単独で扱うものとし（旧19条），少年審判官は「判事ヲシテ之ヲ兼ネシムルコトヲ得」としていた（旧21条1項）。その背景には，少年事件を保護的観点から扱うためには，法曹資格のない者を含めて，むしろ裁判官以外の者を積極的に活用しようとする姿勢がうかがわれた。これに対し，現行法は，少年事件を司法機関としての家庭裁判所の管轄としたため，法曹資格を有する裁判官（地方裁判所の裁判官と同じ受命資格）に少年事件の扱いを委ねることにした（裁31条の2）。

少年事件については，単独の裁判官が扱うことが原則とされる（裁31条の4第1項）とともに，検察官送致決定（20条）を除いて，事実認定，要保護性の解明，処遇選択のすべてにわたって判事補（未特例判事補を含む）＊の単独関与が認められている（4条）。その背景には，少年事件は比較的単純なものであるという認識と，要保護性の解明に積極的に協力し，納得して処遇を受け入れるという「素直な少年」像があるものといえよう。しかし，現在の少年事件の多くについて，そのような見方で説明できるかは疑問である。2000年改正による裁定合議制の導入も（裁31条の4第2項），従来の認識の問題性を示唆するものといえよう。

＊ **未特例判事補の単独関与**　裁判官は，判事補等として10年間の実務経験を経た後に，判事として裁判に関与する資格を得る（裁42条）。ただ，

判事補として5年の職歴を有し，最高裁判所の指名を受けた判事補（特例判事補）については，特例的に，そのような制限が解除される（判特1条）。さらに，「他の法律に特別」に定めがある場合には，特例法によることなく職権の制限が解除される（裁27条1項参照）。少年法4条の規定は，他の法律による特別規定として，少年保護事件における未特例判事補の単独関与を認めるものである。

(3) 家庭裁判所調査官

調査官制度の創設　家庭裁判所が管轄する事件（家事事件を含む）を適切に処理するために，家庭裁判所に，家庭裁判所調査官が置かれている（裁57条1項）。少年に対する最適な処遇の選択は，要保護性を解明するための調査の結果等が，審判において十分に反映されることで実現される。ここから，少年法は，調査と審判を同一の機関で行うことが適切であるとし，家庭裁判所みずからが調査に当たるという構成をとった（8条1項）。そのため，裁判官の補助機関として調査官を置き，要保護性の解明と最適な処遇選択との連携を図ることにしたのである。

旧法でも少年保護司が社会調査を行っていたが，現行法は，それをさらに徹底して，ソーシャル・ケースワーカーの役割を家裁調査官に与え，心理学・社会学・教育学等の専門的知識にもとづく科学調査と社会調査を行わせることにした（9条）。そのため，その採用試験も，それらの専門的知識を重視するものになっている。

調査官制度への期待　調査官は，少年事件について，裁判官の命令にもとづいて（8条2項），審判および処遇に必要な調査を行うものとされ（9条，規11条），少年鑑別所との連携が要請されている（9条）。また，調査結果の報告に処遇意見をつけ，報告の前後を問わずに処遇意見を述べることができる（規13条2項・3項）。さらに，観護措置（17条）や試験観察（25条）への関与をはじめ，

少年事件の多くの場面で実質的で重要な役割を果たしている。

　裁判官に必ずしも多くの積極的な役割を期待できない制度のもとで，家裁調査官は少年法の中核ともいうべき存在であり，「家庭裁判所の機能は調査官によって実現されている」といっても過言ではない。日本の少年司法が各国から高く評価されている理由も，調査官を中心とした家庭裁判所のケースワーク機能（→61頁）の実効性に求めることができる。

(4) 少年鑑別所

　少年鑑別所は，観護措置のために送致された少年を収容する施設として（17条1項2号），少年院法の施行にともなって発足し（1949年），各都道府県庁所在地などに52か所（1か所の分院を含む）が設置されており，法務大臣（法務省矯正局）が管理する（院17条1項）。また，少年の犯罪容疑事件については，勾留の代替措置を行う施設としても利用されている（43条1項・44条2項）。

　少年鑑別所は，送致された少年の収容だけでなく，少年保護事件の調査・審判・保護処分および16歳未満の少年に対する自由刑の執行に資するため，医学・心理学・教育学・社会学その他の専門的知識にもとづいて少年の資質鑑別を行う施設でもある（院16条）。特に，資質鑑別の結果は，家裁調査官の調査での活用が要請される（9条）。そのほか，関連組織（家庭裁判所等）以外からの依頼による資質鑑別（院16条の2）や，窓口での一般相談（いじめ・家庭内暴力・引きこもり・しつけ等）にも応じ，非行少年に限らず，一般的な要保護少年の健全育成を目的とする活動に広く利用されている。

2 全件送致主義と家庭裁判所先議主義

(1) 少年審判の特性

　少年の健全育成を目的とする少年法は，非行事実の存在を前提として，少年の要保護性（問題性）を解明し，最適な処遇による要保護性の解消（再社会化）を任務とする。そこでは，要保護性という個々の少年の個人的事情こそが重視される。他方，犯罪に対する社会的非難を目的とする成人刑事事件においては，犯罪事実が認定されれば，被告人の責任の程度に応じて刑罰が量定されるため，被告人の個人的事情が「決定的」な重要性をもつことはない。

　このような意味において，少年司法は 行為者主義的性格 をもつといわれ，刑事司法は 行為主義的性格 をもつといわれる。しかし，少年司法においても，非行事実の厳格な認定（疑わしきは被告人の利益に）＊が前提であり，行為主義的性格が否定されているわけではない。それぞれの性格は，いずれかを一面的に強調すべきものではなく，どちらに重点が置かれるかの違いにすぎない。

　　＊　**疑わしきは被告人の利益に**　　刑事裁判において犯罪事実を認定する場合，検察官は「合理的な疑いを超える程度」の立証をしなければならない。被告人に不利な事実（犯罪事実の全部または一部）について，合理的な疑いが残らない程度の証明ができないときは，その事実は存在しなかったものとして扱われる。これを「疑わしきは被告人の利益に」の原則という。少年審判は刑事裁判ではないが，非行少年の自由を拘束する保護処分につながるものであるから，非行事実の認定にもこの原則が当然に妥当する。

(2) 全件送致主義と家庭裁判所先議主義

　検察官先議主義の否定　　個々の少年に最適な処遇を与えるためには，少年ごとに異なる要保護性を十分に解明することが必要であり，専門機関がその役割を果たすことが望ましい。そのため，現行

法は，そのような専門機関として家庭裁判所を設置し，すべての少年事件の管轄を家庭裁判所の専属とした。

成人の刑事事件では，起訴裁量主義 がとられ（刑訴248条）[*1]，微罪処分（刑訴246条但書，犯捜規198条）も認められるため，捜査機関限りで事件が終結することもある。また，犯罪少年に対する刑事処分優先主義をとっていた旧法では，検察官が犯罪事件の扱い（刑事手続と保護手続の選別）を判断して（検察官先議主義），刑事処分が相当でない事件だけを少年審判所に送致し，保護手続に乗せていた。これに対して，現行法は，すべての非行少年について保護優先主義を前提とし，刑事処分優先主義を前提とする検察官先議主義を否定したのである。

家庭裁判所先議主義の採用　検察官先議を否定し，少年事件の扱いを専門機関に委ねた少年法は，すべての少年事件を家庭裁判所に送致させ（41条・42条）[*2]，その扱いの判断を家庭裁判所の専権とした（全件送致主義にもとづく家庭裁判所先議・専議主義）。最終的には刑事処分で終結する犯罪事件であっても，最初は少年保護事件として家庭裁判所に送致され，家庭裁判所によって刑事処分の適否が判断されるのである。全件送致主義を採用したことの意義は，旧法で刑事処分が優先していた犯罪少年について特に大きい。

また，非行の種類や内容は要保護性を必ずしも直接的には反映しないから，成人刑事事件のように捜査段階で事件の終結を認めることは，専門機関による要保護性の解明なしに非行少年の扱いを決定するものであり，少年法の目的を没却することになる。この点からも，全件送致主義が必要とされるのである。

簡易送致手続　全件送致主義は，捜査機関に対して，捜査した事件を個別的に家庭裁判所へ送致することを義務づける（41条）。

Ⅲ 少年法の特徴

しかし，これに対しては，軽微事件を含めた少年事件のすべてを送致することは，少年の心情を害し，非行の早期発見・早期処遇の目的に反するとの批判も強かった。そこで，1950 年に，最高裁・最高検・警察庁の協議にもとづいて，通常の事件送致手続の例外として，軽微事案の「簡易送致手続」が導入されることになった。

その具体的な運用は，事案が軽微で要保護性に問題がないと捜査機関が判断した少年を，毎月1回，非行事実と情状を記載した送致書（少年事件簡易送致書）を検察官または家庭裁判所に一括して送付するものである（犯捜規214条1項）。家庭裁判所は，原則として書面審査によって処理し，特に問題がなければ審判不開始決定（19条1項）で事件を終局させる。この場合は，成人の微罪処分に対する処置が準用される（犯捜規200条・214条2項）。他方，問題がある場合（きわめて例外的）には，通常通りの保護事件手続がとられる。

*1　**起訴裁量主義**　被疑者に犯罪の嫌疑があり，訴訟条件が具備されている場合であっても，諸般の事情（犯人の性格や年齢，犯罪の軽重や情状など）を考慮して訴追の必要まではないと検察官が判断した場合，検察官は，公訴の提起を見合わせて被疑者を起訴猶予にすることができる。起訴便宜主義とも呼ばれ，起訴法定主義（公訴提起の要件がある以上は起訴が強制される制度）と対比される。

*2　**14歳未満の少年の扱い**　少年の特性（未熟さと可塑性の高さ）を重視する少年法も，14歳未満の非行少年（虞犯少年の一部と触法少年）については，児童福祉機関からの送致がない限り家庭裁判所では管轄できないものとしている（3条2項）。14歳未満の少年は，司法的対応よりも福祉的対応が望ましいという観点から，家庭裁判所先議主義（少年法による司法的対応）ではなく，児童福祉機関先議主義（児童福祉法による福祉的対応）が採用されているのである。

3 保護処分優先主義と不処分優先主義

(1) 保護処分優先主義

現行少年法の大きな特徴は，犯罪少年についても，旧法の刑事処分優先主義を改め，保護処分優先主義を採用したことにある。それは，刑法上は刑罰による社会的非難が可能な犯罪少年（3条1項1号，刑41条）であっても，保護主義的な観点（少年の特性の重視）にもとづく処遇（保護処分を中心とした教育的手段）を優先させ，例外的に刑事処分が相当と判断される事案に限って，検察官に送致（逆送または検送）して刑事手続での扱いを認めるものである。また，犯罪少年に対する保護処分の選択についても，要保護性の程度につり合う最小限の処分を選択することが要請され，できる限り強制力の低いものとする配慮がなされる。

このように，少年法は，保護処分優先主義を基礎として，全件送致主義と家庭裁判所先議主義によってその実現を図っているのである。他方，刑事処分がありえない触法少年（刑事未成年）と14歳未満の虞犯少年については，児童相談所の管轄権が家庭裁判所に優先するため（3条2項），強制をともなわない児童福祉法上の措置が保護処分に優先する（福祉処分優先主義）。

(2) 不処分優先主義

要保護性の解消による離脱　少年法は，非行事実の存在を前提として少年の要保護性を解明し，最適な処遇による要保護性の解消を任務としている。非行事実の認定は，非行少年に対する法的介入を正当化するための前提であるから，厳格かつ適正になされる必要がある。厳格な事実認定の場面では，少年保護事件手続と刑事裁判手続との間に違いはない。

他方,何らかの事情で少年の要保護性が適切に解消されてしまえば,少年法の任務は達成され,そのような少年を少年事件手続のもとで扱う理由はなくなってしまう。そのような場合は,できるだけ早期に少年を手続から離脱(ダイヴァージョン)させなければならない。また,要保護性の解消は,最適な処遇による場合はもちろんのこと,非強制的な措置で実現する場合もあるし,何らの措置をとることなく実現される場合もある。この意味で,保護優先主義に立つ少年法は,不処分優先主義にも立っている。

不処分優先の具体化　要保護性の解消は,要保護性の内容の解明が前提となる。したがって,要保護性の解消を理由とする離脱は,少年事件が家庭裁判所に係属し,要保護性の解明に向けた調査が開始された時点から審判が終了するまでの間でありうる。ここから,「家庭裁判所はその全過程を通じて実質的な処遇を行っている」といわれる。特に,試験観察(25条)のダイヴァージョン機能を期待した運用が,理論的問題があるにもかかわらず実務で確立しているのも,不処分優先主義を積極的に実現しようとする態度の現れである。また,実際にも,家庭裁判所に係属した少年事件の約40%が審判不開始で終わり,約25%が不処分で終わっているのも,不処分優先主義の具体化と見ることができる。

4　ケースワーク機能と社会防衛機能

(1) 家庭裁判所のケースワーク機能

　不処分優先主義にもとづいて,要保護性の積極的な解消を図るためには,少年法がそれを実現しうるようなものとして構成されるとともに,実際にそのように運用される必要がある。この点について,少年法は,家庭裁判所のケースワーク(個々の少年の要保護性の解明

とその適切な解消）機能にそれを期待している。それは，事件受理以後の家庭裁判所の手続全体を通じて処遇的な働きかけを行うことを認めたうえで，特に，行動科学の専門家としての家裁調査官の役割と能力に大きく依存している。実際，調査段階での面接調査や審判段階での試験観察，少年鑑別所における意図的行動観察などがケースワークとして活用されており，その実績は各国から高く評価されている。

　他方，捜査段階でもケースワーク機能を想定することはできるが，それを活用することは一般に否定されている。全件送致にもとづく専門的判断を重視する少年法は，家庭裁判所と児童相談所だけを少年事件の専門機関とし，それらのケースワーク機能だけを認めるものだからである。

(2) 社会防衛機能

　行為に対する社会的非難を目的とする成人刑事司法は，犯罪予防手段を通じて，社会を犯罪から守るという機能（社会防衛機能）を果たしている。他方，少年の健全育成（再社会化）を目的とする少年司法においては，社会防衛機能の実現は一般に否定されており，これまでの実務もそのように運用されてきた。非行少年の処遇は要保護性の内容と相応すべきものであり，非行事実の内容や軽重は，処分選択と直接的には関連しないものと考えられてきたのである。しかし，近時の厳罰化論の主張に見られるように，非行から社会を守るべきだとの主張と動向は，すでに無視できないものになっている。少年の特性を重視する現行法との関係で，社会防衛機能をどのように考えるかは，今後に残された重要な課題といわなければならない。

5 少年審判の構造と職権主義

(1) 刑事裁判と少年審判

　犯罪に対する社会的非難を重視する刑事司法では，犯罪事実の認定の後，法定刑を基準として加重減軽の処理がなされ（刑72条），宣告刑が量定される。犯罪者の個人的な事情は，刑種の選択や酌量減軽（刑66条）の検討に際して考慮されるにすぎない。そこでは，旧派的な応報刑（罪刑の均衡）が前提とされ，新派的な再社会化の考え方は副次的なものとされている。こうした刑事司法では，犯罪事実の存否の厳格な認定こそが重要とされ，そこに刑事裁判の中心的役割が求められる。そして，このような役割を実現するために，刑事裁判では，検察官と被告人・弁護人が対等な立場で互いに攻撃と防御を尽くし，両当事者から独立した裁判所が公権的判断を行う制度（当事者主義的対審構造）が採用されているのである。

　他方，非行事実の存在を「契機」として，少年の要保護性を解明し，それを解消するための最適な手段（処遇）の選択を目的とする少年司法は，要保護性の解明と解消を中心として構成されている。このため，少年司法は，個々の具体的な対象者の再社会化を重視する新派的な考え方を前提とするものとなる。少年司法は，何をやったかという観点から少年を非難するのではなく，どのようにして最適な社会復帰を図るかという観点から少年事件に向き合う制度なのである。

(2) 職権主義的運用

　こうした少年司法の目的を実現するため，少年事件手続は，当事者主義的対審構造ではなく，少年問題を専門に扱う家庭裁判所が中心になって運用すること（職権主義的審問構造）が適切だとされて

いる。少年の再社会化を実現するためには、当事者が対立しあう手続は適切でなく、関係者のすべてが少年の健全育成に向けて協力する手続こそが望ましいと考えられているからである。また、要保護性の解明に役立つ調査は、本来的に当事者主義的な手続になじまず、より自由度の高い職権主義的な手続でこそ可能になる。さらに、処遇の効果的な実現のためには、再社会化に向けた少年自身の努力と関係者の協力が不可欠であり、裁判官が少年に直接に語りかける非形式的な運用が望ましい。

　他方、職権主義的運用は、要保護性の解明と解消に目が奪われがちであり、厳格な事実認定が軽視される危険性を否定できず、ひいては少年の人権をないがしろにしかねない。2000年改正による検察官関与事件の導入も、厳格な事実認定を担保するためのものであった（→184頁）。職権主義的運用が望ましいとされる少年司法においても、法的介入の前提となる非行事実の認定は厳格なものでなければならない。したがって、重要なのは、少年の人権を守りながら実効的な再社会化の実現を可能にするための職権主義的運用のあり方ということになる。

6　個別処遇の原則

(1) 要保護性の個別性と個別処遇

　非行少年の要保護性の内容や程度は、個々の少年の性格や素質、生育環境や生活環境等の組み合わせに応じて千差万別である*。したがって、そのような要保護性を解消するための処遇も、個々の少年に応じて個別化されることが望ましい。極端な言い方をすれば、「要保護性を同じくする非行少年は2人と存在しないし、必要とされる処遇も同じものは2つとない」ということになる。たしかに、

観念的には少年ごとの要保護性に応じた処遇を保障するのが理想的ではあるが，そのような理想を現実の少年法制として実現することは不可能である。実際には，できる限りの範囲内で，個々の少年の要保護性に応じた個別的処遇を実現することになる。現行少年法は，3種類の保護処分（社会内処遇と収容処遇）を規定する（24条1項）とともに，保護的措置等の活用を認めることによって，個別的処遇の実現を図っているのである。

> * **要保護性と非行事実との関係** 要保護性が少年の素質と環境に依存するのであれば，理論的には，その内容と程度は非行事実の内容や程度と直接的には関連していないということになる。しかし，実際の事案においては，非行事実と要保護性が密接に関連し合っていることを否定できない。2000年改正が「原則逆送」と呼ばれる推定規定を置いたのも（20条2項），刑事処分相当判断を導く要保護性と非行事実との間の事実上の関連性に着目したことによるものである。

(2) 個別処遇の具体化

処遇の個別化を実現するためには，個々の少年の要保護性をできるだけ正確に解明することが前提となる。そうした要請にこたえるため，少年法は，少年事件を専門に扱う家庭裁判所を設置し，そこに専門的で科学的な調査機構としての家裁調査官を配置し，さらに資質鑑別のための少年鑑別所を置くとともに，家庭裁判所本庁と規模の大きな支部に医務室を設置している。

個別処遇のための具体的な方法としては，3種類の 保護処分（保護観察，児童自立支援施設・児童養護施設送致，少年院送致）*のほか，福祉的措置を求める児童福祉機関への送致（18条）と，刑事処分を求める検察官送致（20条）が用意されているにとどまる。このため，保護的な 事実的措置 として，保護観察と少年院送致にともなう環境調整措置（24条2項）が認められ，中間的措置としての試験観察

（25条）が認められている。

さらに，運用による処遇の個別化として，保護観察が4種類のもの（一般保護観察，一般短期保護観察，交通保護観察，交通短期保護観察）で運用され，少年院での処遇も3種類のもの（長期処遇，一般短期処遇，特修短期処遇）で運用されている。

*　**保護処分の種類の制限**　現行少年法の保護処分は，旧法が9種類の保護処分を認めていた（→41頁）のに対して，3種類のものに制限されている。それは，保護処分の決定が裁判（少年審判）によることになったために，裁判に適さない事実的措置を保護処分から除く必要が生じたことによる。ただ，そのことによっても，家庭裁判所が事実的措置を保護の手段として行うことまでが禁止されたわけではない。

Bridgebook

第4章

少年法の対象

　少年法の対象は「非行のある少年」(非行少年)であり(1条),審判に付すべき少年として,非行少年が3種類のものに具体化されている(3条1項)。したがって,少年法の対象を明確にするためには,少年法の規定する「少年」の意義と「非行」の内容を明らかにしなければならない。本章では,少年の意義を明らかにしたうえで,非行概念を明らかにし,少年法の扱う事件について確認する。

I　少年法が扱う「少年」

1　「少年」の意義と少年の年齢

(1)　少年の意義

　少年法は,「20歳に満たない者」を少年とし,「20歳以上の者」を成人として(2条1項),20歳を基準に少年と成人とを区別しているにとどまる。また,性別についての規定がないため,少年について特に性別を示す必要がある場合は,「男子少年」または「女子少年」として表記することになる。

　少年としての扱いは,もっぱら刑事政策的考慮にもとづくため,民法上の行為能力とは直接に関連していない。民法が認める婚姻による成年擬制(民753条)の効果は少年法上の「少年」概念を左右

するものではなく，婚姻によって親権に服さなくなる結果（民818条1項），「法律上監護教育の義務ある」「保護者」（2条2項）が存在しなくなるにすぎない。また，日本に在留する外国人については，その本国における少年の定義とは関係なく，日本の少年法が適用される（東京高判昭32・6・19家月9巻6号54頁）。これは，法の適用の原則である属地主義からの帰結である。

(2) 少年法の適用年齢の上限

旧法は18歳未満を少年としていたが（旧1条），現行法は民法の「成年」規定（民4条）と一致させ，1951年以降（経過措置期間経過後），20歳未満で統一されている。年齢は，「年齢計算ニ関スル法律」にもとづいて，出生の日から起算して，暦に従って計算する（民143条の準用）。したがって，出生の日から起算して，20年後の誕生日の前日が経過した時点で満20歳（成人）に達したとされることになる（大阪高判昭29・2・9高刑集7巻1号64頁）。

日本の上限である20歳は，最終的には刑事政策的判断によるものであるが，諸外国の少年法制と比べて高めに設定されている（18歳未満とする法制が多い）。したがって，将来的には，少年非行に対する社会の認識の変化や民法上の成年年齢の見直しなどとの関係で，改正される可能性のあることも否定できない。

(3) 少年法の適用年齢の下限

犯罪少年（3条1項1号）については，刑法が行為時14歳以上でなければならないことを明示しているため（刑41条），下限は明確である。他方，触法少年と虞犯少年（3条1項2号・3号）については，下限を明示する規定がない。ただ，14歳未満は児童福祉機関先議によるため（3条2項），家庭裁判所への送致判断の際には，14歳以上が事実上の下限としての意味をもつ。実務上は，処分時

11歳の者を児童自立支援施設に送致した例があり（東京家八王子支決平17・9・9家月58巻7号82頁等），10歳程度を事実上の下限とする扱いが暗黙裡に了解されているようである。

2007年の少年院法改正によって，「おおむね12歳以上」の者を初等・医療少年院に送致することが可能になった（院2条2項・5項）。「おおむね」には2歳程度の幅があるとされるから，10歳程度を事実上の下限とする扱いが追認されたといえよう。下限を明示しないというのも，諸外国の少年法制に比べて特異なものである。下限の明示は，今後の検討課題のひとつになっている。

2 年齢の基準時と認定方法

(1) 年齢判断の基準時

処分終了時基準と行為時基準　少年法は，20歳未満の者を管轄することを明示しているが（2条1項），どの時点で20歳未満であるべきかについては直接的な規定がない。年齢判断の基準時としては，行為時，処分・裁判時，処分終了時が考えられる。

このうち，すべての処分が終了するまで少年であることを要求する処分終了時基準は，「少年だけが少年法の対象となる」という趣旨を徹底するもので，画一的で明確な運用を可能にする。他方，20歳到達時までにすべての処遇を終了しなければならないという時間的制約のもとで，硬直的な運用に陥りかねないし，一般に犯罪性が深化している年長少年に対する処遇が不十分になりかねない。処分終了時基準は，少年処遇の現実性を欠くものである。

これに対し，行為時基準は，行為に対する非難可能性を重視する刑事司法システムとの区別という点で明快であり，行為後は少年法による統一的な扱いができる点，比較的長期の処遇が可能になる点

に長所をもつ。諸外国では，行為時基準による法制が多い。しかし，行為時に少年であれば，時間的な制約なしに少年法の対象とするのは現実的でない。行為時基準は，少年法による扱いに時効を設けて対処せざるをえないものとなる。しかし，日本では，少年法での扱いに時効は想定されていない（47条参照）。

処分・裁判時基準の原則と行為時基準の例外的採用　日本の少年法は，少年事件のすべてに妥当する統一的基準は採用しておらず，処分・裁判時基準を原則としながら，例外的に行為時基準を用いるものになっている。保護事件については，調査や審判の結果として20歳以上であることが判明した者は，保護処分に付せられず，犯罪については検察官に送致し（19条2項・23条3項），虞犯については審判不開始または不処分で終結する（19条1項・23条2項）。こうした扱いは，裁判所の判断が示される時点（処分・裁判時）に少年であることを要求するものである。また，少年事件が刑事裁判手続で扱われる場合（少年の刑事事件）でも，不定期刑の言渡し（52条）や換刑処分の禁止（54条），仮釈放の要件の緩和（58条）は，いずれも裁判時基準で運用されている。

これらの扱いに対して，少年に対する死刑・無期刑を緩和する年齢要件は，例外的に，「罪を犯すとき」に18歳未満という行為時が明示されている（51条）。また，人の資格に関する法令の適用（60条）についても，解釈上，行為時基準で運用されている。

処分時基準からの帰結　処分・裁判時基準によれば，審判または裁判を通じて少年であることが審判・裁判条件となる。したがって，試験観察（25条）においては，その継続中を通じて20歳未満でなければならず，不定期刑や換刑処分の禁止についても，刑事判決の宣告時に20歳未満でなければならない（最決昭34・7・3刑集

13巻7号1110頁等)。

　他方,保護処分決定後に抗告した少年が抗告中に20歳になった場合は,原決定時に20歳未満であれば足り,抗告審の決定やその告知の時点での年齢は原決定に影響を及ぼさない(最決昭32・6・12刑集11巻6号1657頁)。これは,抗告があっても原裁判は執行でき(34条本文),抗告に理由があっても,原裁判の取消しができるだけで自判が認められないように(33条2項),抗告審が事後審にすぎないことの帰結である*。

　＊　少年刑事事件の控訴の場合　　刑事裁判手続に付された少年が控訴し,控訴中に20歳になった場合は,控訴審に破棄自判が認められていることとの関係で(刑訴400条),場合によって対応が異なる。公訴棄却の場合は,第1審判決が対象となるため,第1審判決時が基準となる(最決昭34・7・3刑集13巻7号1110頁)。他方,破棄自判の場合には,裁判時を基準として20歳未満が判断されるので,破棄判決時が基準となる(最判昭26・8・17刑集5巻9号1799頁)。

(2) 年齢の認定方法と判断資料

　資料にもとづく客観的認定　　年齢は,通常,戸籍謄本または本籍照会回答書にもとづいて,戸籍に記載された生年月日によって確認される。日本に国籍のある者は,このような方法で確認されるのがほとんどである。他方,日本に居住する外国人の場合は,外国人登録原票やパスポート,洗礼証明書などから確認される。これらの記載が実際と異なる場合は,医師や助産師の業務日誌,近親者の日記・手紙・供述等を判断資料として,実際の生年月日を確認することになる(大判明29・3・19刑録2輯3巻87頁)。

　きわめて例外的ではあるものの,場合によっては,鑑定等を利用したうえで,調査・心身鑑別,審判における本人の供述等の信用性を検討して確定しなければならないこともある。裁判例には,骨の

発育状況等について法医学的見地から鑑定をした結果，成人と認定され，年齢超過を理由として検察官送致（19条2項）された事案が見られる（名古屋家決昭44・6・20家月22巻2号92頁）。

年齢が確定できない場合　これに対して，可能な手段を尽くしても本人の年齢を確定できない場合もある。このような場合については，20歳未満が確認できない以上は少年法で扱えないとする見解もあるが，少年法での扱いを認めるべきである。対象者にとって少年事件としての扱いは，刑事事件としての扱いよりも「利益」であり，「疑わしきは被告人の利益に」という刑事法の大原則（→57頁）が適用されるからである。

したがって，成人として起訴された者の年齢が刑事裁判で争われ，少年である可能性を否定できない場合は，少年法で扱われるべきであるから，少年法の手続を経ていない公訴提起は無効とされ，公訴棄却される（宇都宮地判平3・7・11家月44巻1号162頁）。刑事事件の裁判例ではあるが，少年か成人かが不明な場合に少年として扱ったものがある（東京地判平9・2・25判時1614号146頁）。

3　成人に対する特別な扱い

(1) 特別な対応の必要性

処分・裁判時基準も，基準時に少年であれば対象者を際限なく少年法で扱うとまではしない。保護処分の執行は原則として20歳未満の者が対象であり（院11条1項本文，更生66条本文），その点では，処分終了時基準と共通の発想（少年法での扱いには年齢的な限界がある）を前提とするからである。他方，処分・裁判時に20歳に近い**年迫（年齢切迫）少年**に対しては，成人後も例外的に少年と同じように扱う場合（成人に対する特別扱い）を規定することによって十

分な処遇を確保し、実質的な問題の解消が図られている。

(2) 成人後の特別な扱い

成人に対する特別な扱い　捜査段階で少年を少年鑑別所に勾留する場合は、拘禁中に20歳に達した後も少年鑑別所での拘禁を継続できる（48条2項・3項）。また、保護処分の執行に関しては、処遇効果を確保するための特則が見られる。保護観察については、2年間が最短期間とされ、原則的な処遇年齢の限度である20歳に優越する（更生66条本文括弧書）ほか、23歳以下を限度として保護観察に付すことができる（更生68条3項）。少年院送致については、在院中に20歳に達した者も送致後1年間は収容できる（院11条1項但書）ほか、特別少年院では23歳未満、医療少年院では26歳未満を要件として、少年法にもとづく処遇が認められる（院2条4項・5項）。保護観察中の遵守事項の違反・不履行にもとづく少年院送致では、23歳以下を限度として収容の継続が認められる（26条の4第2項、更生67条2項）。

さらに、保護処分取消事件（27条の2）、収容継続申請事件（院11条2項）、戻し収容申請事件（更生71条・72条）については、成人に達した者に対しても家庭裁判所が審判権をもっている。また、刑事処分として懲役・禁錮を言渡された少年については、特別な施設・場所（特に設けた刑事施設または刑事施設・留置施設内に特に設けられた分界）で刑が執行されるが、26歳未満の成人についてもそのような少年用の特別な施設・場所での刑の執行が認められる（56条1項・2項）。

「少年とみなす」扱い　保護処分としての保護観察（24条1項1号）に付されている者について、保護観察所長が虞犯通告をした場合は、20歳以上であっても「少年とみなして」扱われる（更生68

条1項・2項)。その理由は,成人の刑事司法では虞犯を扱うことができないため,少年とみなした扱いをしない限りは,虞犯通告された者に対する法的介入を正当化することができないからである。

Ⅱ 少年法が扱う「非行」

1 「審判に付すべき少年」の意義

(1) 非行少年の意義

法3条は「審判に付すべき少年」として,犯罪少年,触法少年,虞犯少年を規定し,それらを併せて「非行のある少年(非行少年)」と呼ぶ(1条)。犯罪少年,触法少年,虞犯少年が並列的に規定されているが,非行少年 の中心は犯罪少年である。少年事件に占めるそれぞれの割合は年度ごとに異なるが,少年事件の状況を直接的に反映する一般刑法犯で見れば,触法少年が15%程度,虞犯少年が1%未満で,大部分が犯罪少年という状況に大きな変化はない。

なお,3条にいう「審判に付すべき少年」は,審判開始決定(21条)にもとづいて審判(狭義の審判)に付される少年に限らず,調査段階を含めて,家庭裁判所が審判権を持つ少年を意味する。審判の開始・不開始や他の手続への移管の要否は,調査の結果にもとづいて判断されるものだからである。

(2) 特例的な扱い

触法少年と14歳未満の虞犯少年については,児童福祉機関先議主義 がとられており,児童福祉機関からの送致がなければ少年法で扱うことができない(3条2項)。14歳未満の少年については,強制的要素の少ない福祉的対応が望ましいと考えられているからであ

る(児福27条1項4号)。実際に児童福祉機関から家裁に送致される少年の割合は、0.2％程度にとどまる。なお、2007年改正によって、触法少年による重大な行為(22条の2第1項各号の行為)については、原則として家裁に送致することが児童福祉機関に義務づけられた(6条の7第1項本文)。

また、14歳以上18歳未満の虞犯少年については、少年法(家庭裁判所)と児童福祉法(児童福祉機関)の管轄が競合する(児福4条)。そのため、警察官による送致と保護者による通告については、警察官・保護者に家裁と児童相談所の扱いのいずれかを選択させることによって、管轄の調整を図っている(6条2項)。

2 犯罪少年

(1) 犯罪少年の意義

「罪を犯した少年」(3条1項1号)を「犯罪少年」と呼ぶ。旧法は、犯罪少年と触法少年を区別しないで、「刑罰法令ニ触ルル行為ヲ爲シ〔タ〕」少年という包括的な表現を使っていた(旧4条)。現行少年法の制定に際して両者が概念的に区別されることになり、制定直後の1949年改正によって、1号の犯罪少年と2号の触法少年がそれぞれ別に規定された。他方、犯罪少年と触法少年が区別されたことから、犯罪少年を保護処分に付すための責任要件の要否と内容が新たな問題として浮上することになった。

(2) 犯罪の意義

「罪」とは、法律上の犯罪を意味する。犯罪の種類に限定はないし、刑法典(狭義の刑法)における犯罪と特別法上の罰則(広義の刑法)における犯罪との区別も問わない。刑事裁判で刑罰を科すためには、訴訟条件を具備している被告人について、構成要件該当性、

違法性,責任(有責性)が肯定されたうえで,処罰阻却事由の存在しないことが必要とされる。こうした判断構造は,犯罪少年の保護事件についても基本的に異ならない。したがって,少年の行為が構成要件に該当しても,違法阻却事由(刑35条〜37条)が存在すれば,犯罪少年として扱うことができない。

他方,行為に対する社会的非難を直接の目的としない少年法(1条参照)においては,刑事裁判と異なる面が見られる。たとえば,刑訴法上の訴訟条件(親告罪における告訴等)が欠けていたり(東京家決平12・6・20家月52巻12号78頁),刑の減免事由(刑36条2項・37条1項但書・39条2項・43条但書等)や処罰阻却事由(刑244条1項)がある場合も,審判に付すことはできるものとされる(東京高判昭29・6・30家月6巻10号58頁)。

もっとも,これらの事情がある場合は,それぞれの制度の趣旨(親告罪における被害者の心情の保護や親族相盗例における家庭内での事案の処理など)を考慮することまでは否定されないから,調査・審判・処分決定の際に事実上の影響はありえよう。なお,公訴時効完成後に送致された事件について,審判開始の要件を欠くとした裁判例がある(福岡家決昭61・5・15家月38巻12号111頁)。

(3) 責任要件の要否

現行少年法は,犯罪少年と触法少年を概念的に区別し,犯罪が成立しえない刑事未成年(刑41条による責任阻却)も触法少年として審判の対象とする一方,両者に共通の処遇選択肢を予定している(24条1項)。こうしたこととの関係で,犯罪少年における有責性(責任要件)の要否と内容が争われている。少年法制定直後の実務においては,責任要件必要説(津家決昭38・5・31家月15巻11号159頁等)の立場と不要説(松江家決昭39・4・21家月16巻8号138

頁等）の立場が拮抗していた。

その後，1968年に最高裁家庭局が刑事責任必要説の立場を明らかにしたことから（家月20巻11号81頁），必要説が公定解釈として扱われることになり，必要説が実務を支配するようになった（神戸家決昭56・10・15家月34巻7号101頁，青森家八戸支決平24・9・27家月65巻2号92頁等）。刑事責任必要説は，「犯罪」少年だけを前提とする限りは説得的であり，その点で学説の支持も得ている。しかし，それは，犯罪少年のような刑事責任を問題にできない触法少年と虞犯少年を説明することができない。このため，依然として不要説を明示する裁判例も見られるし（東京家決昭60・1・11家月37巻6号96頁等），学説ではむしろ不要説が有力である。

3 触法少年

(1) 触法少年の意義

「14歳に満たないで刑罰法令に触れる行為をした少年」（3条1項2号）を「触法少年」と呼ぶ。刑事未成年（刑41条）であることから犯罪少年と概念的に区別される。行為時に14歳未満であることを別にすれば，実質的には犯罪少年と異なるところがない。ただ，刑事未成年であるため，責任要件を必要とする場合にも，犯罪少年のような刑事責任能力と同じ責任要件は想定しえない。このため，学説においては，刑事責任能力よりも緩やかな実質的責任能力を要求する立場もある。触法少年については，児童福祉法上の措置が優先するため（児福26条・27条），家庭裁判所の審判に付すには児童福祉機関からの送致が必要とされる（3条2項）。

(2) 触法少年の扱い

適法な送致が欠ける場合　　触法少年を司法警察員・検察官が家

庭裁判所に直接送致した場合は，適法な送致手続が欠けているにもかかわらず，家裁は事件を受理しなければならないため（→108頁），受理後の扱いが問題となる。筋論からすれば，審判権のない家裁は審判不開始決定をしたうえで（19条1項），調査官等が改めて児童相談所に通告する（児福25条）手続をとることになろう。しかし，迅速な少年の保護を図る観点から，年超検送等（19条2項・27条の2第4項）の場合にならって，家裁が児童相談所に事件送致すればよいとされ，実務でもそのような運用が確立している（東京家決昭44・6・26家月22巻2号97頁等）。

送致時に14歳に達していた場合　行為時には14歳未満の少年が，家庭裁判所への送致時に14歳に達していることがある。こうした場合，行為時の刑事責任能力の不存在によって触法少年が犯罪少年から区別される趣旨を徹底すれば，行為時に14歳未満である以上，改めて法3条2項にもとづく送致手続を要求するのが筋である。しかし，そうした運用は，責任能力の観点が考慮されない（行為時14歳を基準とする区別がない）虞犯少年（3条2項の送致手続が必要とされない）との間で統一的な扱いに欠けるだけでなく，少年の迅速な保護を図れない事態も生じる。このため，裁判例には，処理時を基準として，法3条2項の送致手続をとらずに家裁の受理を認めるものが多い（札幌家室蘭支決昭58・6・20家月35巻12号109頁等）。

送致されていない触法事実　児童福祉機関から送致された触法少年について，送致事実以外の触法事実が判明した場合，家庭裁判所は，送致のない事実を併せて調査・審判することができるとされる。送致された事実があることで，家裁の審判に付すことを適当とする児童福祉機関の判断はすでに示されており（児福27条1項4号），送致されていない事実の存在は，審判の必要性を高める方向に機能

するだけだからである。

4 虞犯少年

(1) 虞犯少年の意義と扱い

虞犯少年の意義　法3条1項3号のイ, ロ, ハ, ニのいずれかの事由に該当し,「その性格又は環境に照して, 将来, 罪を犯し, 又は刑罰法令に触れる行為をする虞のある少年」を「虞犯少年」と呼ぶ。3号所定の事由を「虞犯事由」といい, 将来的な犯罪・触法行為の虞を「虞犯性」という。虞犯少年に当たるかどうかは, 虞犯事由の認定を前提として, その時点での虞犯性を総合的に評価して具体的に判断される (昭43・2家庭局見解・家月20巻11号129頁, 松山家西条支決平14・5・14家月54巻10号72頁等)。

虞犯少年は, 家裁に係属する時点では犯罪・触法行為が認められないものの, 将来的な犯罪・触法行為に結びつく問題行動がある点で, 要保護性の高い少年とされ, 少年法の対象とされるのである。したがって, 虞犯少年については, 責任要件の要否といった問題は, 本来的に生じることがない。

虞犯少年と少年法制　このような虞犯少年は, 侵害原理による介入を正当化できないため, 各国の少年法制でその扱いが異なる。虞犯少年 (ステイタス・オフェンダー) を犯罪・触法少年とともに扱う法制がある一方で, 両者を明確に区別したうえで, 犯罪・触法少年を司法システムで扱い, 虞犯少年を要扶助少年とともに福祉システムで扱う法制もある。福祉モデルを前提とする当初の少年法制は前者のものが多かったが (→30頁), その後, 後者の方向への移行傾向が見られる。日本は, 旧法以来, 犯罪・触法少年と虞犯少年を同一の司法システムで扱う法制を維持している。

少年法で扱う意義　虞犯少年を少年法で扱うことについては，犯罪の事前予防的な運用の危険性（人権侵害）などを根拠とする批判があり，福祉システムでの扱いの適切さを強調する廃止論・制限論も強い。また，1960年代以降のアメリカの有力州を中心に，ステイタス・オフェンスを少年司法システムの管轄から排除する動きも盛んであった。他方，少年の 健全育成 の観点（1条）からは，できる限り早期で適切な処遇によって 要保護性（犯罪・触法行為の芽）を解消する意義も否定できない。虞犯という要保護性が認められる以上は，虞犯少年を少年法の対象とすることができる。

　ただ，このような虞犯少年については，それへの法的介入を侵害原理で正当化することはできず，保護原理 を根拠とせざるを得ない。したがって，虞犯少年の処遇は，保護的・教育的な内容であると同時に，保護・教育のために必要で有効なものに限られる。そのため，児童自立支援施設送致にともなう強制的措置の許可（浦和家決平13・1・17家月53巻6号130頁）や少年院送致（水戸家下妻支決平13・6・26家月54巻1号87頁等）は，きわめて例外的な場合に限って認められる（大阪高決昭47・5・23家月25巻1号105頁参照）。

虞犯少年の扱い　実務も，虞犯少年の特性を考慮するところから，虞犯少年の認定においては厳格な運用が見られ，補導歴や問題行動歴が多いなど，特に要保護性の高い者だけを虞犯少年として扱っている。非行に占める虞犯の割合が1％未満で推移しているなかで，保護処分に付される虞犯少年の割合が犯罪・触法少年における割合の2倍以上であることも，実務の厳格で抑制的な運用を反映するものといえる。なお，女子少年の非行に占める虞犯の割合は3％程度であり，男子少年の0.6％程度と比べ，女子少年の虞犯少年比率が高いのが日本の非行の特徴である。

(2) 虞犯事由

虞犯事由の意義　旧法4条1項は,「刑罰法令ニ触ルル行為ヲ為ス虞ノアル少年」として,虞犯少年の要件として虞犯性だけを規定していた。しかし,このような規定方法は,虞犯少年の認定に客観性がないために,人権保障の見地から問題視されていた。そこで,現行法は,虞犯性を類型的に判断し,適切な範囲に限定するため,虞犯事由(定型的な不良行状や性癖)を明示的に規定した(3条1項3号イ,ロ,ハ,ニ)。これらの虞犯事由は制限的に列挙されたものであり,保護欠如性(イ,ロ),環境危険性(ハ),性格的問題性(ニ)を内容とするものである。

虞犯事由の内容　イは,法2条2項にいう保護者の法律上の監督または社会通念上の正当な監督に服さないような常習的な問題行動的傾向をいう。ロは,少年が正当な理由なしに家庭に戻らないことをいい,少年の性格や年齢,家庭環境等から総合的に判断される。親の虐待から逃避するなどの場合は,正当な理由があることになる。ハは,非行を誘発するような反社会的組織・集団への加入や集会への参加,不良仲間との交友関係,不健全な風俗営業や遊興施設への出入り,犯罪者が関係する場所への出入りなどである。また,ニは,社会通念や倫理に外れる行為(性的悪癖や不純異性交遊など)を自分でしたり,他人にさせる行動傾向や習癖のあることをいう。

　虞犯事由は,いずれかに該当すれば認められるが,実際には,重畳的ないしは複合的に該当する場合がほとんどである。

(3) 虞犯性

虞犯性の意義　虞犯性とは,虞犯事由のある少年が,将来的に犯罪または触法行為を行う可能性をいう。実際には犯罪・触法行為をしていない少年を犯罪・触法少年と共通の保護処分に付す要件で

あるから，単なる推測では足りず，経験則にもとづく高度の蓋然性が必要とされる（東京家決平12・10・3家月53巻3号106頁等参照）。その判断は「性格又は環境に照して」と規定されているが，実際には，明らかにしうる限りの本人の問題（知能や性格など）と環境的要因（家庭・学校・職場の交友関係など）が総合的に検討されるべきであり，実務もそのように運用されている。

虞犯の対象　　将来的に予想される犯罪・触法行為については，「一般的な意味の犯罪」と「具体的な犯罪」を両極として，その特定の程度が争われている。前者は，虞犯性の認定が容易である一方，予測の対象を限定できない点で，人権保障が十分でなくなるという難点がある。後者は，虞犯性の認定が厳格になり，理論的にも望ましいため，この立場を前提とする裁判例も見られる（名古屋高決昭46・10・27家月24巻6号66頁）。他方，そのような厳格な予測判断が実際に可能なのかという決定的な疑問がある。

そこで，これらの中間的な立場として，財産犯や風俗犯，薬物事犯といった，「刑事学的な犯罪類型」程度の特定を要求する見解が主張されている。将来予測の確実性と人権保障の調和という観点からは，中間的見解が現実的であり，近時の実務もそのように運用されている（東京家決平12・10・3家月53巻3号106頁等）。

Ⅲ　少年法が扱う事件

1　少年法が直接の対象とする事件

(1)　少年保護事件

法3条1項各号に規定する少年（非行少年）の事件は，「少年保

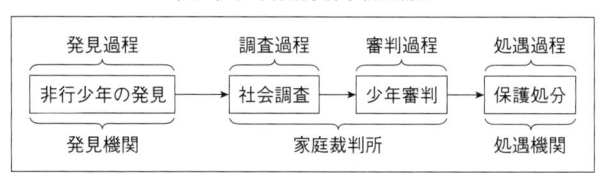

[図1] 少年保護事件手続の流れ

```
発見過程        調査過程      審判過程     処遇過程
┌──────────┐   ┌──────┐   ┌──────┐   ┌──────┐
│非行少年の発見│→│社会調査│→│少年審判│→│保護処分│
└──────────┘   └──────┘   └──────┘   └──────┘
 発見機関           家庭裁判所          処遇機関
```

護事件」と呼ばれ，家庭裁判所が専属的に管轄する（1条，裁31条の3第1項3号）。少年保護事件に関する審理手続を特に「少年審判手続」と呼び，その関連規定は少年法の第2章（3条～36条）に置かれている。後に検察官に送致されて刑事裁判手続に係属する少年事件であっても，全件送致主義（41条・42条）にもとづき，保護事件として家庭裁判所に係属することから出発する。保護事件と刑事事件の振り分けは，専門機関としての家庭裁判所の専権事項とされているからである（家庭裁判所先議・専議主義）。少年事件に関する家裁の判断は，すべて「決定」の形式により，決定書によって示される（規2条）＊。

　少年保護事件手続のもっとも標準的な流れは，図1に示すように，きわめて単純である。ただ，家庭裁判所への事件係属の仕方の違いや観護措置の有無，さらには処遇にまで至る事件が全体の35％程度であることが示すように，途中で保護手続から離脱していく少年も多いことなど，実際の手続はかなり複雑なものになっている。それらの詳細については関連箇所で個別に言及する。

　＊　**決定と決定書**　決定は，裁判官が作成する決定書による。決定書は，主文，理由，少年の氏名と年齢，職業，住居と本籍等の必要事項を記載のうえ，裁判官が署名押印する（規2条1項・4項）。保護処分決定等については審判期日に告知し，重要な決定については少年の面前で告知しなければならない（規3条）。これらのほか，決定と決定書に関する事項は，少年審判規則の規定に詳細が委ねられている（規4条～7条の2）。

(2) 準少年保護事件

少年保護事件に対して，保護処分中の少年または保護処分後の少年（成人になっている場合もある）について，その保護処分を対象とする事件も家庭裁判所が管轄し，「準少年保護事件」と呼ばれる。具体的には，保護処分取消事件（27条の2），収容継続申請事件（院11条），戻し収容申請事件（更生71条・72条）である。これらは，少年保護事件そのものではないが，保護事件手続と共通・類似の側面があるため，その性質に反しない限りで保護事件に準じて扱われる（27条の2第6項，規55条，更生72条5項）。

2007年改正で導入された施設送致申請事件（26条の4，更生67条）も，保護事件手続の準用が認められるから（26条の4第3項），準少年保護事件といえる。また，20歳以上の者を少年とみなして扱う虞犯通告事件（更生68条）も，保護処分の調査と審判が行われることから，準少年保護事件といってよい。

準少年保護事件の詳細については後述する（→238頁）。

2 少年の刑事事件

(1) 少年保護事件と少年刑事事件

少年による犯罪も，成人の犯罪と同様に，被疑事件として捜査機関によって捜査が行われる。ただ，少年の犯罪事件は，すべて家庭裁判所に送致され（全件送致主義），まずは少年保護事件として家裁で扱われなければならない（家庭裁判所先議・専議主義）。家裁に係属した少年の犯罪事件の大部分は，少年保護事件として，家庭裁判所において（少年法の枠内で）終結する。

他方，刑事処分が相当な少年犯罪事件については，家裁の判断にもとづいて，例外的に検察官に送致したうえで（20条），刑事裁判

手続に付すことが認められる。少年の犯罪事件を検察官に送致することを，実務上，「検送」または「逆送」と呼ぶ。逆送事件では，検察官は原則として刑事裁判所への公訴提起を義務づけられるが，例外的に家庭裁判所に移送することも認められる (45条5号)。また，公訴の提起を受けた刑事裁判所が少年被告人について「保護処分相当」と判断する場合は，事件が家庭裁判所に移送され，改めて少年保護事件として扱われる (55条)。少年の健全育成を最終目的とする少年法の精神は (1条)，少年刑事事件にも及ぶからである。

(2) 少年刑事事件の扱い

少年の犯罪も，「犯罪」という点では成人の場合と異ならないから，一般の刑事事件と同じように扱うのが原則である (40条)。しかし，少年の特性に配慮すれば，少年犯罪 (者) に特別な扱いをすることが認められてよい。そこで，少年法は，少年の犯罪事件について，家庭裁判所に送致されるまでの段階 (被疑事件) から，家裁から検察官に逆送されて公訴が提起されるまでの段階 (被疑事件)，刑事裁判所に公訴提起された後の段階 (被告事件)，刑罰の執行の段階 (行刑) までのすべてを「少年の刑事事件」と呼んで，少年に対する特別な扱いを第3章 (40条～60条) に規定している。したがって，第3章は，刑法，刑訴法，刑事収容施設及び被収容者等の処遇に関する法律 (平17法50) 等の一般法に対して，特別法としての性格を持っている。

少年犯罪の捜査および少年刑事事件の詳細については後述する (→89頁，249頁)。

Bridgebook

第5章
非行少年の発見と家庭裁判所の受理

　家庭裁判所が専門的に扱う少年保護事件（後に少年刑事事件として扱われるものを含む）は，非行事実の認知と非行少年の発見を出発点として，その後の手続が進行していく。本章では，非行（少年）の発見過程と発見活動を概観したうえで，家庭裁判所における事件受理までの手続の概要を見ることにする。

I　発見活動の意義と発見主体

1　発見活動の意義

(1)　少年保護事件手続の起点

　非行少年に対する少年法の保護プロセス（広義の保護手続）は，非行事実の存在を確認し，非行少年を特定することから始まる。この過程を「非行の発見過程」と呼び，そのための活動を「非行の発見活動」と呼ぶ。法が「審判に付すべき少年を発見した」とし（6条1項・7条1項），「捜査を遂げた結果」「犯罪の嫌疑があるものと思料するとき」としているのは（41条前段・42条1項前段），発見活動によって非行少年が認知されたことを意味する。発見活動は，その後の少年保護手続の起点であり，そこでの対応が少年処遇全体に大きな影響を及ぼすことになる。

発見活動は，発見後の対応（送致，報告，通告）と密接に結びついている。したがって，発見後の対応の内容に見合うものだけが，発見活動としての意義を認められる。発見活動によって家裁が受理する少年事件の数は，経年的に緩やかな減少傾向が見られるが，交通事件を除く一般保護事件で年間に約14万件程度である。

(2) 発見活動と保護原理

保護原理にもとづく「少年の健全育成」の理念は，少年法全体に及ぶものであるから，発見過程全体と個々の発見活動についても当然に妥当する。たとえば，発見の対象が成人司法と共通する犯罪に関して，捜査に当たる警察官の心構えを規定する犯罪捜査規範は，少年事件の捜査も広く一般の例によるとしながらも（犯捜規202条），少年の健全育成の精神と少年（事件）の特性に配慮した特別な扱いの必要性について明示している（同203条・204条）。

他方，侵害原理による法的介入の正当化が困難で，したがって成人司法の対象とされない触法と虞犯については，保護原理にもとづく対応こそが重視される。そのため，少年警察活動規則は，触法少年と虞犯少年をも含めて，「少年の非行の防止及び保護を通じて少年の健全な育成を図るための警察活動」のあり方を規定し（少警1条・3条1号・2号），「少年警察活動推進上の留意事項について」（平19警察庁次長通達）でさらに具体化している。

2 発見活動の主体と客体

(1) 発見活動の主体

成人の刑事事件における犯罪（者）の発見（認知）については，専門の捜査機関（刑訴法上の捜査機関）が置かれており（刑訴189条〜191条），それが排他的に権限を行使することになっている。こ

れに対して，非行少年の発見活動においては，刑訴法上の専門機関が果たす実際の役割は大きいにしても，限定された専門的な機関が想定されているわけではない。少年法は，非行（少年）の発見活動の主体として，刑訴法上の捜査機関をはじめ，都道府県知事・児童相談所長，保護観察所長，家庭裁判所調査官のほか，その他の一般人さえをも規定している。したがって，発見活動の主体については，少年法上は何らの限定もないことになる。

(2) 発見活動の客体

発見活動の客体は，審判に付すべき少年（非行少年）であり，犯罪少年，触法少年，虞犯少年に区別されている（3条1項）。また，発見活動の主体には限定がなく，すべての非行少年が発見活動の客体となりうるから，少年法上は，誰でもがどのような非行少年を発見してもよい建前になっている。しかし，実際には，発見主体としての機能や活動の限界といったこととの関係で，具体的な発見主体と客体との間には強い関連性が見られる。

詳細は後に見るが，捜査機関が発見する非行少年は，犯罪少年を中心として，触法少年の一部，虞犯少年の多岐にわたる。児童福祉機関は，すでに児童相談所*に係属している触法少年と14歳未満の虞犯少年に限られる。保護観察所は，保護処分としての保護観察に付されている者に限られるし，家庭裁判所調査官は，家裁に事件係属している少年との関係で発見される非行少年に限られる。また，一般人については，無限定な規定形式にもかかわらず，保護者（2条2項）を中心として，少年の保護や日常生活に関係している者（教師や雇用主など）による場合に限られる。

* **児童相談所**　児童福祉法12条にもとづいて，都道府県と政令指定都市に設置された児童福祉の専門機関で，「児相」と略称される。児童（零歳

から18歳未満の者）を対象として（児福4条），非行相談を含め，児童の福祉に関わるあらゆる問題に対処する。このため，所長をはじめとして，児童心理士や児童福祉士の資格を有する専門職員が配置されている。しかし，児童虐待の問題（特に致死事案）に見られるように，その体制や活動などについて，解決すべき重要な課題も山積している。

Ⅱ 発見活動の実際

1 捜査機関による犯罪少年の発見

(1) 捜査の基本方針

刑訴法の適用と特則 少年の非行（犯罪，触法，虞犯）のうち，犯罪は，非行全体の認知件数および家庭裁判所で扱う少年事件の圧倒的部分を占めている。また，捜査機関は，犯罪の発見活動（捜査）については，唯一の専門機関として存在する。したがって，非行（少年）の発見過程においても，「捜査機関」による「犯罪少年」の捜査が中心的な役割を果たすことになる。

法40条は，「この法律で定めるものの外，一般の例」によるとして，少年の被疑者に対する捜査を刑訴法等にもとづいて扱うことを原則としている。こうした扱いは，被疑者の年齢（少年と成人）にかかわらず，捜査対象とされる「犯罪」の共通性に着目したものである。他方，法40条は，例外的に少年（の被疑者）に特有の扱いを認めるものでもある。ただ，捜査段階における特別扱いを認める少年法上の規定（特則）は必ずしも多くはなく，下位の法令等に特別な扱いの多くが委ねられている。

少年法の理念との調和 少年法全体の目的（指導理念）である「少年の健全な育成」（1条，規1条1項）は，被疑少年の捜査につ

いても当然に妥当する。したがって，少年犯罪の捜査は，少年法の目的と刑訴法の目的（刑訴1条）との調和（→47頁）のもとで遂行されることになる。こうした観点から，犯罪捜査規範は，少年事件の捜査について，「家庭裁判所における審判その他の処理に資することを念頭に置き，少年の健全な育成を期する精神をもって，これに当たらなければならない」としたうえで（犯捜規203条），「少年の特性にかんがみ，特に他人の耳目に触れないようにし，取調べの言動に注意する等温情と理解をもって当たり，その心情を傷つけないように努めなければならない」とし（同204条），「少年の被疑者については，なるべく身柄の拘束を避け，やむを得ず，逮捕，連行又は護送する場合には，その時期及び方法について特に慎重な注意をしなければならない」としている（同208条）。

さらに，捜査の具体的な場面については，「少年警察活動推進上の留意事項について」が，少年の特性に配慮した扱いを詳細かつ具体的に規定している（留意事項第5）。

少年警察部門の活用　少年被疑者への配慮は，何よりも，少年犯罪の捜査に当たって少年警察部門の活用を明示することに見られる。留意事項は，少年警察活動規則3条の明示する少年警察活動の基本（健全育成の精神，少年の特性の理解，処遇の個別化，秘密の保持，国際的動向への配慮）を実現するため，少年事件を原則として少年警察部門（少年警察活動を所管する部門であれば名称は問わない）に扱わせることを規定している（留意事項第2-1，少警4条1項）。もっとも，そこでも，成人関連事件，原則逆送対象事件（20条2項），検察官関与（22条の2第1項）の可能性がある事件，複雑で重要な事件，交通法令違反事件，刑法上の交通関連事件（刑208条の2・211条）は，通常の警察部門の担当とされている（留意事項第4-1

(1))。しかし，通常部門が担当するこれらの事案は少年事件としては例外的な存在であり，少年事件の捜査の大部分は，少年法の目的に配慮した少年警察部門が扱うものである。

(2) 被疑少年の捜査と逮捕後の扱い

被疑少年の捜査　成人事件の捜査の端緒には，捜査機関がみずから行う活動（職務質問，交通取締，防犯活動，情報収集等）のほか，捜査機関以外の者（犯罪被害者や第3者）による申告や届出などがある。また，成人事件の捜査については，できる限り任意処分の方法によること（任意捜査の原則）が要請されている（刑訴197条1項但書，犯捜規99条）。こうした事情は少年事件の場合にも同じであるが，特に任意捜査の原則は，少年の特性から，少年事件にはより強く要請されるべきである（留意事項第5-5）。

実際の捜査に当たっては，健全育成の精神の尊重，少年の特性への配慮，犯罪原因等の詳細な調査，関係機関や保護者等との緊密な連絡，身柄拘束の回避の努力，同一性情報の公表の差控えが要請され（犯捜規203条～209条），さらに留意事項でそれらの内容が具体化されている（留意事項第5）。こうした特別な配慮を別にすれば，少年事件の捜査の実際は，成人事件の捜査と基本的に異ならない。

逮捕後の扱い　警察官に逮捕された被疑少年の扱いは，2つに分かれる。まず，罰金以下の法定刑に当たる犯罪容疑の場合は，警察官が直接に事件を家裁に送致（直送）する（42条1項前段，犯捜規210条1項）。他方，禁錮以上の法定刑に当たる犯罪容疑の場合，留置の必要がなければ（犯罪の嫌疑または留置の必要性の不存在）ただちに釈放し，留置の必要が認められれば，書類および証拠物とともに48時間以内に検察官への送致手続がとられる（刑訴203条1項，犯捜規210条1項）。

警察官から事件送致を受けた検察官は、送致事実に対する嫌疑の有無と少年に対する留置の要否を判断する。留置の必要がある場合、検察官は、少年の身柄を受け取った時から24時間以内で、かつ少年が身体を拘束された時から72時間以内に（刑訴205条1項・2項）、管轄の地方裁判所・簡易裁判所・家庭裁判所のいずれかの裁判官に対して（刑訴規299条）、勾留の請求（43条3項、刑訴205条1項）または勾留に代わる観護措置（43条1項）を請求する。

(3) 少年の勾留

身柄拘束の回避と勾留の制限　少年は、人格の発達途上にあり、心身ともに未成熟であることから、その身柄を拘束することは少年に大きな悪影響が予想される。そのため、保護的・福祉的な観点から、少年の身柄拘束をできるだけ回避するとともに、やむを得ず拘束する場合にも処遇上の特別の配慮が必要とされる。勾留の制限と処遇上の配慮は、旧法も認めていたが（旧67条）、現行法は、新たに勾留に代わる観護措置を認める特則を置いた（43条）。

少年事件にも刑訴法が適用されるため（40条）、勾留の理由と必要性（定まった住所を有しない、罪証隠滅のおそれ、逃亡のおそれ）があれば、検察官は、被疑少年についても勾留を請求できる（刑訴60条・204条以下）。しかし、少年法は、検察官による勾留請求と裁判官による勾留状の発布のいずれについても、成人勾留の要件に加えて、「やむを得ない場合」という要件を付加して（43条3項、48条1項）、その例外性を明らかにしている。

「やむを得ない場合」の要件は、勾留の利益（捜査の必要性）と少年の不利益（心身への悪影響）を総合的に考慮して判断される（横浜地決昭36・7・12家月15巻3号186頁）。ただ、一般的には、施設上の理由（少年鑑別所の所在地や収容定員の限界など）、少年の資質等

の理由（非行歴の多い年長少年など），捜査遂行上の理由（接見交通権の制限の必要性や刑事処分の可能性が高い事件など）を根拠に認められる場合が多い。

勾留場所の配慮　やむを得ず少年を勾留する場合は，成人用の拘禁施設（刑事施設3条3号・15条1項本文）である刑事施設または留置施設（代用刑事施設）のほか，少年鑑別所に拘禁することができる（48条2項）。勾留場所の選定は，捜査の必要性と少年の人権への配慮を総合的に考慮して裁判官が判断する（福岡地決平2・2・16家月42巻5号122頁）。勾留期間は，成人被疑者の場合と同じく，最長20日間である（刑訴208条）。

一般的には，前歴のない少年や被影響性が顕著な少年については，勾留が必要とされる場合も，刑事施設よりは鑑別所の方が望ましいと考えられる。鑑別所に勾留した場合は，情操保護の観点から（規1条2項），対象者が成人に達した後も鑑別所での収容を継続することができる（48条3項）。他方，成人用の拘禁施設で勾留する場合は，処遇上の配慮として，少なくとも少年房を設けて成人と区別する分離収容が必要とされる（49条3項）。

(4) 勾留に代わる観護措置

意義と要件，種類　少年の身柄を保全する必要がありながら，付加要件の「やむを得ない場合」に当たらない場合，検察官は，裁判官に対して，勾留に代わる観護措置を請求することができる（43条1項本文）。この観護措置は，勾留に代わる措置であるから，勾留の理由と必要性（刑訴60条）のほか，勾留の手続的要件（刑訴204条〜207条）を充足しなければならない。また，これは，法43条の文言（逆送後の捜査段階での請求も認めるように読める）にもかかわらず，家庭裁判所送致前の捜査過程における請求に限られる

(44条1項・45条4号前段の趣旨)。

勾留に代わる観護措置には,事件受理後の通常の観護措置と同様,家庭裁判所調査官による観護(17条1項1号〔1号観護〕)と少年鑑別所への送致(同2号〔2号観護〕)の2種類がある。その手続等も通常の観護措置の場合と同じであり(→116頁),仮収容も認められる(17条の4第4項参照)。ただ,実務上は,身柄確保の実効性に乏しい1号観護の形態はほとんど用いられず,「勾留に代わる観護措置」という名称は2号観護を指すのが通例である。

刑訴法および刑訴規則の準用　勾留に代わる2号観護措置は,勾留そのものではないが,捜査目的のための身柄拘束という点で勾留と共通するから,その本質に反しない限りで,勾留に関する刑訴法の関連規定が準用(類推適用)される。

たとえば,被疑少年に対する被疑事件の告知と弁解の聴取(刑訴61条,刑訴規39条・42条・69条),勾留の通知(刑訴79条),勾留の取消し(刑訴87条)については,各規定の準用を認めることに異論がない。また,その請求については,刑訴規則の勾留関連規定(勾留請求書の記載要件,資料の提供,勾留状の記載要件,書類の送付に関する各規定〔刑訴規147条~150条〕)の準用が明示されている(刑訴規281条)。他方,不服申立(刑訴429条等),勾留理由開示(刑訴83条,刑訴規82条~85条の2),接見交通の制限(刑訴81条)については,各規定の準用の可否が争われている。

2号観護措置　検察官は,刑訴規則147条所定の要件を記載した「観護措置請求書」によって,当該検察官所属の検察庁を管轄する地方裁判所・簡易裁判所・家庭裁判所の裁判官に対して,勾留に代わる2号観護措置を請求する。勾留に代えて2号観護措置をとる場合は,刑訴規則278条1項所定の事項を記載した観護令状により

(44条2項)，仮収容（17条の4）も認められる（43条2項）。

　実務では，仮収容を必要とする理由と仮収容先の少年院・刑事施設の名称を観護措置請求書に記載して，観護措置と仮収容を併せて請求する運用が確立している。**観護令状**は勾留状に準じるから（刑訴規278条2項），検察官の指揮によって検察事務官・司法警察職員・刑事施設職員が執行し（刑訴70条1項本文），仮収容決定の指揮も検察官が行う（昭28最高裁家庭局長通達・家月5巻6号127頁）。なお，急速を要する場合の執行指揮は，裁判官等が行う。

　観護措置期間　勾留に代わる2号観護措置の期間は10日間であり（44条3項），起訴前勾留の場合（刑訴208条1項）と同じく，請求日が期間の起算日となる。他方，期間の延長が認められない点で，勾留と決定的に異なる。期間内に事件が家庭裁判所に送致された場合は，その保護事件について通常の観護措置がとられたものと見なされ（みなし観護），家裁が事件を受理した日から通常の観護措置としての期間が起算される（17条7項）。

　期間内に法20条の検察官送致がされた場合は，勾留されたものとみなされ，検察官が送致を受けた日から勾留期間が起算される（45条4号）。他方，10日間の期間内に，勾留に代わる観護措置の要件がなくなった場合（犯罪嫌疑の不存在の判明または身柄拘束の必要性の消滅）には，1号観護の取消し（44条1項）*に準じて，裁判官にその取消しを請求することができる。

　　＊　**勾留に代わる1号観護の取消し**　10日間の期間が明示されている2号観護と異なり，1号観護には期間の定めがない。そこで，1号観護措置がとられた後，検察官が事件を家庭裁判所に送致しない場合（犯罪の嫌疑および虞犯要件のいずれもが存在しない場合）には，検察官は，ただちに措置の取消しを裁判官に請求しなければならない（44条1項）。

(5) 少年の取調べ

少年の特性への配慮　少年の取調べについても，その基本は，少年の健全育成（1条，犯捜規203条）と少年の特性への配慮（犯捜規204条以下）に求められる。しかし，少年法は，他の被疑者との分離の必要性を明示するにとどまり（49条1項），犯罪捜査規範も，取調べを行う際の保護者（それに代わるべき者）への連絡を要求するにとどまる（犯捜規207条）。

一方，犯罪捜査規範をうけた「少年警察活動上の留意事項について」は，少年の取調べにおける具体的な配慮内容を明示している。適切な取調べ場所の確保，取調べの時間帯と時間の長さへの配慮，言語表現と取調べの態度・対応方法への配慮，不安の除去と信頼の獲得に向けた努力を要請するとともに，保護者等の適切な者の立会いを要請し，身体を拘束されていない少年からの指紋・掌紋の採取や写真撮影に対する承諾の確保，その時期・場所・方法等への配慮を要請しているのである（留意事項第5-4(1)(2)，第5-6）。

押　収　犯罪被疑少年が所持する物件のうち，押収*の対象となる物件については，刑訴法の規定（刑訴218条～222条）の適用がある。また，押収対象以外の物件であっても，非行防止の観点から少年に所持させておくのが不適当な物件については，所有者その他の権利者へ返還させたり，保護者等に預けさせ，少年に廃棄させるなどの注意や助言等を与えることができる（留意事項第5-8）。

*　**押収（物）**　押収とは，物件の占有を取得・継続する国家の強制処分をいう。捜査段階では，差押え（刑訴99条1項・222条1項）と領置（刑訴221条）の形態がある。前者は，物理的強制力を用いて占有を取得する場合であり，後者は，占有取得に際して物理的強制を用いない場合である。また，公判段階では，差押え（刑訴99条1項）と領置（刑訴101条）のほか，提出命令（刑訴99条3項）がある。これらの手続にもとづいて刑事事件また

は少年保護事件において裁判所が占有取得した物を「押収物」という。

(6) 捜査後の対応（送致）

ふたつの送致主体　捜査機関は，被疑少年について捜査を遂げた結果，犯罪の嫌疑が認められる場合は，すべての事件を家庭裁判所に送致しなければならない（全件送致主義）。ただ，犯罪の種類（法定刑）に応じて，少年法は，送致の主体を司法警察員＊と検察官に区別している。

禁錮以上の法定刑に当たる犯罪については，司法警察員 が捜査を遂げた後に事件を検察官に送致し（刑訴246条本文，犯捜規210条1項），検察官 が家庭裁判所に送致する（42条1項本文）。少年犯罪の大部分は，このような家裁送致が予定されている。しかし，実務では，簡易送致手続が認められており（→58頁），簡易手続で処理される事件が相当の割合を占める（全体の40％程度）。また，検察官による送致のなかには，少数ながら，検察官が独自に捜査を遂げた事件（「直告事件」または「認知事件」）や，20条逆送されながらも起訴されずに再送致されてきた事件（45条5号但書）が含まれる（規8条4項）。家裁に係属する事件は，簡易送致を除いて，検察官による送致の割合がもっとも高く，毎年，90％以上になっている。

他方，罰金以下の法定刑に当たる犯罪については，家裁係属後に刑事処分に付される可能性がないことから（20条1項参照），検察官の手を経る必要がなく，司法警察員から家庭裁判所に送致される（刑訴246条に対する「直送事件」の特則〔犯捜規210条1項〕）。一般保護事件における 直送事件 の割合は低く，年度によって1％程度から4％程度である。

送致の方法　捜査機関が家裁に事件送致する場合は，例外的な方法である簡易送致の場合を除いて，少年および保護者の氏名・年

齢・職業・住居・少年の本籍，審判に付すべき事由，その他参考となる事項を記載した送致書による（規8条1項）。また，書面，証拠物その他の参考資料があるときは併せて送付しなければならず（同2項），少年の処遇に関して意見（処遇意見）をつけることができる（同3項）。

　刑事訴訟の起訴（公訴提起）においては，裁判官の予断を排除するため，「起訴状一本主義」と呼ばれる考え方がとられ，被告人を特定する事項・公訴事実・罪名以外の事項は起訴状に記載することができず，その他の資料を添付することも禁じられる（刑訴256条）。それに対し，少年事件の送致においては，事実認定と要保護性の解明に役立ちうるすべての資料を事前に送付することが求められている。このため，捜査機関による犯罪少年の発見活動の範囲は，非常に広範囲にわたるものとなる（犯捜規205条，少警29条参照）。

* **司法警察員**　刑訴法において捜査の権能を与えられている機関（司法警察職員）のうち，司法巡査以外の者をいう（刑訴39条3項）。一般には，警察官の階級（警62条）のうち，巡査部長・警部補・警部・警視・警視正・警視長・警視監・警視総監が司法警察員であり，巡査が司法巡査である。司法警察員と司法巡査は，官名でも職名でもなく，刑訴法上の資格を示すだけのものにすぎない。

2　捜査機関による触法少年・虞犯少年の発見

(1) 触法少年に対する従前の対応とその限界

従前の発見活動　触法少年の発見主体には限定がなく，捜査機関も発見主体になりうる。しかし，14歳未満の少年については一律に児童福祉機関先議主義がとられることから（3条2項），触法少年を発見した者は，児童福祉法25条にもとづく児童相談所への通告（要保護児童の通告）で対処するのが通常である。ただ，捜査

機関については，警察法（昭29法162）2条にもとづく任意調査と少年警察活動規則8条2項にもとづく継続補導の権限が認められる。

　刑訴法にもとづいて犯罪捜査を担う捜査機関は，非行少年の発見活動の中心的役割を果たすが，触法少年の発見の関係では大きな制約がある。捜査機関は，犯罪容疑で捜査を開始した少年事件の行為者が14歳未満であることが判明した場合，ただちに捜査を打ち切り，後は児童相談所の調査に委ねざるをえない。「犯罪」捜査を根拠づける刑訴法は，責任を欠く刑事未成年（14歳未満）の事件には適用されないからである（刑訴189条2項・191条参照）。従前の捜査機関による触法少年の発見活動は，このようなものであった。

　従前の問題性　　このように，刑訴法にもとづく従前の発見活動においては，責任能力の有無以外の点では実質的に異ならないにもかかわらず，犯罪少年と触法少年の扱いには大きな違いがあった。触法事件である限り，いかに重大・凶悪で複雑な事案であっても，少年を逮捕・勾留等することができず，捜索・押収による証拠物の収集・保全もできないし，司法解剖等による被害者の死因の解明すらできなかった。また，警察法2条にもとづく任意調査はできるにしても，具体的な調査権限に関する根拠規定が少年法にないことから，調査に対して関係者からの協力が得られないことも多かった。その一方で，捜査機関から触法事件を引き継いで調査に当たる児童相談所は，その本来的な機能（児童福祉）との関係で，非行事実の有無の解明や証拠収集能力には明らかな限界が見られた。

　このように，従前の対応においては，より深刻で困難な触法事件であればあるほど，その扱いが不十分に終わりかねない状況が生じていたのである。こうした事態を改善するため，2007年改正によって，触法容疑少年に対する警察官の調査制度が導入されることに

(2) 警察官による触法調査制度

調査の主体　警察官は，客観的な事情から総合的に判断して，触法少年であると疑うに足りる相当の理由のある者を発見した場合で，必要があるときは，事件について調査をすることができる（6条の2第1項）。調査主体を警察官にしたのは，触法調査と犯罪捜査に共通の側面が見られることと，犯罪予防の責務（警2条）でも両者が密接に関連することから，警察官の専門的知識と経験を生かそうとしたことによる。

他方，これまでも，警察の行う任意調査においては，「少年補導職員」と呼ばれる警察官以外の警察職員が，少年の心理や特性に関する専門的知識やカウンセリング技能等を生かして事情聴取に当たるなど，重要な役割を果たしていた（少警2条11号）。そこで，新たな触法調査についても，こうした実態を追認するとともに，その専門的知識と技能を一層活用するため，少年の特性に関する専門的知識を有する警察職員に任意調査の遂行を委ねることにした（6条の2第3項）。ただ，調査に伴う押収・捜索・検証・鑑定は，人権の制約に関わる強制処分であり，刑訴法の準用にもとづいて実施されることから，その主体が警察官に限られている（6条の5第1項）。

調査の目的と対象　刑事責任を欠く触法少年の調査は，刑罰法令の適正かつ迅速な適用を目的とする犯罪捜査（刑訴1条）の場合と異なり，もっぱら「少年の健全な育成のための措置に資する」ことが目的とされる（6条の2第2項）。健全な育成のための措置とは，少年法にもとづく家庭裁判所の保護処分等（保護的措置を含む），児童相談所長等による児童福祉法上の措置と家庭裁判所への送致（児福27条1項4号）等を意味する。触法調査であるから，検察官送致

決定（20条）は当然に排除される。

調査の対象は，非行事実の存否とその内容を中心として，要保護性に関する事実にも及ぶ。これは，警察がとるべき措置の選択や処遇意見の決定のために，非行事実以外の事情（少年の性格・行状・経歴・環境・家庭状況・交友関係等）をも調査対象とする実務（犯捜規205条）を追認したものである。

調査の内容　警察官は，必要に応じて，少年・保護者・参考人を呼出して質問をすることができ（6条の4第1項），公務所や団体に照会して必要な事項の報告を求めることができる（同3項）。これらは，事案の真相解明にとって必要不可欠なものであり，触法調査制度導入前にも任意調査の一環として行われていたものに，少年法上の根拠を明示したものである。したがって，強制的な手段は行使することができない。

特に，調査の相手が低年齢の少年であることに配慮して，質問が強制的なものにならないよう注意的に規定されている（同2項）。さらに，任意調査の際に配慮すべき具体的な事項と内容は，下位の規定にも明示されている（少警20条，留意事項第6）。

調査にともなう措置　触法少年の事件は，行為者が刑事未成年であることを別にすれば，犯罪少年の事件と基本的に異ならない。そのため，調査に際して必要がある場合は，押収・捜索・検証・鑑定嘱託を行うことが認められ，刑訴法および刑訴規則が準用され（6条の5第1項・2項，規9条の2），裁判官の発する令状が必要とされる（少警21条）。本条の規定する 強制処分 は，「物」に対するものに限られており，「身体」に対するものは認められない。したがって，調査を目的とする逮捕・勾留等の身柄拘束，鑑定留置は認められず，逮捕に伴う捜索・差押え・検証のほか，通信傍受も認め

られない。身柄拘束が必要な場合は,一時保護(児福33条)によることになる(留意事項第6-14)。

(3) 少年に対する配慮

少年の情操の保護 触法調査については,「少年の情操の保護に配慮」することが特に明記されている(6条の2第2項)。こうした配慮は少年事件のすべてに要請されるべきものであるが(規1条2項,犯捜規204条),14歳未満ということに着目して,少年法に特に規定されたものである(少警15条2項)。具体的には,少年の年齢や成熟の程度,少年の理解力や表現能力などに配慮して,事案の真相解明に努めることになる(留意事項第6-2参照)。

少年の利益の擁護 少年の権利擁護の観点から,調査に関して弁護士付添人を少年・保護者が選任できることが規定された(6条の3)。触法調査制度導入前も,警察の任意調査段階で民事上の代理人として弁護士を依頼することは可能であった。しかし,民事上の代理人である弁護士は,少年法上の付添人の地位(10条)を認められず,保護者の同意なしに少年が単独で依頼することもできなかった(民5条1項参照)。法6条の3は,こうした不都合を是正するため,衆議院での修正によって新設されたものである。同条にもとづく付添人は,「調査に関し」て選任されるものであるから(6条の3),審判段階で付添人(10条)として活動するためには改めて付添人選任届(規14条2項)が必要となる。

(4) 調査後の対応

調査の結果,触法行為が法22条の2第1項各号所定の重大事件に当たる場合,または触法少年を家庭裁判所の審判に付すことが適当な場合,警察官は,調査関係書類とともに事件を児童相談所に送致する(6条の6第1項,少警22条)。送致を受けた児童相談所は,

家裁に事件送致すること（児福27条1項4号）を義務づけられ（6条の7第1項本文），証拠物や警察での作成書類も家裁に送付される（6条の6第2項，規8条2項）。これによって，触法調査で送致された事件については，児童福祉機関は，児童福祉機関先議主義（3条2項）にもとづく裁量権を行使することができなくなった。

他方，法6条の6第1項に当たらないと判断された触法少年は，これまでと同様に要保護児童として児童相談所に通告されるが，その際には，児童福祉法上の措置をとるのに参考となる調査の概要と結果も通知される（6条の6第3項）。

(5) 虞犯少年の発見活動

捜査に伴う発見　捜査機関による虞犯少年の発見には，2つの場合がある。ひとつは，犯罪容疑で捜査を行った結果，犯罪容疑が否定された少年に虞犯事由と虞犯性が認められる場合である。成人の場合は，犯罪の嫌疑が否定された（「嫌疑なし」または「嫌疑不十分」）以上，検察官によって不起訴処分とされる（事件事務規程72条1項）。しかし，少年事件では，非行少年である以上は全件送致主義に従うため，捜査機関はこのような虞犯少年についても家裁送致を義務づけられている（41条後段・42条1項後段）。

虞犯調査　もうひとつは，触法調査制度導入前の触法調査と同様に，警察法2条を根拠とする発見活動である。少年警察活動規則は，非行少年や不良少年を早期に発見するため，少年相談を積極的に実施すべきことを明示している（少警6条～8条）。もちろん，こうした虞犯調査は，侵害原理を根拠として正当化ができないから，任意のものに限られるだけでなく，犯罪少年や触法少年に対する以上の配慮が求められる（少警27条～33条，留意事項第7）。

虞犯調査については，2007年改正の際に，触法調査（6条の2）

と並行して，少年法上に虞犯調査権限の根拠を明記する法案が提示された。しかし，その内容が従前の任意調査の実態を変更するまでのものではなかった反面，調査権限の範囲が不明確であり，過度に拡大するおそれ（人権侵害）が懸念されたため，衆議院の審議過程で削除され，立法化は見送られた。

発見後の対応　捜査活動の結果として発見された虞犯少年は，捜査機関が家裁に 送致 する。ただ，14歳未満に対する児童福祉機関先議主義との関係で（3条2項），捜査機関が直接に家裁送致できるのは14歳以上の虞犯少年に限られる。また，14歳以上18歳未満の虞犯少年については，少年法上の処遇よりも児童福祉法上の措置が適当と判断される場合，家裁への送致ではなしに児童相談所に通告することができる（6条2項，少警33条）。

他方，任意調査の結果として発見された虞犯少年の扱いは，少年法の解釈としては，一般人通告（6条1項）によるべきものと考えられる*。しかし，行政警察権能の明確化にともなって送致と通告のいずれでもよいとされており（昭35家庭局長回答・家月13巻1号201頁），送致によることを原則とする実務が確立している。

＊　**一般人以外の発見機関による一般通告**　一般人以外の発見機関については，それぞれの活動にともなって非行少年が発見されることを念頭においた扱いが規定されている。他方，それぞれの活動とは無関係に非行少年を発見する場合は，それらの規定の範囲外にあるため，一般人が発見した場合と同じく，一般通告（6条1項）によって対応することになる。

3　捜査機関以外の者による発見活動

(1)　児童福祉機関による発見活動

14歳未満の非行少年については，触法調査事件を除いて，児童

福祉機関先議主義 がとられるため（3条2項），まずは 児童相談所 に通告される（児福25条）。したがって，通告を受けた児童相談所は，児童相談所での扱いと家庭裁判所での扱いのいずれが適切かという観点から，少年を選別しなければならない。また，児童福祉法の適用がある少年（18歳未満）について特に強制的な措置が必要とされる場合には，家裁に送致してその許可を求めなければならない（「強制的措置許可申請事件」または「要強制事件」〔6条の7第2項，児福27条の3〕）。児童福祉機関による「審判に付すべき少年」の発見活動は，このような場合を想定したものである。

こうした発見活動は，具体的には，各児童相談所に配置されている 児童福祉司（児福13条）が担当し，児童委員 がそれに協力する形で行われる（児福16条・17条）。家裁での扱いが適切だと判断された少年は，捜査機関の場合と同様の送致書によって家裁に送致される（児福27条1項4号，規8条1項～3項）。一般保護事件における児童相談所からの家裁送致は，毎年，0.2％程度である。

(2) 保護観察所による発見活動

少年法上の保護処分としての保護観察に付されている者（24条1項1号）については，保護観察処分を執行する 保護観察官 または 保護司 が，保護観察業務の遂行中に新たな虞犯事由（3条1項3号）を発見することがある。このような場合，保護観察所長は，本人を家庭裁判所に通告すること（虞犯通告）ができる（更生68条1項・2項）。これが，保護観察所による発見活動として想定されているものである。特に，一般人通告がありえない20歳以上23歳未満の者を「少年とみなして」虞犯通告を認める点に意義がある。

虞犯通告は，捜査機関による送致方式の規定（規8条1項～4項）が準用され（同5項），送致と同じ法的効果が認められる。一般保

護事件における保護観察所長からの虞犯通告は，毎年，0.1％にも満たない割合である。

(3) 家庭裁判所調査官による発見活動

家裁調査官は，裁判官の調査命令を受けて少年や保護者等の社会調査を行うが（8条2項），その過程で，調査対象事件に少年の共犯者のあることが判明したり，少年の交友関係のなかに非行少年を発見することが少なくない。また，保護者等からの相談を契機として非行（少年）の存在が認知されることもある。健全育成の観点からは，こうした少年についても早期で適切な対応が望ましい。そこで，これらの非行少年を発見した家裁調査官には，裁判官への報告が義務づけられている（7条1項）。一般保護事件における家裁調査官からの報告の割合は，毎年，0.1％程度のものにとどまる。

裁判官への報告は，捜査機関の送致書に準じた内容の報告書により（規9条の3），口頭による報告は認められない。ただ，報告書に「少年の本籍」が要求されず，審判に付すべき事由「の要旨」で足りる点，および参考資料等の添付が要求されない点は，送致の場合と異なる。また，少年・保護者・参考人に対する報告前の調査も認められるが（8条2項），本来の社会調査ではないため，必要な限度にとどめ，深入りすることは許されない（規10条）。

(4) 一般人による発見活動

法6条1項は，「家庭裁判所の審判に付すべき少年を発見した者は，これを家庭裁判所に通告しなければならない」として，国民一般に対して通告義務を規定している（「一般人通告」または「一般通告」）。しかし，一般人は，公的機関による発見の場合と異なり，非行（少年）の存在について「見て見ぬふり」をすることもできるし，そうした対応に対する制裁も存在しない。したがって，本条の性格

は，義務規定の体裁をとった訓示規定にすぎない。ただ，一般人通告を明示し，しかもそれを公的機関による送致や報告の前の条文で規定することによって，少年の健全育成が社会全体の責任であり，早期の対応が必要なことを宣言している点に，象徴的な意義が認められる。

発見主体には法文上の制限はないが，全くの一般人が直接に家裁通告することはほとんど想定できない。実際には，少年の健全育成について義務を負う保護者（2条2項）を中心として，何らかの事情で少年の保護や日常生活に関係している者（教師や雇い主など）に限られることになる。また，発見対象の非行少年としては，犯罪少年は捜査機関に通報されるのが通常であり，14歳未満の者には児童福祉機関先議主義が妥当するから，一般人通告のほとんどの場合は，14歳以上の虞犯少年に限られる。一般保護事件における一般人通告の割合は，0.1％程度のものであり，近年はさらに減少傾向が見られる。

家庭裁判所への通告は，書面によるほか，口頭でも行える（規9条2項）。書面による場合は，「審判に付すべき事由のほか，なるべく，少年及び保護者の氏名，年齢，職業及び住居……並びに少年の本籍を明らか」にすることが要請され，処遇意見 をつけることもできる（同1項・3項）。口頭通告の場合は，調査官または書記官によって調書が作成される（同2項）。また，保護者による通告の場合で，14歳以上18歳未満の虞犯少年について，少年法上の処遇よりも児童福祉法上の措置が適当と判断される場合には，家裁への通告ではなしに児童相談所に通告することができる（6条2項）。

Ⅲ 家庭裁判所による事件受理

1 不告不理の原則

(1) 不告不理の原則と受理の意義

不告不理の原則　少年保護事件に限らず，およそどのような種類の裁判も，原告の訴えがあってはじめて開始され，訴えがない場合に裁判官の職権で独自に裁判を開始することは許されない。これは，訴訟手続が対立抗争原理にもとづくことの帰結であり，「不告不理の原則」と呼ばれる。それは，刑事裁判においては，適正手続の要請として機能する（憲31条，刑訴247条・249条・378条3号）。また，職権主義的構造を持つ少年保護手続においても，少年に対する事実上の不利益を否定しえない処分が予定されているから，不告不理の原則が妥当しなければならない。

旧法は，行政機関としての少年審判所が審判に付すべき少年を発見したときに職権で調査することを規定し（旧31条），不告不理の原則の例外として，「自庁認知制度」を採用していた。これに対して，現行少年法は，事件が家庭裁判所に持ち込まれる経路を明示し，少年保護事件手続が不告不理の原則にもとづくべきことを明らかにしている（8条1項）。

受理の意義　もっとも，事件が家庭裁判所に持ちこまれたとしても，家裁がそれを受理しない限り，事件は家裁に係属せず，保護事件手続が進行することもない。受理が義務づけられる送致の場合を別にして（8条1項後段），少年保護事件が家裁に係属するためには，不告不理の原則を前提として，家裁による受理手続が必要とされるのである（同前段）。

(2) 不告不理の原則の適用範囲

人単位の適用　不告不理の原則が「少年」ごとに適用されることには異論がない。したがって，A少年の事件の調査・審判過程でB少年の非行が発見された場合，家庭裁判所は，B少年の事件の受理手続を経ることなしにB少年の保護手続を開始することはできない。他方，A少年の事件の調査・審判過程でA少年の新たな非行が発見された場合，新たな非行についてA少年の保護手続を進めるに当たって，改めて受理手続を経る必要があるかが争われる。

少年の人格を中心に審判対象を考えれば（**人格重視説**），不告不理の原則は「少年」ごとに機能することになり，改めての受理手続は不要ということになる。このような立場は，要保護性の解明が少年の人格と不可分であることを根拠とし，少年法の基本原理との関係でも説得的な面がある。かつては，このような立場からの裁判例も見られた（札幌高決昭29・7・23家月6巻8号79頁）。

事件単位の運用　他方，少年を単位とする運用は，少年に「事実上の不意打ち」を与えるものになることを否定できない。また，不告不理の原則は，司法機関の受動的な中立性にもとづくから，少年保護手続においても適正手続の保障が重視されなければならない（→50頁）。したがって，少年保護手続における不告不理の原則も，個々の非行事実を中心に考えるべきであり（**非行事実重視説**），その適用範囲は「少年」だけでなく個々の「非行事実」にも及ぶ（福岡高決平18・3・22家月58巻9号64頁）。実務においては，非行事実重視説を前提とする運用が確立している（昭和40家庭局見解・家月17巻12号33頁）。

2 家庭裁判所の受理

(1) 家庭裁判所に少年事件が持ち込まれる経路

原始的受理経路 少年事件が家庭裁判所に持ち込まれる態様（受理のための経路）は，2つに大別される。家裁がはじめて少年事件を受理する原始的受理経路としては，一般人による通告（6条1項，児福25条但書），保護観察所長による虞犯通告（更生68条1項・2項），家庭裁判所調査官の報告（7条1項），司法警察員からの送致（41条），検察官からの送致（42条），都道府県知事・児童相談所長からの送致（3条2項・6条の7第2項，児福27条1項4号・27条の3），がある。

承継的受理経路 他方，すでに家庭裁判所に係属した少年事件を改めて受理するための承継的受理経路として，他の家庭裁判所からの移送（5条2項・3項），高等裁判所・地方裁判所・簡易裁判所からの移送（55条），抗告審裁判所・再抗告審裁判所からの差戻しと移送（33条2項・35条2項），同一家裁内での回付（事務取扱），保護処分取消事件（27条の2），収容継続申請事件（院11条，規55条），戻し収容申請事件（更生71条本文），保護観察処分の遵守事項違反にもとづく施設送致申請事件（更生67条），がある。いわゆる再起事件＊も，家裁調査官の報告を経由するが，その性質上，承継的受理経路のひとつに数えられる。

これらのうち，回付と他の家庭裁判所からの移送の割合が相対的に高く，一般保護事件の4％強になっている。

＊　**再起事件**　少年の所在不明等（審判条件の欠如）から一旦は審判不開始（19条1項）で終局した事件について，その後に少年の所在が判明するなど，審判に付すことが可能となった場合は，調査官の報告による立件手続を

経て改めて事件係属させることができる。この手続を「再起」と呼び，その事件を「再起事件」と呼ぶ。再起事件については，審判不開始時点の事件記録を添付し，事件記録表紙や事件簿等に「再起事件」と付記する扱いである。

(2) 家庭裁判所の土地管轄

管轄の決定　少年保護事件を管轄する家庭裁判所は，成人事件の土地管轄の決定と同じく（刑訴2条1項），少年の行為地・住所・居所または現在地によって決定される。「行為地」は，犯罪・触法・虞犯事由のそれぞれに該当する行為が行われた土地をいう。「住所」は，生活の本拠をいい（民22条），「居所」は，継続的に居住する場所で住所に準ずる場所をいう（民23条1項）。現在地は，刑訴法の概念に従い，少年が任意または適法な強制にもとづいて現在する場所をいう（最決昭32・4・30刑集11巻4号1502頁）。したがって，身柄が拘束されている少年の事件については，身柄収容場所が現在地ということになる。

管轄の基準時と移送　家庭裁判所の管轄は，家庭裁判所が事件を受理した時点を基準（受理時基準）として決定される（東京高決平16・9・8家月57巻4号90頁）。他方，事件受理（事件係属）後に少年の住所等が変わったような場合は，少年の適正な保護の観点から，例外的に，処理時を基準（処理時基準）とする運用が認められている。その場合は，「特に必要がある」ことを要件として，変更後の住所等の所在地にも新たな土地管轄を認め，変更後の住所地等を管轄する家裁に事件が移送される（5条2項）。

管轄違いの移送と回付　事件を受理した裁判所に管轄がない場合，成人事件では管轄違いの判決によって手続が打ち切られる（刑訴329条）。他方，少年保護事件では，形式上の違法よりも少年の保護を重視することから，本来の管轄家庭裁判所への移送が義務づ

けられる（5条3項）。また，同一少年の複数の事件が別個の家裁にそれぞれ係属した場合は，併合審判（規25条の2）の趣旨を尊重して，刑訴法6条（管轄の併合）の準用による移送が認められる（東京高決平16・9・8家月57巻4号90頁）。

　管轄違いは，異なる家庭裁判所の間だけでなく，同一家裁の本庁と支部の間，さらには支部同士の間でもありうる。このような管轄違いの場合，支部は本庁から独立した組織でないため，裁判所内部の事務分配としての回付によって事件が移転される。ただ，回付の実質は，移送の場合と異ならない。

　移送手続とその効果　　移送は，いずれも決定による（規2条）。移送決定は，事件の終局決定ではなく，家庭裁判所間で事件を移転する中間決定にすぎない。したがって，移送裁判所でなされていた観護措置決定や審判開始決定，試験観察決定等の効力は，移送決定によっても失われない。他方，移送決定には受移送裁判所を拘束する規定（民訴22条参照）がないため，受移送裁判所は，さらに別の管轄裁判所に移送することもできるし，移送裁判所に逆移送することもできる。ただ，このような扱いは，少年の保護との関係では大きな問題があり，できる限り避けなければならない。

(3) 家庭裁判所による受理とその効果

　受理手続　　原始的受理経路によって家裁に持ち込まれた少年事件は，事件の受付事務（平4最高裁事務総長通達）にもとづく家裁の受理手続を経て，はじめて家裁に係属する。その際，発見後の対応の違いに応じて家裁での受理手続が異なる（図2参照）。

　捜査機関による送致と保護観察所長による通告（送致と見なされる）の場合は，適法な手続である限り，家裁の事件係でただちに事件受理簿に登載され，件名・番号等が付されて事件が受理される

（8条1項後段）*1。他方，一般人通告（6条1項）および家裁調査官の報告（7条1項）の場合は，「家裁が審判に付すべき少年」と判断することが受理の要件とされている（8条1項前段）。したがって，これらの場合には，通告書等（規9条2項）または報告書（規9条の3）を受けた裁判官が非行事実の存在について蓋然的な心証を形成した後，はじめて事件受理簿に登載される*2。

公訴時効の停止　発見後の対応の違いにもとづく区別的な扱いは，少年犯罪における公訴時効の停止の効果にも及ぶ。通告または報告による場合は，家裁が事件を受理した後，審判開始決定（21条）があった時点から公訴時効の進行が停止する（47条1項）。他方，送致による場合は，家裁が送致を受けた（受理した）時点から公訴時効の進行が停止する（同項）。決定後または送致後に本人が20歳に達した場合も，同様に扱われる（同2項）。

公訴時効の進行の停止は，いずれも「保護処分の決定が確定するまで」とされている（同1項）。しかし，保護処分決定が確定すれば公訴提起の余地はないから（46条1項），この文言は，「事件が家庭裁判所に係属している間」という意味に解することになる。

証拠物等の扱い　少年保護事件では，家庭裁判所への事件送致の際に，記録とともに証拠物が送付される（規8条2項）。また，証拠物は，事件送致後に事件関係書類追送書に添付して送付されることもあり，審判期日に少年や保護者が提出することもある。そうした証拠物は，家裁での非行事実認定の証拠資料として用いられるほか，没取（→201頁）の対象となる（24条の2，規37条の3）。

こうしたことから，家庭裁判所には証拠物を押収する権限が与えられ，その手続には刑訴法の関連条文（刑訴120条〜124条・346条・347条・499条，刑訴規98条）が準用される（15条2項，規19条）。

また,さらに下位の規定や通達,回答などにもとづいて運用されている。証拠物は,証拠物の受入手続を行った後,領置決定によって押収物となる*3。

*1 **身柄事件と在宅事件**　少年保護事件には,少年の身柄が拘束されている身柄事件と,拘束されていない在宅事件がある。事件の送致と受理に関して,前者は身柄付送致によって受理され(身柄事件受理),後者は在宅送致(書類送致)によって受理される(在宅事件受理)。いずれも,送致記録が事件受理簿に登載され,件名・番号等が付された時点で受理される。ただ,後者においては,身柄拘束に関する時間制限があり(17条2項),家裁が実際に少年の身柄を受理した時点から起算される。

*2 **受理審査**　日本において,実質的な受理審査が行われるのは,家庭裁判所調査官からの報告と一般人通告の場合に限られる。他方,アメリカの一部の州では,プロベーション部局の職員によって,事件を少年裁判所に係属させるかどうかについて実質的な予備審査が行われており,「インテイク手続」と呼ばれる。こうした事件処理は,それ自体がケースワーク機能を果たすだけでなく,少年裁判所の効率的な活動を基礎づけている。日本におけるインテイク手続(家庭裁判所係属後の事務分配手続)とは異なる(→ 137頁)ことに注意を要する。

*3 **家庭裁判所への占有の移転**　証拠物または**押収物**が家裁の占有に移される経路としては,①検察官等から証拠物の送付(現品送付)を受けた場合,②事件係属後に,証拠物を差押え,領置した場合,提出命令があった場合,③事件の移送等によって,他の裁判所から押収物等の送付を受けた場合,がある。それぞれの場合に応じて,押収物主任官または係書記官が必要書類を作成して受入手続を行い,係書記官により領置手続が行われる。領置の対象は,没取の対象物および証拠物で代替性のないものである。

Ⅲ　家庭裁判所による事件受理

[図2] 非行少年の発見とその後の対応

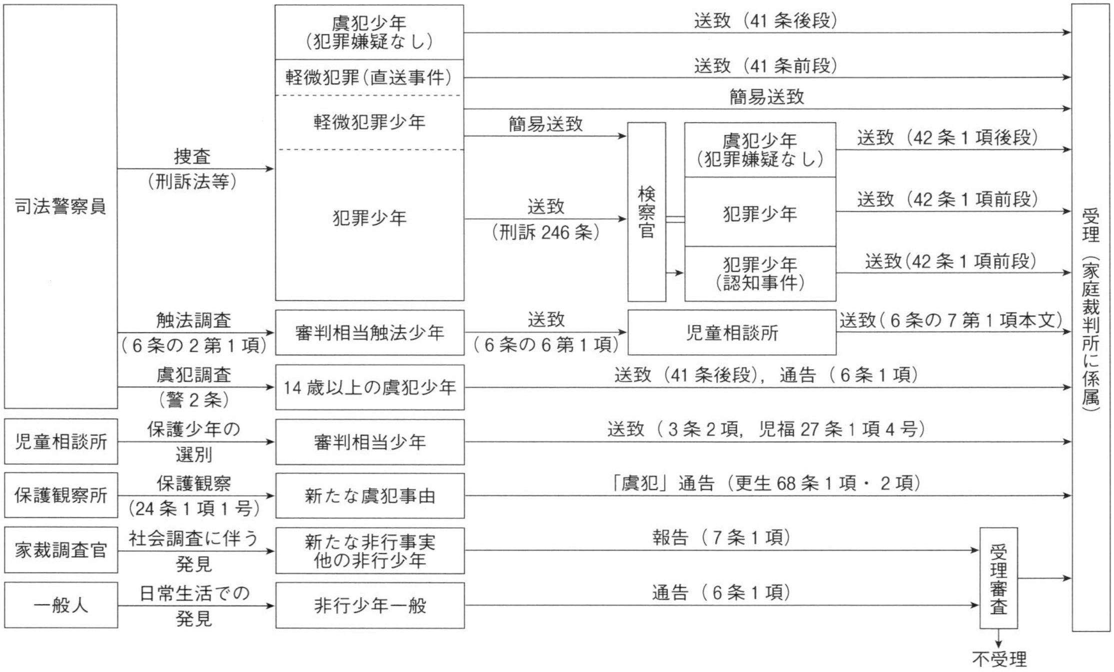

```
                                                                    ┌─ 受理（家庭裁判所に係属）
                                                                    │
司法警察員 ─ 捜査(刑訴法等) ─┬─ 虞犯少年(犯罪嫌疑なし) ──────────────── 送致(41条後段) ──┤
                          ├─ 軽微犯罪(直送事件) ─────────────────── 送致(41条前段) ──┤
                          └─ 犯罪少年 ─┬─ 簡易送致 ──────────────────────────────┤
                                     └─ 送致(刑訴246条) → 検察官 ─┬─ 虞犯少年(犯罪嫌疑なし) ── 送致(42条1項後段)──┤
                                                              ├─ 犯罪少年 ───────────── 送致(42条1項前段)──┤
                                                              └─ 犯罪少年(認知事件) ──── 送致(42条1項前段)──┤
司法警察員 ─ 触法調査(6条の2第1項) ─ 審判相当触法少年 ─ 送致(6条の6第1項) ─ 児童相談所 ─ 送致(6条の7第1項本文)──┤
         ─ 虞犯調査(警2条) ─ 14歳以上の虞犯少年 ─── 送致(41条後段)、通告(6条1項) ─────────────────────┤
児童相談所 ─────────────── 審判相当虞犯少年 ──── 送致(3条2項、児福27条1項4号) ─────────────────────┤
保護観察所 ─ 保護観察(24条1項1号) ─ 新たな虞犯事由 ─ 「虞犯」通告(更生68条1項・2項) ─────────────────┤
家裁調査官 ─ 社会調査に伴う発見 ─ 新たな非行事実・他の非行少年 ─ 報告(7条1項) ─────────────────── 受理審査 ─┬─ 受理
一般人    ─ 日常生活での発見 ─── 非行少年一般 ──── 通告(6条1項) ───────────────────────────        └─ 不受理
```

115

Bridgebook
第6章
少年保護事件手続Ⅰ
観護と調査

　受理手続を経て家庭裁判所に係属した少年事件は，家庭裁判所で保護事件としての手続が進行していく。その際，少年審判（狭義の審判）が実際に開始されるまでの段階で，少年について綿密な調査が行われ，要保護性の解明および審判開始の要否を判断するための資料が収集される。また，調査と審判の段階を通じて，少年の身柄を少年鑑別所に収容すること（観護措置）も少なくないし，少年鑑別所による心身鑑別結果の活用も要請されている。本章では，観護措置とともに調査段階について，その概要を明らかにする。

Ⅰ　観護措置

1　観護措置の意義と種類

(1) 観護措置の意義

　家庭裁判所に係属した少年事件については，適正な調査と審判を行うために少年の身柄を確保する必要がある一方で，少年に緊急の保護が必要な事態が生じる場合には，保護処分等による最終的な保護が実現するまでの間，暫定的な保護を図ることが必要となる。こうした要請に対処するために，少年法は，観護措置による少年の身柄拘束を規定している（17条1項）。したがって，観護措置は，少

年事件の調査過程と審判過程の両方を通じて、少年の身柄保全の側面（司法的性格）と少年の保護の側面（福祉的性格）を併有するものである。前者は、刑事手続における第1回公判期日後の被告人勾留（刑訴60条）に類似している。

また、家裁調査官が行う社会調査については、少年鑑別所の鑑別結果を活用することが要請されている（9条）。したがって、少年鑑別所における観護措置は、少年の要保護性を解明するための機能をも期待されているのである（→148頁）。

(2) 観護措置の種類

2つの観護措置　観護措置には、家庭裁判所調査官による観護（17条1項1号）と少年鑑別所送致（同2号）の2種類がある。前者は、「調査官観護」「在宅観護」「1号観護」とも呼ばれ、後者は「収容観護」「2号観護」とも呼ばれる。実務では、身柄確保の実効性が低い調査官観護はそれほど活用されず、「観護措置」という場合は少年鑑別所送致を意味する扱いが定着している。

少年の身柄を拘束する観護措置については、人権保障の観点から、その手続や期間等に制限が設けられ、実際の運用も慎重なものとなっている。観護措置がとられる割合は、交通事犯を除いた一般保護事件の9％程度である。ただ、非行別に見ると大きな特徴があり、凶悪事件や薬物事犯、虞犯などでは60％を超える一方で、非行の中心をなす窃盗では15％程度である。

調査官観護（1号観護）　調査官観護は、家裁調査官の人格的な力によって観護の目的を実現するもので、施設収容をともなわずに（在宅）、少年との接触や条件の遵守などを通じて、心理的な強制や拘束を加える方法で行われる。非行事実の認定を経ていないため、保護的な働きかけは認められるが、人格改良に向けた積極的な補導

調整はできない。観護決定により，調査官には観護権限が生じ，少年はそれに従う義務を負う。

観護決定は，調査官を指定して行い（規20条1項），少年の面前で裁判官が告知する（規3条2項1号・3項）。勾留に代わる調査官観護がとられた事件では，家裁に事件送致された場合に本来の調査官観護と見なされ（17条1項1号・6項），事件送致しない場合は検察官が取消しを請求する。

調査官観護は収容観護に変更することができるし（17条8項），指定した調査官を変えることもできる（規20条3項）。変更決定も，少年の面前で告知しなければならない。期間に定めはないが，取消しができる（17条8項）一方で，必要がなくなった場合は速やかに取消さなければならない（規21条）。取消決定のほか，終局決定によって失効する（刑訴規280条）。

少年鑑別所送致（2号観護）　少年鑑別所送致による観護は，少年自身またはその生育環境に問題の多い少年の身柄を少年鑑別所に収容し*，調査・審判への少年の出頭を確保するとともに，収容期間を通じて非行性の深化等を防止しながら，社会調査（調査官）と行動観察（法務教官）・心身鑑別（法務技官）を行い，適正な審判の実現を図るものである。さらに，意図的行動観察や教育的処遇によって，事実上の処遇効果が目ざされる。ただ，この場合も，非行事実の認定を経ていないため，積極的な処遇は許されない。なお，少年鑑別所の根拠規定を少年院法から独立させる少年鑑別所法案が2012年3月に国会に提出されたが，現時点で成立していない。

以下，法17条1項2号の観護措置について具体的に見ていく。

＊　**観護措置中の少年の法的地位**　観護措置の司法的性格（身柄拘束）と福祉的性格（保護）という2面性との関係で，観護中の少年について，刑法

の逃走に関する罪（刑97条〜100条）の成否が争われている。これについては，逃走罪（みずから逃走する罪）の成立を否定する一方で，奪取罪や逃走援助罪（逃走させる罪）の成立を肯定する立場が多数である。

2 観護措置の要件

(1) 観護措置の一般的要件

家庭裁判所の決定による観護措置については，事件が家裁で受理されていること（事件係属）を前提として，調査・審判を遂行するための審判条件（→135頁）が具備されていなければならない。また，少年の身柄を拘束する前提として，審判に付すべき事由（非行事実）が存在しなければならない。その心証については，勾留（刑訴60条1項）の場合と同程度のもの（蓋然的心証）で足りる。

審判開始が見込めない事件（審判不開始相当事案）はそもそも「審判を行うため」に当たらないから，審判開始決定を行う蓋然性があることも要求される。この蓋然性は観護措置決定の時点で認められれば足り，調査の結果として事件が審判不開始で終結しても，観護措置が違法であったことになるわけではない。

(2) 観護措置の必要性（実質的要件）

3つの要件　観護措置は，少年の身柄の確保と保護，さらには行動観察と心身鑑別を目的とするから，①調査・審判および保護処分の円滑な遂行・執行のために少年の身柄を確保する必要があること，②緊急保護のために少年の身柄を暫定的に確保する必要があること，③収容したうえで心身鑑別の必要があること，が実質的な要件とされる。これらのいずれかに該当すれば，実質的な要件は充足されていることになる。

実質的要件の内容　①は，住居不定の場合や逃亡の虞がある場

合など，成人事件における勾留の要件（刑訴60条）と共通する。ただ，同行状（11条2項）や調査官観護によって出頭が確保できたり，他の手段によっても証拠隠滅を防止できる場合には，身柄拘束を手段とする観護措置はとるべきでない。②は，自殺や自傷の虞がある場合，家族からの虐待や反社会的集団（暴力団など）の悪影響から保護する必要がある場合などが想定される。ただ，そのような事態は非行事実認定前にも生じうるから，安易な身柄拘束は認められるべきでない。②については，一般的要件との関連性の強さが重視されることになる。

他方，③は，少年鑑別所の設置の趣旨（院16条），社会調査の方針（9条，規11条3項）から，在宅鑑別では十分でない場合に限って認められる。したがって，短期の教育・治療だけを目的とする観護措置は，③を欠くものであり，認めることができない。

心身鑑別だけを目的とする観護措置　また，鑑定留置の方法および家庭裁判所医務室や科学調査室の活用がありうることを理由として，③の要件だけにもとづく観護措置を否定する立場も有力である。しかし，例外的ではあるにしても，観護措置による心身鑑別こそが必要な場合もただちには否定できないから，③の要件だけを理由とする観護措置を一律に否定することは適切でない。その場合には，一般的要件との関連性の強さが必要となろう。

3　観護措置の手続

(1)　観護措置がとられる事件

観護措置の対象事件　観護措置の一般的要件と実質的要件を満たす以上，観護措置がとられる事件や非行（少年）の種別には制限がない。実際には，家庭裁判所が **身柄事件**（逮捕または勾留された

少年が送致されてくる事件)を受理した場合にとられることが多い。また,同行状や緊急同行状によって少年が同行される場合もあるし(11条・12条),保護観察所からの虞犯通告とともに少年が裁判所に出頭する場合もあり,さらには,調査官調査の結果として観護措置の必要性が新たに判明する場合(<u>身柄引上げ</u>)や,審判の進行中に観護措置の必要性が判明する場合もある。

　以上の場合は,いずれも,観護措置の要否が実質的に判断される。他方,<u>勾留に代わる観護措置</u>(43条1項)をとられている事件が家裁送致された場合は,そのままで観護措置に切り替わり,本来の観護措置(17条1項2号)と見なされることから(同7項前段),実質的な判断は不要である。

　運用の単位　観護措置の単位について,人(少年)単位説と事件単位説との対立がある。前者は,少年の要保護性(人格)を重視し,観護措置を少年の資質鑑別と環境調査のためのものと見ることから,同一少年には1回の観護措置しかとれないとする。他方,後者は,要保護性と非行事実のいずれをも重視することから,非行事実と要保護性の両方を審判対象と解し,同一少年であっても事件ごとに観護措置がとれるとする。

　少年保護事件については,刑事裁判よりも併合審理の要請が強く働くため(規25条の2),かつての実務では,同時係属した事件との関係で人単位的な運用がされていた。しかし,観護措置期間満了直前に重要な事件が追送致された場合,人単位の運用では適切な対応ができない。また,観護措置は,資質鑑別・環境調査だけでなく,調査・審判への出頭確保と罪証隠滅を防止するための<u>身柄保全</u>という面もあり,要保護性の調査も非行事実と密接に関連している。こうしたことから,観護措置決定後に新たに係属した事件(<u>追送事件</u>)

については，事件単位での運用が行われている（名古屋高決昭32・1・22家月8巻12号95頁）。

(2) 観護措置決定手続

手続と運用の概要　家裁が事件受理した少年については，観護措置の要否（要件の充足の有無）を判断するため，家裁調査官が受理面接（**インテイク面接**）を行った後，裁判官の審問を経て観護措置の要否が判断される。この手続を「観護措置決定手続」という。調査官の面接結果と意見は，「**身柄事件連絡票**」に記載し，その後の調査に利用したり，観護措置に対する異議申立て（17条の2）に備えられる。他方，身柄引上げの場合と同行状によって同行された少年については，事件がすでに家裁に係属しているため，インテイク面接は不要とされ，裁判官の審問だけで判断される。

　具体的な手続は，少年審判規則3条・19条の3にもとづいて行われるほか，適正手続に配慮した運用（勾留質問調書や陳述録取調書の作成など）になっている。また，観護措置決定手続には保護者・付添人に出席権は認められないが，インテイク面接において，少年に対する短時間の面接や在庁の保護者等への面接を行う運用になっている。

観護措置決定とその通知　観護措置を決定する場合は，観護措置決定書を作成し（規2条），その内容を裁判官が少年の面前で**告知**する（規3条2項・3項）。観護措置は事件単位でとるのが現在の実務であるから，その効力が及ぶ範囲を明確にするため，決定書には事件番号と事件名が記載される。観護措置決定は，少年鑑別所を指定（施設名を明示）して行い（規20条1項），指定を変更することもできる（同3項）。

　少年の身柄を拘束する観護措置は，人権に深く関わるものである

から，その手続を明確にするために各種の通知義務が規定されている。特に，観護措置をとった場合，家庭裁判所は，保護者および付添人のうちそれぞれ適当と認める者（各1名）に通知しなければならない（規22条）。これは，勾留通知と同趣旨のもので，少年の権利保護を目的とし，「保護者通知」＊と呼ばれる。保護者通知は，一般に，通知書を普通郵便で送付し，少年鑑別所の案内図や面会要領等が同封される扱いである。

＊　**その他の保護者通知等**　その他の保護者通知としては，観護措置取消決定・変更決定があった場合の通知，検察官送致にともなって観護措置を勾留と見なす旨の通知（規22条）がある。また，事件が家裁送致または検察官送致された場合には，少年を収容している少年鑑別所，仮収容している少年院または刑事施設への通知が必要とされる（規21条の2前段）。

＊　**外国籍少年の場合**　外国籍の少年に観護措置をとる場合は，「領事関係に関するウィーン条約」（昭58条14）等にもとづいて，少年の要請により，その者の属する国の領事機関に対する通報が必要とされる。これは少年の身柄拘束一般に関する通報制度であるから，逮捕・勾留の時点ですでに通報がなされている少年については，その後の観護措置の時点で再度の通報をする必要はない。

(3) 観護措置をとる時期をめぐる問題

観護措置の時期　観護措置をとる時期については特段の規定がなく，家裁に事件係属している間（受理時から終局決定時まで）は，いつでも観護措置をとることができる。ただ，同行状・緊急同行状（11条2項・12条）によって同行された少年，逮捕・勾留中の少年の送致を受けた場合には，観護措置の要否を判断するために「到着のときから24時間以内」という時間的制約（猶予でもある）が規定されている（17条2項）。したがって，この時間内に観護措置決定がとられない場合，少年は釈放される。

他方，任意同行されたり任意出頭した少年，調査・審判中に観護

措置の必要が生じた少年，犯罪嫌疑の不存在によって虞犯として身柄付きで送致された少年については，24時間の猶予すら認められず，ただちに観護措置の要否を判断しなければならない。

24時間の性質と起算点　　24時間の起算点について，同行状による同行（17条2項前段）の場合は，少年の「身柄が到着した時」が起算点となり，同行状記載の「同行された年月日時」（規18条5項）を基準として判断される。他方，逮捕・勾留された少年が送致された場合（17条2項後段）については，身柄の到着と記録の受理が同時でないことがありうるため，見解が分かれる。実務では，記録と身柄とが同時に到着する運用によって調整を図っている。

手続違反の扱い　　法17条2項は，適法に身柄拘束された少年が送致されることを前提にしている。したがって，同行・逮捕・勾留が違法な場合や，送致に認められる時間制限（刑訴203条〜205条）を超過した送致については，24時間の猶予は認められず，ただちに観護措置の要否を判断しなければならない。ただ，遅延にやむを得ない事情がある場合は，刑訴206条（制限時間の遵守不能と救済）の準用を認める余地がある。

他方，送致手続に違法や瑕疵がある場合でも，ただちには観護措置が否定されないとする裁判例がある（高松家決昭46・8・25家月24巻4号246頁）。しかし，刑事手続における将来の違法抑制の観点（最判昭53・9・7刑集32巻6号1672頁参照），さらには少年の保護・教育の観点から，観護措置を否定すべき場合もありえよう。

(4) 観護措置の執行

執行指揮と決定の執行　　観護措置は，観護措置決定をした家庭裁判所の裁判官の指揮によって執行する（規4条1項）。この執行指揮は，観護措置決定書の原本または謄本の執行指揮印欄に裁判官が

押印して行われるが(同2項本文)，急速を要する場合には，少年の氏名・年齢，決定主文，告知年月日，裁判所・裁判官名を記載した書面に押印して行われる(同但書)。

少年鑑別所に少年を押送する執行担当者(決定の執行)は，調査官，家裁書記官，法務事務官，法務教官，警察官，保護観察官，児童福祉司のなかから，裁判官が指名する(26条1項)。実務では，家裁の内規や申合せ，家裁と警察等との申合せ等によって，あらかじめ執行担当者を決定することで運用している。執行担当者は，入所のための適法文書(鑑処規4条)として，執行指揮印のある観護措置決定書原本または謄本を少年鑑別所に提示または交付し，少年の身柄を引き継ぐ。

決定の執行に当たっても，少年の情操保護が重視されなければならない(規1条2項)。したがって，手錠の使用などは，逃走等の事故防止のために止むをえない場合などに限って，例外的に許される(院14条の2第1項・17条2項参照)。

(5) 観護措置に伴う仮収容

意　義　観護措置決定があれば，少年は，ただちに指定された少年鑑別所に押送される。しかし，少年鑑別所は家庭裁判所の本庁所在地に1施設が原則であるため，家裁の支部が扱った事件などでは，観護措置決定があった即日に少年鑑別所に収容すること(**本収容**)が困難な場合も少なくない。こうした事態に対処するため，仮収容の制度が設けられている(17条の4第1項本文)。ただ，少年の情操保護と不良性・犯罪性の感染防止の観点から，警察の留置施設が仮収容場所から除かれる(刑事施設15条1項3号)だけでなく，成人用の施設を利用する場合にも，「特に区別した場所」(区画や部屋)に収容することで成人との接触を回避している。

要　件　仮収容は，本収容が「著しく困難である」場合に例外的に認められる。具体的には，①少年鑑別所から遠隔地で交通事情の悪い支部の事件，②支部事件で事件受理時刻が遅い場合，③押送の人員や予算が不足している場合，④少年の状況や事件の性質から，本収容が困難な場合，⑤指定された鑑別所が収容過剰状態にある場合，などである。ただ，仮収容はあくまでも例外的な措置であるから，安易な運用は許されない。

決定と期間　仮収容決定は，観護措置決定の付随決定であり，仮収容すべき少年院・刑事施設を指定して（規20条2項），観護措置決定の主文とともに仮収容決定の主文を併記する。裁判官による少年の面前告知を必要とし（規3条2項・3項），決定をした裁判官が執行を指揮する（規4条）。

仮収容の期間は72時間であり（17条の4第1項但書），その期間内に本収容の執行指揮がされなければならない。72時間は，少年が収容された時点から起算される。また，仮収容期間も観護措置（本収容）期間に算入されるため（17条の4第3項），仮収容場所に収容された日が観護措置期間の起算日となる。

(6) 観護措置中の接見と余罪捜査

接見の扱い　観護中の少年は，一定の範囲で接見交通が認められ，近親者・保護者・付添人・その他必要な者との面会，通信の発受ができる（鑑処規38条～40条）。他方，家庭裁判所は，観護に内在する家裁の監督権にもとづいて，付添人以外の者との接見および物の授受を禁止することができる（刑訴81条参照，昭44家庭局見解・家月21巻11号46頁）。ただ，接見交通は身柄を拘束されている者の権利であり，少年については情操保護の観点からも，制限については特に慎重な運用が望まれる。

余罪の取調べの可否　　観護中の少年に対する余罪の取調べについては，特段の規定がないため，家裁の許可と鑑別所の了解を前提として許可するのが実務の運用である。少年の要保護性を正確に理解するためには，少年の関わった非行の全体像を知ることが望ましいことによる。同様の観点から，犯行現場の引当や実況見分等のために少年を連れ出すことも認められている（昭28家庭局長回答・家月5巻3号159頁）。

　他方，送致事件についての補充捜査は，捜査機関の権限としては否定されないものの，同一事件に対する捜査の続行であり，安易な捜査にもとづく送致につながりかねず，保護手続過程としての調査・審判等の円滑な運用を阻害しかねないから，一般に許容すべきでない。一方，共犯者等に対する捜査の必要がある場合は，実質的には別事件の捜査であるから，調査・審判に支障がない限りで，余罪の取調べと同様に扱ってよい（大阪高判昭42・9・28家月20巻6号97頁参照）。

　余罪による逮捕（勾留）の可否　　観護中の少年を余罪によって逮捕することについては，かつては否定的な考え方もあったが，現在の運用は一定の範囲で認めるものになっている。ただ，観護中の少年を逮捕すると観護措置と逮捕状の執行とが競合して困難な状況（二重の身柄拘束の優劣の扱い）が生じることになるため，逮捕状を執行する捜査機関が家裁に観護措置の取消しを求めたうえで，その取消決定（17条8項）の後に逮捕状を執行する運用になっている。取消しを求められた家裁は，観護措置と逮捕のそれぞれの必要性を比較考量して，逮捕の必要性が優越する場合に取消しを認めることになる。

4 観護措置の期間

(1) 期間の原則

原則と例外の関係　観護措置として少年鑑別所に収容する期間は、2週間を超えることができない（17条3項本文）。特に継続の必要がある場合に限って、1回（2週間）の更新決定が認められる（同但書・4項本文）。こうした規定によれば、観護措置がとられる事件の大部分について、少年法は、観護措置決定から2週間以内に調査・審判を終えることを前提にしていると考えられる。

しかし、実務では、行動観察や心身鑑別を経て鑑別結果通知書を作成するまでに3週間近くを要し、調査官の社会調査にも一定の日時が必要とされることから、但書にもとづいて更新する運用例が多く、審判期日も観護措置決定から3週間以後を目途に指定されるのが通常である。このため、法文上の原則とは異なり、4週間の収容を原則とする扱いが定着している。1回の更新があることについては、観護措置決定の際に少年にも予告される。

収容期間の計算方法　収容期間の計算方法については規定がないが、勾留期間などと同様、初日は実際の身柄拘束時間と無関係に1日として計算し、末日が日曜日や一般の休日に当たる場合も期間に算入される（刑訴55条1項但書・3項但書参照）。収容期間の起算日については、少年鑑別所（または仮収容施設）に収容された日によるのが実務である。なお、勾留に代わる観護措置をとった事件が家裁に送致された場合は、それ以後は観護措置とみなされるから、送致を受けた日が収容期間の起算日となる（17条7項）。

(2) 特別更新

特別更新制度の導入　2000年の少年法改正により、特別更新制

度が導入された。更新を1回に制限していた従前の観護措置期間については、少年が非行事実を否認している事件において証人尋問等の証拠調べの必要があるような場合、効率的な審理計画を立てるなど迅速な審判運営を工夫しても、最長4週間では審理を遂げられないこともあり、立法的手当てが強く求められていた。

当初の内閣提出法案は、観護措置がとられた証拠調べ実施事件の平均審理期間等にもとづく法制審議会の検討結果をうけて、合計で5回の更新（最長12週間）を認めるものであった。しかし、少年の身柄拘束があまりに長くなるため、情操保護の観点から（規1条2項）、国会審議の結果、3回を限度とする更新に制限された。

特別更新の内容　死刑・懲役・禁錮に当たる犯罪少年の事件で、その非行事実の認定において証人尋問や鑑定・検証を行うことを決定した事件、または証人尋問等を行った事件について、少年の収容を継続しなければ審判に著しい支障が生じるおそれがあると認めるに相当な理由がある場合には、1回の更新後、さらに2回を限度として更新決定すること（特別更新）ができる（17条4項但書・9項但書）。したがって、観護措置による収容期間の最長は8週間ということになる（同9項本文）。

しかし、その後の実態調査において、8週間でも終結させられない事件の存在が明らかになる一方、事実認定の困難な重大事件では、検察官送致の積極的な活用につながりかねないとの懸念も表明されているところである。

5　観護措置に対する不服（異議）申立て

(1) 不服申立ての意義と方法

観護措置の特別更新が規定されたことにともない、観護措置決定

と観護措置更新決定に対する不服申立制度が導入された（17条の2）。従前は，観護措置決定に対する不服申立は認められなかったが（大阪高決昭44・10・30家月22巻10号114頁），少年の人権保障や「権利条約」37条(d)との整合性の観点から，立法論として，不服申立制度の整備が主張されていたところである。

不服申立ての方法は，高等裁判所に対する「抗告」ではなしに，保護事件が係属している家裁への「異議の申立て」とされた。観護措置の要否の判断は，法的観点に限らず，少年の保護を図る後見的・福祉的な観点をも重視する必要があるとともに，少年事件の早期処理と少年の早期保護が要請されるからである。こうした観点は，異議裁判所（異議審）の判断でも重視されなければならない。

(2) 異議の申立て

申立ての対象 異議申立ての対象は，観護措置決定（17条1項2号）と観護措置更新決定（同3項但書）である（17条の2第1項本文）。審判に付すべき事由の有無は本案の判断事項そのものであるから（刑訴420条3項参照），審判に付すべき事由のないことを理由とする申立てはできない（17条の2第2項）。また，勾留に代わる観護措置（43条）は，保護事件が家裁に係属する前の段階のものであるため，申立ての対象にならない。他方，事件送致によって勾留に代わる観護措置が観護措置に見なされる場合は，文言上の根拠を欠くが，少年の保護の観点から申立ての対象になる（札幌家決平15・8・28家月56巻1号143頁等）。

申立権者と申立手続 異議の申立ては，少年，少年の法定代理人または付添人が，保護事件が係属している家庭裁判所に対して行う（17条の2第1項本文）。保護者（2条2項）であっても，法定代理権のない者は，異議申立てができない。また，付添人の場合には，

選任者である保護者の明示的な意思に反して異議を申立てることができない（17条の2第1項但書）。

異議申立ては，異議の趣旨を明示した異議申立書を差出して行い（規43条の準用），事件が異議裁判所に係属する。鑑別所に収容中の少年の場合は，少年鑑別所長に異議申立書を差出せば足りる（規44条の準用）。異議申立てに回数の制限はない。保護事件記録や証拠物は，異議裁判所に送付され，異議裁判所が送付を求めることもできる（規22条の2第1項・2項）。保護事件担当裁判所は，意見書を付すことができる（規45条2項の準用）。

申立ての効果　異議申立てには，観護措置決定等の執行を停止する効力はない（34条本文の準用）。ただ，保護事件記録のある裁判所（保護事件担当裁判所または異議裁判所）は，観護措置決定等の執行を停止する決定ができる（34条但書および規47条の準用）。

(3) 異議申立ての審理

審理手続　異議申立てについては，合議体で決定しなければならず，原決定に関与した裁判官は審理に関与できない（17条の2第3項）。異議審は，刑事事件の準抗告審と同様，事後審であると同時に事実審でもあるから，異議申立事件の記録に限らず，本案の保護事件記録も検討するため，必要な記録や証拠物の送付と取寄が認められる（規22条の2第1項・2項）。また，異議審みずからが事実の取調べもできる（32条の3第1項の準用）。

異議審の決定　異議の手続が規定に違反していたり，異議の理由がない場合は，決定で異議を棄却する（33条1項の準用）。異議に理由がある場合は，原決定を取消し，必要がある場合はさらに裁判をする（33条2項の準用と読替）。原裁判に理由がない場合でも，原裁判と異なる理由で観護措置の必要性が認められる場合は，申立

ての理由がないとされる（理由差替）。

異議審の決定は本案の手続に重大な影響があるから，本案の保護事件が係属している裁判所への通知を要する（規22条の2第3項）。

(4) 特別抗告

2000年改正によって，異議の申立てとともに，特別抗告制度が規定された。それは，異議申立てに対する異議審の決定について，法35条1項所定の理由（憲法違反等）がある場合に，最高裁判所への不服申立を認めるものである（17条の3第1項）。申立期間は，刑訴法の特別抗告の提起期間（刑訴433条2項）にならって5日とされている。

抗告裁判所は，申立書に包含される事項について原決定の当否を義務的に審査するとともに，申立書に包含されない事項についても職権で調査できる。特別抗告審の決定は，異議裁判所ではなしに保護事件担当裁判所への通知を要する（規22条の2第3項の準用）。

6　観護措置の終了等

(1) 観護措置の変更と終了

観護措置は，必要に応じて，いつでも調査官観護に変更すること（切替え）ができ，逆の変更もできる（17条8項）。また，取消決定，期間の満了，終局決定によって，観護措置は終了（失効）する。

取消決定は，いつでもできる（17条8項）一方で，必要がなくなった場合は取消しが義務づけられている（規21条）。法定の期間が満了すれば当然に終了する。また，終局決定（審判不開始決定，不処分決定，保護処分決定，検察官送致決定，児童相談所長等送致決定）があれば，審判が終了するため，目的達成によって観護措置の効力が消滅することになる*。

終局決定の場合，家庭裁判所は，適法文書（鑑処規47条）として，少年鑑別所に「審判結果通知書」または「出所指揮書」を交付する。取消決定と変更決定，および検察官送致決定については，保護者・付添人への通知が義務づけられている（規22条）。

　　＊　**試験観察決定等と観護措置**　中間決定にすぎない試験観察決定は，観護措置と矛盾しないため，観護措置を終了させる効力はない。試験観察決定によって少年の身柄を釈放するためには，同時に観護措置取消決定をしなければならない。また，本人が成人であることが判明した場合も，観護措置は当然には失効しないから，観護措置取消決定または年超による検察官送致決定（19条2項・23条3項）を経て終了することになる（45条の2参照）。

(2) 終了の効果

　終局決定としての審判不開始決定と保護観察決定，児童相談所長等送致の場合は，観護措置の終了にともなって少年はただちに釈放される。他方，身柄拘束の継続が必要とされる少年院送致決定の場合は，決定の告知に引き続いて決定が執行され，児童自立支援施設送致決定の場合は，都道府県の入所措置（児福27条の2）が必要となる。他方，検察官送致決定の場合は，観護措置が勾留と見なされることから（45条4号・45条の2），少年の身柄を釈放する必要がある場合には，決定の告知前に観護措置を取消しておかなければならない。

　観護措置を終了させる決定の場合には，必要に応じて，家庭裁判所が決定で定める7日以内の期間において，少年を引き続き少年鑑別所に収容しておくこと（収容の一時継続）ができる（26条の2）。この決定は，終局決定の告知と同時に少年の面前で告知し（規3条2項），決定書を作成して執行指揮を行う（規2条・4条）。

II 調査の意義と種類

1 法的調査と社会調査

(1) 調査の意義

受理によって家庭裁判所に係属した事件について、法8条1項は、「家庭裁判所は、……審判に付すべき少年があると思料するときは、事件について調査しなければならない」としている。これは、少年審判手続に進む可能性のある少年（家裁に事件係属したすべての少年）について、審判の準備として調査すべきことを明示したものであり、「全件調査主義」と「調査前置主義（審判前調査制度）」を意味するものである。

少年司法も刑事司法の一部であるから、侵害原理による法的介入という面を強調すれば、非行事実が認定されていない段階で少年等のプライバシーにまで踏み込んだ調査を行うことは、人権侵害の可能性を否定できず、正当化できないともいえる。他方、保護原理からすれば、審判前調査によって、いつまでも家庭裁判所に係属させておく必要のない少年を早期に手続から離脱させることは、少年と社会の両方にとって明らかに利益である。少年事件に特有の調査制度は、これらの調和のうえに成り立っている。

調査には、家裁裁判官による「法的調査」と家裁調査官による「社会調査」があり、前者に引き続いて後者が行われる。

(2) 裁判官による法的調査

法的調査の方法と内容　裁判官による法的調査は、社会調査に先行して行われ、事件記録（法律記録）にもとづいて、非行事実の存在と審判条件*の具備について法律的側面から行われる。この段

階においては，非行事実の存在について「合理的な疑いを超える程度」の心証までは必要とされず，蓋然的な心証で足りる。法的調査は，裁判官みずからの職責とされるが，実際には，担当書記官が裁判官を補佐する形で運用されている（裁60条3項）。

少年事件においては家裁への事件送致の際に一件記録が送付されるため（規8条2項），法的調査の多くは，事件記録の確認や精査で済ますことができ，任意調査として行われる。他方，否認事件 の場合などは，必要に応じて，援助依頼（16条）や参考人陳述を求めることができ，さらには刑訴法の関連規定の準用のもとに，証人尋問や鑑定，検証・押収といった強制力のある調査も認められる（14条・15条，規19条）。

法的調査の限界　非行事実の存在について 蓋然的心証 が得られない場合，法的調査の過程で，裁判官が捜査機関に 補充捜査 を依頼できるかが争われる。最高裁は，法16条を根拠として補充捜査の依頼を容認しているが（最決平2・10・24刑集44巻7号639頁），実務でも完全な決着はついていない。ただ，捜査機関からの全件送致は十分な証拠固めを行ったことを前提とするものであり（41条・42条），事件係属後はただちに社会調査に入ることが期待されているから，法的調査過程での補充調査は否定すべきである。

＊　**審判条件**　家庭裁判所に係属した事件について，実体的裁判（審判）をするために具備すべき手続的要件であり，刑事訴訟における訴訟条件（刑訴337条～339条参照）に類似した機能をもつ。少年法に明文の規定はないが，解釈によって，日本の裁判権の存在，20歳未満，少年の生存，受理手続の有効性，一事不再理（類似）効の不存在，などが一般に認められている。他方，親告罪における告訴は，刑事訴訟の訴訟条件ではあるが，処遇の要否を左右することがないから，少年保護事件の審判条件ではない（東京家決平12・6・20家月52巻12号78頁）。

(3) 調査官による社会調査

家庭裁判所調査官制度　社会調査は，裁判官による法的調査の結果にもとづいて，裁判官の調査命令によって，家裁調査官が少年の要保護性に関して行うもので，「通常調査」とも呼ばれる。法8条2項は社会調査の実施が裁量的であるかのような規定ぶりになっているが，全件調査が前提である（8条1項参照）。

世界の少年法制は，それぞれの具体的な名称は異なるものの，少年問題に関する専門家を広く少年事件手続に関与させることによって，少年の保護と教育のために最適な処遇の実現を積極的に図る点で共通している。日本の家庭裁判所調査官も，このような発想から導入されたものである（→55頁）。調査官は，家裁におけるケースワーク機能と福祉的機能をになう存在として，日本の少年法制における大きな特徴となっている。また，その専門性と実務能力は，諸外国からも高い評価を受けている。

社会調査の主体と機能　法8条2項が「家庭裁判所は，家庭裁判所調査官に命じて」とする点は，調査の主体が裁判所であるかのように読めるが，それは調査権限の法的帰属関係を示すものにすぎず，調査担当機関の主体を規定したものではない。調査官制度の創設の趣旨や専門家による科学調査の方針（9条）からすれば，調査官こそが社会調査の実質的な担当者であり，実務でもそのような運用が確立している。

少年保護事件における処遇は，非行事実と要保護性に応じた最善のものが選択されるべきであり，その具体的な判断に当たっては，要保護性の有無や程度・内容が特に重要な意味をもつ。そのため，社会調査の結果は，処遇選択の基礎となる要保護性判断のもっとも重要な資料となる。社会調査は，非行の人格的要因と環境的要因を

含めた少年の要保護性の解明を目的とするものであるため、調査対象に限定はない。また、その方法も多岐にわたり、心身鑑別や行動観察、試験観察、科学調査室の資質鑑別、医務室の医師による診断などが活用されている。

2 事件の分配（インテイク）

(1) インテイクの意義と手続

インテイクの意義 家裁に係属した少年事件は、裁判所内で分配され、その具体的な扱いが進行する。事件分配に関する事務は、最高裁事務総局の「少年事件処理要領モデル試案」（1984年）にもとづく各裁判所の処理要領によって行われる。このうち、社会調査の開始に際して行われる予備的調査と選別手続を、特に「インテイク手続」と呼ぶ。それは、アメリカの一部の州で見られるような、裁判所への事件係属の要否そのものを判断するインテイク手続（→114頁）と異なり、日本に特有な家裁内部の手続である。

インテイク手続 インテイク手続は、裁判官が調査命令の要否を判断するのに先立ち、分類担当の調査官が、主として非行事実の程度に着目して、「同質事件の同質処理」の観点から調査官調査の要否と方法を選別し、裁判官に意見を述べる形で行われる。その結果、それぞれの事件は、記録調査事件、書面照会事件、簡易面接事件、移送・回付事件、通常調査事件に区分される。通常調査事件以外のものは、調査官による簡易的な扱い（調査や面接など）で審判の要否等を判断できるものである。実際には、通常調査事件として扱われるものが多い。

(2) 通常調査事件の扱い

インテイク手続によって通常調査が必要とされた事件については、

裁判官によって調査命令が発せられ，社会調査段階に移行する。この場合，身柄事件として係属している少年については，観護措置によって身柄を保全したうえで調査を実施することが多い。そのため，身柄事件については，家裁調査官が，少年と保護者等に対する面接を実施し，観護措置の要否に関する意見を裁判官に述べる手続がとられる。これを「インテイク面接」と呼ぶ（→122頁）。

Ⅲ　家庭裁判所調査官の社会調査

1　社会調査の内容

(1) 人格調査と科学主義

人格調査　家裁調査官による社会調査は，少年の要保護性を解明したうえで，最適な処遇を選択するための資料を収集し，裁判官の判断素材として提供するために行われる。こうした目的を実現するため，社会調査の内容と範囲には制限がない。この点について，少年法が「少年，保護者又は関係人の行状，経歴，素質，環境等」とする（9条）のに加えて，規則は，少年の「家庭及び保護者の関係，環境，経歴，教育の程度及び状況，不良化の経過，性行，事件の関係，心身の状況等審判及び処遇上必要な事項」とする（規11条1項）とともに，「家族及び関係人の経歴，教育の程度，性行及び遺伝関係等についても，できる限り，調査を行う」ことを要請している（同2項）[*1]。このような内容から構成される調査は，少年の人格と環境に密接な関わりをもつものであり，その意味で「人格調査」と呼ばれる。

科学主義　こうした人格調査を効果的に行うためには，科学的

な方法によることが望ましい（科学主義）。この点について，少年法は，「医学，心理学，教育学，社会学その他の専門的智識特に少年鑑別所の鑑別の結果を活用して」調査すべきことを規定し（9条），特に心身の状況については，「なるべく，少年鑑別所をして科学的鑑別の方法により検査させなければならない」ことを規則で要請している（規11条3項)[*2]。

なお，少年の刑事事件（逆送事件）についても，少年保護事件として家裁に係属した後に刑事処分相当性が判断されるため，科学主義にもとづく人格調査の原則は当然に及ぶ。

*1 **被害者調査**　法8条2項の「その他の必要な調査」を根拠に，社会調査の一環として，被害者等（被害関係者）に対する調査（被害者調査）が行われている。これについては，調査官が少年と被害者等との対立関係に巻き込まれて中立性を失う結果，客観的な調査に支障が生じかねないとして，あまり積極的に行われない時期もあった。しかし，最近では，被害（者）の実態を知ることが少年の健全育成にも有用であるとの認識から，積極的に取り組む姿勢が見られる。調査方法には面接調査と書面照会があり，事案の内容や性質等を考慮したうえで適切な方法が選択される。

*2 **科学調査室と医務室**　科学調査を実効的に行うため，比較的大規模な家庭裁判所に，調査官で組織する「科学調査室」が置かれている。また，科学調査の医学的側面を充実させるため，全国の家裁の本庁と規模の大きな支部に，裁判所技官としての医師と看護師で組織される「医務室」が置かれている。これらは，調査官や鑑別所でになえない側面（専門医学的な理論・智識と技術の提供）において，大きな貢献が見られ，高く評価されている。

(2) 調査の専門性と独立性

社会調査は裁判官の調査命令*にもとづいて実施されるから（8条2項），調査に関する最終的な権限と責任は裁判官に属する。しかし，実際には，科学調査を前提とする社会調査を裁判官自身が担当することはなく，調査の専門家である調査官（9条）が主体と

なって運用されている。また，家裁調査官の専門性の重視は，調査の専門性を担保するだけでなく，調査の独立性をもたらすことにもなる。したがって，裁判官は，調査命令に際して調査の範囲や方法に不適切な制限を設けることはできないし，調査の進行を無視したり妨げになるような指示を出すこともできない。

　一般に，インテイク段階において，調査官の通常調査（社会調査）を必要とする事件（通常調査事件）に分類されたものについては，裁判官によって包括的調査命令が出される。他方，書面照会事件や簡易面接事件に分類されたものについては，それぞれの実施方法を指示する形で調査命令が出される。

　＊　調査命令　裁判官の調査命令は，実務上，記録表紙の調査命令欄に裁判官が押印する形式をとり，原則として単独の調査官に対して出される。しかし，重大事件や共犯事件のような調査対象が多い事案や，少年の資質や環境に複雑な問題のある事件など，調査の遂行や処遇選択に困難が予想される場合には，事件の適正な処理を目的として，複数の調査官（2名が原則）に対して共同で調査させる形の命令（共同調査命令）が出されることもある。

(3)　調査手続と調査の方法

調査手続　調査官による社会調査は，裁判官の調査命令にもとづいて（8条2項），在宅事件と身柄事件のいずれについても共通の手続で進められる。ただ，身柄事件で少年が鑑別所に収容されている場合には（2号観護），鑑別との関係で面接に工夫が必要とされたり，調査に時間的制約が生じることがある。

　社会調査は，少年，保護者，その他の関係者の承諾にもとづいて，家庭裁判所への信頼を基礎とする協力関係のもとで実施される。この趣旨は，調査に「際しては，常に懇切にして誠意ある態度をもって少年の情操の保護に心がけ，おのずから少年及び保護者等の信頼を受けるように努めなければならない」とする規定に明示されてい

る（規1条2項）。すべての社会調査は，任意のものとして行われ，強制力を伴う調査（14条・15条，規19条）が許されない点で，法的調査と決定的に異なる（→134頁）。

調査の方法　調査命令とともに法律記録を受理した担当調査官は，法律記録を精読して調査計画を立て，必要な照会書（本籍，学校，職業）を発送するとともに，少年や保護者，関係人等の呼出しなど必要な対応をとる。調査は，法9条と規則11条に規定する調査方針を実現する形で行われる。調査内容に特段の制限はないが，定式化された書類によって結果が報告されることから，実際には，定式を充足する事項が中心となる。

調査の主な方法としては，記録調査，照会調査，面接調査，環境調査，各種の検査，観察調査があり，具体的な事件に応じて，それぞれが併用されたり複合的に活用される。通常は，面接調査を中心とした調査活動が行われ，在宅少年の場合は1回の面接（90分程度），観護措置をとられている少年の場合は3回の面接（各90分程度および法務技官・教官との60分程度の意見交換）である。

(4) 調査の嘱託，援助・協力依頼

調査の嘱託　社会調査を進めるに当たって，他の家庭裁判所の管轄内に居住する保護者や参考人等から事情を聴取しなければならない場合もある。この場合には，調査を行っている家裁が，他の家裁または簡易裁判所に事実の調査を嘱託し，その結果を回答してもらうことができる（規19条の2）。これは，証拠調べの嘱託（14条2項・15条2項）と同じように，裁判所間における共助（裁79条）のひとつで，「調査の嘱託」と呼ばれる。

嘱託できるのは「事実の調査」に限られており，それ以外の事項（少年の同行や試験観察等）については嘱託することができない（昭

27家庭局長回答・家月4巻4号84頁)。

援助依頼　家庭裁判所は，その職務を遂行していく過程で，関係諸機関による援助を必要とする場合がある。そこで，少年法は，調査と観察について，警察官・保護観察官・保護司・児童福祉司・児童委員に対して，家庭裁判所が必要な援助をさせることを認めている（16条1項）。これを「援助依頼」または「援助指示」と呼ぶ。援助対象となる「調査」は，法的調査と社会調査であり，調査官観護（17条1項1号）を含む。また，「観察」は，試験観察（25条）をいい，保護処分としての保護観察は含まない。

援助依頼は，法律にもとづく家庭裁判所の権限の行使であるから，相手方はこれに応じる義務を負う。

協力依頼　さらに，家庭裁判所は，「職務を行うについて」関係諸機関に必要な協力を求めることができ（16条2項），これを「協力依頼」と呼ぶ。対象が限られている援助依頼と異なり，その範囲は，家裁の職務全般に関わるものに及ぶ。また，協力を求める相手方にも制限はなく，協力行為の種類や内容も限定されない。実務では，公務所に対する本籍照会や学校長に対する学校照会（成績や素行等）などで広く利用されている。

(5) 被害者の申出による意見聴取

意見陳述の意義と内容　少年事件の 被害者に対する配慮 の観点から，2000年改正によって，被害者等の申出による意見聴取に関する規定が新設され（9条の2），調査過程と審判過程のそれぞれに適用される。基本的な考え方は，刑事訴訟における被害者等の意見陳述に関する規定（刑訴292条の2）と同じである。申出の対象となるのは，被害者の存在が想定される犯罪事件と触法事件（3条1項1号・2号）に限られる。申出ができる「被害者等」とは，犯

罪・触法行為によって直接の被害を被った者（刑訴230条参照）のほか，その法定代理人，死亡被害者の配偶者・直系親族・兄弟姉妹等をいう（5条の2第1項参照）。

　申出に当たっては，申出人と被害者等との同一性を確認し，事件を特定するため，申出人の氏名・住所等の必要事項を明らかにしなければならない（規13条の2第1項）。申出があれば，家庭裁判所は，原則として意見を聴取するが，不相当な場合には聴取しないこともできる（9条の2但書）。聴取の内容は，「被害に関する心情その他の事件に関する意見」であり（9条の2本文），被害感情は当然に含まれ，少年の処分についての意見も排除されない。

　意見聴取の時期と方法　　意見聴取の時期については，特に定めがないため，申出を受けた家庭裁判所は，事案の性質，手続の進行状況，被害者側の事情等を考慮したうえで，適宜の時期を選択して通知することになる（規13条の3）。調査段階と審判段階を問わずに聴取ができる一方で，制度導入の趣旨からして，終局決定後の聴取は許されない。

　意見聴取の方法は，①審判期日における聴取，②審判期日外における聴取，③調査官に命じて行わせる聴取，がある。調査段階においては，③の方法が用いられ，その際は社会調査命令とは別の意見聴取命令が発せられる。口頭による聴取が原則である（刑訴292条の2第7項参照）。聴取に当たっては，被害者等（申出人）の心身の状態に配慮しなければならない（規13条の4）。

　意見聴取の効果　　聴取した意見は，要保護性を解明する資料として利用することができる。他方，少年および検察官のいずれの反対尋問も保障されないため，非行事実の認定に使うことはできず（刑訴292条の2第9項参照），その端緒となりうるにすぎない。意見

聴取のこのような性質から，審判期日外で意見聴取が行われた場合（②③）は，意見の要旨を記載した**意見聴取書**の作成が義務づけられており（規13条の6第1項・2項），付添人等の閲覧も可能である。意見聴取をした旨は，付添人に**通知**される（規13条の5）。また，実務においては，意見聴取書の写しを社会記録（少年調査記録）に編綴し，処遇機関に引き継ぐ扱いになっている。

2 呼出しと同行

(1) 意　義

適正な調査と審判を行うためには，少年および保護者，さらには関係者の裁判所への出頭が確保されていなければならない（8条2項参照）。特に，観護措置による身柄拘束がされていない在宅少年の出頭を確保することは，少年の権利を保障するためにも必要である。このような観点から，少年法は，少年および保護者への呼出しを規定するとともに，呼出しに応じない場合の同行について規定している（11条）。さらに，少年の保護が特に必要な場合には，緊急同行も認めている（12条）。

このような方法による出頭の確保は，調査段階と審判段階のいずれにおいても重要なものであるが，時間的に先行する調査段階で見ておくことにする。ただ，その実際上の意義は，調査段階における以上に，審判段階の方が大きいことを注意しなければならない（規25条2項・28条3項参照。→164頁）。

(2) 呼出し

簡易の呼出し　呼出しには，裁判官が呼出状を送達する「正式の呼出」（11条1項，規15条・16条）と，それ以外の「相当の方法」による「簡易の呼出」（規16条の2）がある。法11条は少年と保護

者に対する正式の呼出しを前提とした規定になっているが，実務では，任意的な出頭を求める簡易の呼出しによることが多い。また，参考人の調査（8条2項）や保護観察官・法務技官などからの意見聴取は，正式な呼出しの対象にならないため，適宜の方法（参考人呼出状の送付や所属機関への通知）によることになる。

簡易の呼出しは，「呼出状の送達以外の相当と認める方法」による（規16条の2）。一般的な実務としては，調査官名による呼出状の封書郵送（調査のため）や，書記官名による「審判期日通知書」の封書郵送（審判のため）によっている。それ以外にも，郵便・電報・電話・伝言等が考えられるが，裁判例として，警察からの伝言によるものや（東京高決昭30・9・3家月8巻7号74頁），付添人への電話連絡によるものに簡易の呼出しを認めたものがある（大阪高決昭39・9・18家月17巻5号90頁）。

正式の呼出し　正式の呼出しは，裁判官の発付する呼出状によって（規15条）出頭を義務づけるもので，刑事手続の召喚（刑訴57条）に相当する。少年や保護者が簡易の呼出しに応じないことが予想されるなど，強制力を用いて出頭させる必要がある場合に用いられる。強制力を用いて同行するための前提となるから，「送達」の方法によらなければならない（規16条1項）。

送達には民訴法98条以下および刑訴法65条2項・3項が準用されるが，秘密保持や少年の情操保護（規1条2項）などの観点から，就業場所への送達や送達場所等の届出，公示送達の準用は認められていない（規16条2項）。少年鑑別所等に収容されている少年への送達は，施設の長に対して行えばよい（昭56最高裁総務局長通知・家月33巻10号149頁）。

(3) 同行状

意義と運用　正式の呼出しに応じない少年または保護者を出頭させるために，刑事手続における勾引状（刑訴58条・64条）に相当する令状として，同行状が規定されている（11条2項）。発付の要件は，相当の理由がなく正式の呼出しに応じないことである。緊急同行状と異なり，少年だけでなく保護者も対象となる。

同行状は，所定の手続にもとづいて裁判官が発付し（規17条1項），発付の日から7日間が有効期間であり，相当な理由があれば延長も認められる（同4項）。また，明文の規定はないものの，数通を発付することもできる。同行状にもとづいて対象者が指定の場所に連行されれば同行状は失効し，同行状を根拠としてそれ以上の拘束をすることはできない。

緊急同行状　少年が緊急の保護を要する状態にあり，少年の福祉にとって必要な場合には，通常の同行状ではなく，少年に対して（保護者は対象にならない）緊急同行状の発付が認められる（12条1項）。具体的には，家族等から虐待を受けている場合や，自殺・自傷のおそれがある場合，試験観察中に逃走した場合など，通常の同行状では対応できない保護の必要性があり，かつ身柄確保の緊急性が認められる場合に使われる。したがって，緊急同行状は，通常の同行状の記載要件のほか，特に発付を必要とする理由を具体的に記載したうえで，裁判官が記名押印して発付する（規17条2項・3項）。

捜査過程での緊急保護　少年に緊急の保護が必要な事態は，家裁の事件受理後に限られるわけではなく，受理前の段階（特に捜査過程）で生じることも多い。しかし，同行状や緊急同行状の発付は，家裁の受動的な性格と刑事司法における令状主義の要請（憲33条）から，事件が家裁に係属していることが前提とされる（高松家決昭

46・8・25家月24巻4号246頁)。そこで，警察の捜査・補導過程での緊急事態に対応するため，実務においては，家庭裁判所が虞犯としての口頭通告（一般通告）を電話で受けて事件を係属させたうえで（6条1項）緊急同行状を発付し，その緊急執行（規18条2項）によって少年の身柄を確保する運用が認められている。

(4) 同行状の執行

執　行　同行状および緊急同行状は，それらを発付した家裁の裁判官の指揮によって（規4条）家裁調査官が執行するが，警察官・保護観察官・裁判所書記官に執行させることもできる（13条）。実務においては，調査官ではなしに，令状の執行に慣れている警察官に執行させる場合が多い。

執行は，対象者に対して（緊急）同行状を示し，できる限り速やかに指定された場所に同行する（規18条1項）。即時押送ができない場合（夜間など），少年については，最寄りの警察署の保護室（少年房）に留置くことができるが（昭24事務総長通達・家月1巻1号73頁），少年鑑別所や刑事施設・代用刑事施設の利用は認められない。保護者については，警察署の利用は認められず，旅館等の宿泊施設に任意に宿泊させることになる（昭25家庭局見解）。

緊急執行　同行状の対象者のうち，少年についてだけは，同行状の緊急執行（刑訴73条3項参照）の手続が認められる（規18条2項）。すでに同行状が発付されている少年について，緊急の保護が必要とされる事案や逃走の虞がある事案のように，急速を要する場合には，同行状を所持していなくても，審判に付すべき事由と同行状が発付されていることを告げたうえで執行することができるとするものである（同本文）。緊急執行した場合には，できるだけ速やかに同行状を少年に示さなければならない（同但書）。

執行後の対応　同行状を執行したときは執行の場所・年月日時を記載し，執行できなかったときはその事由を記載して，記名押印のうえ，それぞれ指揮した裁判官に差出す（規18条3項・4項）。裁判官は，執行できなかった場合を除いて，同行状に対象者が同行された年月日時を書記官に記載させる（同5項）。ここに記載された年月日時が，少年の観護措置の要否を判断する身柄拘束期間（17条2項）の起算点になる。

3　少年鑑別所の資質鑑別

(1) 資質鑑別の意義

　観護措置（17条1項2号）のとられた少年の収容施設である少年鑑別所は，少年の身柄を確保するだけでなく，少年の資質鑑別を行う専門機関として重要な役割を果たしている（院16条）。鑑別所による資質鑑別は，その「専門的智識」に高い信頼が寄せられており，調査官による社会調査は「特に少年鑑別所の鑑別の結果を活用して，これを行うように努めなければならない」とされる（9条）。実務上，観護措置がとられた事件（**身柄事件**）では，鑑別所の資質鑑別が行われる場合がほとんどであり，在宅事件でも，鑑別所に通所させるなどの方法による簡易な鑑別（**在宅鑑別**）が活用されている。

　心身鑑別のためには，家庭裁判所の鑑別請求を要する。しかし，実務では，あらかじめ家庭裁判所と少年鑑別所の間で，観護措置決定があれば当然に心身鑑別を求める趣旨であることを申し合わせ，特に鑑別請求手続をとらずに心身鑑別を行う運用が多い。

(2) 資質鑑別の運用

　鑑別所における資質鑑別は，鑑別技官が担当し，少年鑑別所処遇規則にもとづいて行われる。鑑別は「少年の素質，経歴，環境及び

III 家庭裁判所調査官の社会調査

人格並びにそれらの相互の関係を明らかにし，少年の矯正に関して最良の方針を立てる目的」のもとに（鑑処規17条），医学，精神医学，心理学，教育学，社会学等の知識と技術にもとづいて，調査と判定が行われる（同18条）。具体的には，知能検査や性格検査等の各種心理テスト，面接，行動観察，生育歴，教育歴，職業歴，身体状況と精神状況，不良行為歴，入所後の動静，その他参考事項など，多岐にわたる調査がなされる（同19条・20条1項）。

これらの調査結果を総合したうえで，保護処分の資料となるべき事項，観護処遇の方針に関する事項，少年院での処遇・指導および訓練に関する勧告事項，その他将来の保護方針に関する勧告事項について判定が行われ，処遇意見を付した書面（**鑑別結果通知書**）に

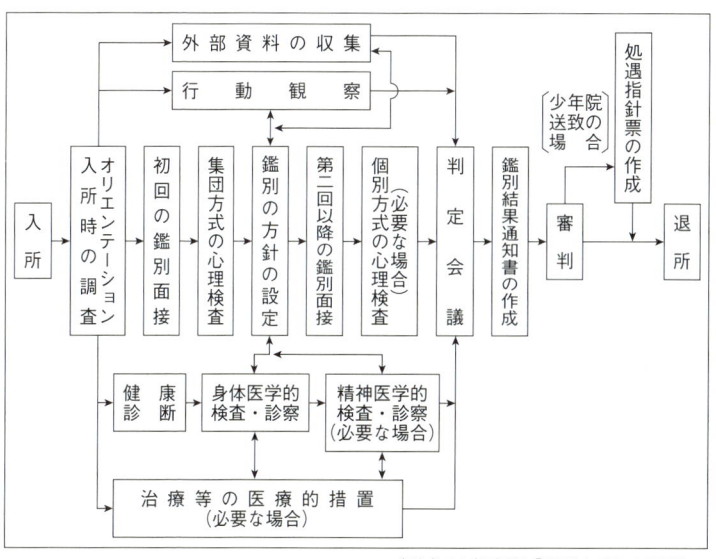

〔図3〕少年鑑別所における収容鑑別の流れ図

（平成24年度版『犯罪白書』112頁）

よって家庭裁判所に通知される（同21条～23条）。少年鑑別所の収容鑑別の流れについては，図3を参照。

(3) 社会調査との関係

少年鑑別所の鑑別は，資質鑑別が中心であるが，家裁調査官による社会調査結果の活用も義務づけられている（鑑処規20条1項）。他方，社会調査においても，科学調査室の活用や医務室での調査（心理テストや科学的診断など）に見られるように，少年の資質的な問題の解明も対象とされる。その意味で，社会調査と資質鑑別には競合する場面が見られる。しかし，鑑別所の資質鑑別が少年の性格の矯正を主目的とするのに対して，社会調査は少年の性格の矯正とともに環境の調整に重点がおかれている。このような連携のもとで，両者は，少年の健全育成の手段としての「性格の矯正及び環境の調整」（1条）を実現する役割を分担しているのである。

実務の一般的運用は，次のようなものになっている。少年鑑別所は，必要に応じて社会調査の結果や資料を利用して少年の心身鑑別を行い，その結果を家庭裁判所に報告する一方で，家裁調査官は，みずからの社会調査の結果と鑑別所の資質鑑別の結果を総合して，処遇意見をつけて裁判官に報告する。そして，裁判官は，それぞれから提出された調査報告書と鑑別結果通知書を総合的に判断したうえで審判を行い，最適な処遇を選択するというサイクルである。

4 調査結果の報告と記録の作成・保管

(1) 調査報告の方式等

社会調査の重要性　社会調査の結果は，調査官としての処遇意見（要保護性に関する判断と処遇方法の提示）を付した書面によって家庭裁判所に報告される（規13条1項・2項）。また，調査官は，

書面による報告の前後を問わずに，調査と審判のあらゆる段階において，裁判官との緊密な連携を図るとともに，調査担当者としての立場から，少年の処遇について適切な意見を述べることが義務づけられている（同3項）。これは，法律専門家としての裁判官と少年関係諸科学の専門家としての調査官とが協調・共働のもとで活動するという，少年審判の理念を具現化したものである。

調査報告書　調査報告には，実務上，「少年調査票」と呼ばれる定型の様式が使用される。少年調査票にはA票，B票，C票があり，事案に応じて使い分けられる。詳細な内容から構成されるA票が基本的なものであり，保護処分または検察官送致決定が相当な事案に用いられる。また，少年調査票は，審判の基礎資料として調査報告に使われるだけなく，少年調査記録の一部として保護処分執行機関に送付され（規37条の2第1項），処遇のための参考資料としても重要な役割を果たしている。

陳述録取書と意見聴取書　調査過程で少年や保護者または参考人からの陳述を録取した場合は，調査官がその陳述録取調書を作成することができる（規6条1項但書・12条1項）。ただ，実務では，陳述録取調書が作成されることは稀なようである。他方，被害者等からの申出にもとづいて意見聴取をした場合は（9条の2），その要旨を記載した書面（意見聴取書）を作成しなければならない（規13条の6第2項）。

(2) 少年調査記録と少年保護事件記録

少年調査記録　少年の処遇に関する意見書および少年調査票，さらに少年の処遇にとって参考となる書類は，少年事件送致書やその添付書類等から編成される少年保護事件記録（法律記録）と分離して，少年調査記録（社会記録）として別個に編綴される（平4最

高裁家庭・総務局長通達・家月44巻11号175頁)。社会記録が法律記録と別に編綴されるのは，同一少年の要保護性に関する資料として，少年ごとに累加的にまとめておくのが有用だからである。

　少年調査記録として編綴されるのは，経過一覧，身上調査表，少年調査票，鑑別結果通知書など，きわめて多岐にわたる。保護処分決定があった場合は，実務上，特段の事情がない限り，決定後1週間以内には処遇執行機関に送付される扱いである。保護処分の執行が終了した場合は，原則として，最後に係属した事件の終局決定をした家庭裁判所に返還され，そこで保管（保存）される。

　少年保護事件記録　　他方，非行事実の存否を認定するための資料から編成される少年保護事件記録には，送致書とその添付資料，付添人選任届，同行状，身柄に関する決定書，中間決定書，終局決定書などが編綴される。これらのうち，家庭裁判所が作成すべき書類は，原則として書記官が作成する（規6条1項本文）。

(3) 記録・証拠物の閲覧謄写

　記録等の閲覧等の意義　　家裁に係属した少年事件については，裁判所の許可を条件として，事件の記録や証拠物を閲覧ないしは謄写することが認められる（規7条1項）。これは，審判開始決定後に認められる被害者等の申出による記録の閲覧・謄写（5条の2。→171頁）と異なり，少年の権利保護を目的とした規定であり，刑事手続における弁護人の権利と同趣旨のものである（刑訴40条参照）。

　他方，少年事件の場合，少年の情操保護や実効的な社会復帰，調査における信頼性の確保の観点から，非公開（秘密保持）の要請が強く働いている点で（1条・22条2項・61条，規1条），刑事手続の場合とは大きく異なる。こうした対立的な利益の調整を図るため，少年法は，少年保護事件の記録等の閲覧・謄写を原則として禁止し，

裁判所の許可によって認めるという構成をとった（規7条1項）。

閲覧・謄写の対象　閲覧・謄写の対象となる「保護事件の記録」に 少年保護事件記録（法律記録）が含まれることには，異論がない。他方，少年調査記録（社会記録）については，そこに含まれる内容の多くが個人のプライバシーに関わるものであり，少年・保護者等の信頼関係を前提として取得されるものであることから，閲覧・謄写の対象から除くべきだとの主張も有力である。ただ，一般には，規則7条の文言と適正手続の要請を根拠として認める扱いになっている。そのように扱う場合は，情操の保護，信頼性の確保，秘密保持の要請に配慮して，特に慎重な運用が求められる。

許可申請手続　閲覧・謄写の申請は，家裁の事件受理後であれば，審判開始決定の前後を問わないし，事件が終局した後も可能である。また，申請者（許可対象者）には限定がなく，少年・保護者と付添人を中心として，検察官や被害者等も対象となる。許可の可否は，申請者，申請の理由と目的，開示対象となる記録の性質などを基礎として，閲覧・謄写の必要性と秘密保持の観点から総合的に判断される。これらの事務については，取扱要領が定められている（平9最高裁総務局長通達）。

5　社会調査と適正手続

(1)　社会調査の要件

社会調査は，少年の要保護性を解明するための資料を収集するという積極的な意義をもつ一方で，その実施に際しては少年や保護者の私的領域に深く立ち入ることが不可欠なため，関係者のプライバシーを侵害する危険性が高い。また，非行事実の認定手続（審判）に先だって広範な社会調査が行われることも（調査前置主義），関係

者の人権侵害につながりかねない。こうした問題は，社会調査の任意性を強調することによっても回避が困難である。

そのため，実務においては，法的調査を社会調査に先行させ，審判条件の具備と非行事実の存在についての蓋然的な心証形成を要件として，裁判官の調査命令によって社会調査を開始する方法がとられている。これは，社会調査の開始要件であると同時に継続要件でもある。したがって，非行事実の蓋然的心証が揺らぐような状況が新たに生じた場合（後に少年が否認した場合など）は，社会調査を中断して審判を開始し，非行事実の認定を先行させなければならない。

(2) 適正手続のあり方

黙秘権の扱い　社会調査と適正手続の関係については，調査段階で少年に黙秘権を告知（教示）することの是非が争われており，消極説と積極説とが対立している。消極説は，黙秘権を告知すれば，調査対象者との信頼・協力関係が損なわれ，社会調査の円滑な実施と目的の達成が阻害されかねないとする。他方，積極説は，社会調査としても認められる非行事実調査の結果次第では刑事被告人となる可能があること（20条），黙秘権の告知は対象者との信頼・協力関係の阻害と直結しない一方で，審判において不利益供述を強制されないこと（規29条の2）の趣旨は調査段階でも尊重されるべきこと，を根拠とする。

かつては消極説の運用も見られたが，最近の実務は，「黙秘権」とは呼ばないまでも，供述が強要されるものでないことを告知したうえで，社会調査の意義と目的を説明して協力を求める扱いになっている。

社会記録の扱い　黙秘権とともに困難な問題は，社会記録を開示することの是非とその範囲である。要保護性判断の基礎となる社

会記録は，少年や家族の生活に関わる一切の事実を含むため，少年にそのすべてを開示すれば，要保護性の解明と最適な処遇を選択するための審判が攻撃防禦や対立抗争の場と化し，少年保護手続の本質と矛盾することにもなりかねない。こうした点に配慮して，実務では，審判過程において，裁判官が，少年の情操保護（規1条2項）と秘密保持の観点，供述者や資料提供者と少年との将来的な関わりなどを総合的に判断して，必要な内容について，少年や保護者に個々の事実を確認しながら弁解の機会を与える運用になっている。

Ⅳ 調査を経た事件の扱い

1 審判不開始決定

(1) 調査後の3つの方向性

少年保護事件として家庭裁判所に係属し，調査段階を経た事件の扱いは，3種類のものに大別される。第1は，司法手続から完全に離脱する場合で，審判不開始決定によって少年保護事件として終局するだけでなく，他の法システムにも係属しないものである。第2は，審判開始決定によって少年審判へと移行するもので，家庭裁判所において少年保護事件としての手続が継続する。また，第3は，少年保護事件として家裁で扱うことが相当でないとされ，他の法システムに移送（送致）されるものである＊。

＊ **家裁内部での事件の移送** 家庭裁判所内部で管轄違背が判明した場合や（5条3項），保護の適正を期するために特に必要がある場合には（同2項），管轄すべき家庭裁判所に事件が移送される。移送決定は，家裁内部で事件を移す中間決定にすぎない（終局決定ではない）ため，移送裁判所が

行った観護措置決定や審判開始決定，試験観察決定等は，移送によってもその効力を失うことがない。

(2) 審判不開始の意義

調査の結果，少年を審判に付することができない場合，または審判に付することが相当でない場合，家庭裁判所は，審判を開始しない旨の決定（審判不開始決定）をする（19条）。前者は形式的不開始と呼ばれ，後者が実体的不開始と呼ばれる。審判不開始決定は，調査段階で事件の終結を認めるもので，実務上，不開始決定で終わる事件の比率は高く，実体的不開始の場合を中心として少年保護事件全体の約40％を占める。

特に実体的不開始は，調査段階の保護的措置を活用することによって，保護の必要のない（なくなった）少年を早い段階で手続から離脱させる役割を果たすとともに，少年司法における人的・物的資源を効率的に活用するための機能を果たしている。

(3) 審判に付することができない場合（手続的審判不開始）

審判条件・非行事実の不存在　審判条件（→135頁）は少年審判をするために具備すべき手続的要件であり，それが欠ける少年については審判を開始することができない。もっとも，管轄権の欠如については移送決定で対応し（5条3項），年齢超過については検察官に送致（年超検送）して対応する（19条2項）。刑事手続上の免訴事由（刑訴337条参照）については，審判条件として扱う裁判例も見られるが（福岡家決昭61・5・15家月38巻12号111頁），実務および学説のほとんどは審判条件としない扱いである。

また，法的調査の結果，非行事実の存在について蓋然的な心証が得られない場合も，審判を開始することができない。

事実上の審判不能　少年保護事件手続においても，付添人の選

任や抗告申立などが予定されているため、その前提として少年に審判能力のあることが必要とされる。したがって、審判能力を欠く少年については審判を開始することができない（大阪家決昭47・1・31家月24巻8号105頁）。これは、刑事手続における訴訟能力（刑訴314条1項）と同じ趣旨のものである。

また、少年の所在不明等、少年を審判期日に呼出すことができない場合も、少年不在の審判は認められていないため（規25条2項参照）、事実上、審判を開始することができない。後に審判が可能になった場合は、再起（→110頁）で対処することになる。

(4) 審判に付すのが相当でない場合（実体的審判不開始）

意　義　審判を行うための形式的な障害はないが、少年法上の保護処分（24条1項）、児童福祉法上の措置（18条1項）、刑事処分（20条）のいずれもが相当でなく、かつ家庭裁判所裁判官による直接審理（審判）すら必要でない場合も、審判を開始することができない。そのような事案としては、保護的措置で十分な場合、別件による保護処分等で十分な場合、きわめて軽微な事案の場合（簡易送致事件等）が考えられる。

保護的措置による対応　これは、調査段階で調査官が各種の保護的措置を活用することによって、少年の要保護性が解消または著しく低減した場合をいう（仙台家決昭60・10・22家月38巻9号117頁）。少年法は、特に保護者への働きかけを明示している（25条の2）。保護的措置は、少年・保護者の同意にもとづく非強制的なものであり、少年に問題認識の覚せいと社会規範の体験を目的として、短期間で非継続的に行われる。具体的には、少年・保護者面接、親子面談、反省文の提出、作文指導、社会奉仕指導など、きわめて多岐にわたった働きかけが行われている。

別件による保護処分での対応　　これは，実務上，「別件保護中」と呼ばれるものである。別件によって実施されている保護処分や児童福祉法上の措置，刑事処分がなされることで，それ以上の措置が不必要になったり，不相当になる場合をいう。

事案が軽微な場合　　これは，特に簡易送致事件のように，事案が軽微であって要保護性がない（明らかに低い）少年について，記録調査だけで終結させる場合である。他方，事案が軽微で要保護性が低い事案であっても，少年が非行事実を争う場合は，裁判官による事実審理が必要であるから，審判を開始しなければならない。

(5) 決定の方式と効果

審判不開始決定については，決定書を作成し，少年の人定事項（氏名，年齢，住居等）のほか，主文と理由を記載したうえで，裁判官が署名し，押印する（規2条1項・2項・4項）。理由は原則として省略することができるが（同5項），実務では，法律記録の表紙裏面に定型的な理由（保護的措置，別件保護中，事案軽微，非行なし等）を記載した決定書が用意されており，その理由欄をチェックする扱いになっている。

審判不開始決定がされれば，その少年（事件）は，年超検送されない限り，法のシステムから離脱する。不開始決定に一事不再理＊と類似の効力（再審判および刑事訴追を遮断する効果）を認めるかについては争われ，学説では肯定説が有力であるが，最高裁は一貫してそれを否定しており（最大判昭40・4・28刑集19巻3号240頁，最決平3・3・29刑集45巻3号158頁〔不処分決定について同旨〕），実務は否定説で完全に固まっている（→203頁）。

＊　**一事不再理**　　刑事裁判においては，実体判決（有罪または無罪の判決）があれば，同一事件を再起訴することができない。これは，「一事不再理の

原則」と呼ばれ,ローマ法に起源をもち,中世ヨーロッパの時代を経て,近代市民革命の成果として近代刑事法に定着した大原則である。日本の憲法39条もこれを受け継ぎ,被告人が「裁判をむしかえされない権利」として理解されている(最大判昭25・9・27刑集4巻9号1805頁)。

2 他の法システムへの移送

(1) 児童福祉機関への送致

意　義　少年保護事件として家裁に係属した18歳未満の少年について,調査または審判を経たうえで,不開始や不処分を前提とする保護的措置,保護処分,検察官送致よりも児童福祉機関による対応が適切と認められる場合は,事件を児童福祉機関(児童相談所長)に送致する(18条1項・23条1項,規23条)。法18条1項は,「調査の結果」としているが,審判を経た場合を排除するものではない(23条1項参照)。一般には,少年の非行性が強くないにもかかわらず,環境面での保護が欠けるために継続的な指導が必要な場合に活用される(水戸家土浦支決平11・4・28家月51巻9号83頁等)。この扱いは,審判後のものを合わせても,少年保護事件全体の0.2％程度である。

児童福祉法上の措置　具体的な措置としては,訓戒・誓約書提出,児童福祉司等の指導,里親委託,児童福祉施設(児童養護施設と児童自立支援施設を含む)への入所がある(児福25条の7〜27条)。任意的で開放的な処遇が原則であり*,その点で,保護処分としての児童養護施設・児童自立支援施設送致(24条1項2号)と異なる。したがって,施設入所についても,親権者・後見人に監護させることが著しく少年の福祉を害する場合を除いて(児福27条1項3号・28条1項1号),親権者・後見人の意思に反して行うことはできな

い（児福27条4項）。

* **強制的措置の許可**　児童福祉法上の強制的措置を求めて児童福祉機関から家裁に送致された事件（6条の7第2項，児福27条の3）について，家庭裁判所は，とるべき強制措置の内容を指示したうえで事件を児童福祉機関に送致することができる（18条2項）。しかし，これは，保護処分としての児童自立支援施設送致と同等の強制力を伴う措置をとるためのものであるから，審判を開いたうえで判断しなければならない（→196頁）。

(2) 検察官送致

検察官送致で対応すべき事件には，2つのものがある。ひとつは，調査または審判の結果，本人が20歳以上であることが判明した場合で，検察官に送致（年超検送）して刑事手続に係属させなければならない（19条2項・23条3項）。これも，19条1項の手続的審判不開始事由（審判条件の欠如）のひとつである。したがって，送致に当たっては，犯罪の存否の認定は必要とされない。この扱いは，審判後に判明した場合を含めて，少年保護事件全体の2％程度を占めている。

年超検送に対して，一定の事件について，調査または審判の結果，刑事処分が相当と認められる場合には，事件を検察官に送致（逆送）し，少年の刑事事件として刑事裁判手続で扱うことになる（20条・23条1項）。こうした扱いは，少年保護事件全体の4％程度を占める。少年の刑事事件については，後に詳述する（→247頁）。

3　審判開始決定

(1) 審判開始の意義と要件

以上のような扱いに対して，調査の結果，審判を開始するのが相当であると認められる場合は，審判を開始する決定（審判開始決定）をしなければならない（21条）。「審判」とは，家庭裁判所が，審判

期日に少年・保護者等を直接に面接して行う審理・裁判の手続（狭義の審判）をいう。こうした扱いは，少年保護事件全体の 60 ％弱程度を占める。なお，観護措置がとられている事件については，身柄の拘束期間が限られているため，調査開始とほぼ同時期に審判開始決定を行い，調査と並行して審判の準備を行うことが多い。

審判を開始するには，少年に審判条件と審判能力が具備されているだけでなく，非行事実の存在について蓋然的心証のあることが必要である。したがって，要保護性の観点からは不処分以外の処遇が考えられない場合でも，少年が否認するなど，非行事実の存在に合理的な疑いが残る場合には，審判開始決定をしなければならない。

(2) 決定の方式と効果

審判開始決定は，事件の終局決定ではなく，少年保護事件手続の内部における中間決定にすぎない。したがって，実務では，特に決定書を作成することがなく，記録表紙等に印刷されている決定欄を利用する扱いになっている。他方，少年に対しては相当な方法での告知が必要とされるため（規 3 条 4 項），審判期日への呼出しや審判期日通知書の送付，審判期日呼出状への付記によって告知する扱いになっている。

審判開始決定があれば，審判の準備として，審判期日を指定し，少年・保護者を審判期日に呼び出さなければならない（規 25 条）。審判の準備以降の手続等については，後に詳述する（→ 170 頁）。審判開始決定は，審判開始の要件が欠けた場合はいつでも取り消すことができ（規 24 条の 4），その効力は将来に向かって生じる。

他方，通告と報告にもとづく事件（6 条・7 条）については，保護処分決定が確定するまで，公訴時効の進行が停止する（47 条 1 項）。また，付添人は，触法調査事件の付添人の場合（6 条の 3）を除き

て，裁判所の許可を必要とせずに事件の記録・証拠物を閲覧することができ（規7条2項），被害者等は，記録の閲覧・謄写の申出ができる（5条の2）。

調査段階における少年保護事件の手続の流れについては，図4参照。

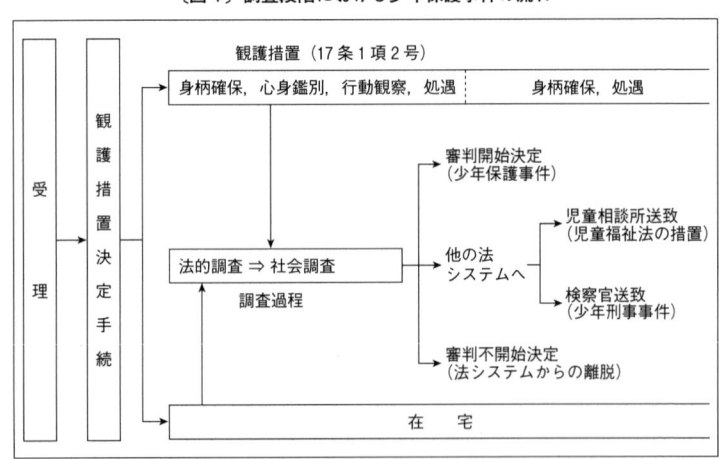

〔図4〕 調査段階における少年保護事件の流れ

```
                観護措置（17条1項2号）
         ┌─────────────────────────┐
         │ 身柄確保，心身鑑別，行動観察，処遇 │ 身柄確保，処遇
         └─────────────────────────┘
受  観護                          → 審判開始決定
    措置                            （少年保護事件）
    決定                                              → 児童相談所送致
理  手続  法的調査 ⇒ 社会調査  他の法            （児童福祉法の措置）
                                システムへ
               調査過程                           → 検察官送致
                                                    （少年刑事事件）
                                → 審判不開始決定
                                  （法システムからの離脱）
                         在　宅
```

Bridgebook

第7章

少年保護事件手続II

少年審判

　審判開始決定がされた少年保護事件は，家庭裁判所裁判官が行う審判手続段階（狭義の審判）へと進み，そこで最終的な扱いが決められる。審判段階においても，それ以前の段階におけるのと同様に，少年法（少年司法）の理念や特性を根拠として，刑事裁判手続と異なる多くの特徴が見られる。本章では，少年審判の具体的な内容を明らかにするとともに，事実上の処遇効果を求めて積極的に活用されている試験観察についても見ることにする。

I　審判の意義と特徴

1　審判の意義と特徴

(1)　審判の意義

　審判の目的と機能　　裁判官が行う少年審判の目的は，審判期日において，裁判官が少年を直接に面接することによって（直接審理），非行事実と要保護性の存否を判断し，最適な処遇を選択することにある。審判においては，少年法の司法的機能がより強く発揮されるが，「教育の場」としての福祉的機能を期待されてもいる。

　調査段階を通じて，裁判官は，審判開始時までに，非行事実と要保護性について一定の蓋然的心証を形成している。審判では，少年

163

や保護者の弁解・反論等を通じてそれを確認するとともに，立ち直りに向けた少年の意欲や保護者の保護能力を確認し，処遇の方針への理解と努力・協力を促すことになる（規35条1項参照）。

審判の対象　審判の対象を何に見るかについては見解が分かれ，非行事実に限るとする見解，要保護性に限るとする見解，非行事実と要保護性の両方とする見解が主張されている。少年審判手続の構造と運用は非行事実の認定を前提として要保護性を確認するものであるから，非行事実と要保護性の両方を審判の対象と見るべきである。ただ，罪刑の均衡を原則とする刑事裁判と異なり，「要保護性を解消するための最適な処遇選択」を重視する少年審判においては，要保護性の認定がより重視されることは否定できない。

(2) 審判の主な関係者

少年　審判には，少年が必ず出席しなければならない。審判期日に少年が出頭しないときは審判を開くことができず（規28条3項），同行状によって出席を強制することもできる（11条2項）。この点は，直接審理の原則が妥当し，かつ審判が教育の場とされることからの帰結であり，被告人の不出頭を例外的に認める刑事裁判手続（刑訴284条・285条）と決定的に異なる。

保護者　「少年に対して法律上監護教育の義務ある者」または「少年を現に監護する者」である保護者は（2条2項），少年保護事件全体の中できわめて重要な役割を担っており，多くの権利と義務が明示されている[*1]。なかでも重要なのは審判出席権（規25条）と意見陳述権（同30条）であり，特に同行状によって出頭を確保される審判への出席（11条2項・13条）は，保護者の権利であると同時に義務でもある。

家庭裁判所裁判官　少年審判は，家庭裁判所裁判官が主宰する

（規28条1項）。少年法は，単独の裁判官が審判を行うことを原則とするだけでなく，検察官送致決定以外の裁判については，（未特例）判事補（→54頁）が単独で行うことを認めている（4条）。このことは，検察官送致という重大な決定については，経験豊かな裁判官（判事）に判断させようとする一方で，一般の少年保護事件については，経験が豊かでない裁判官でも十分に対応できるとの認識の存在を推測させる。なお，2000年改正によって，少年審判に裁定合議制度が導入された（裁31条の4）。

少年審判手続においては，裁判官の除斥や忌避（刑訴20条・21条）を認めず，回避義務があるにすぎない（規32条）。しかし，最近は，公平な裁判を受ける「実質的な権利」（憲37条1項参照）の観点から，非行事実を争う事件で忌避の申立権を認める裁判例も現れている（東京高決平元・7・18家月41巻10号166頁等）。

家庭裁判所調査官　現行少年法の最大の特徴は，家庭裁判所に，調査専門家としての家裁調査官を置いたこと（裁61条の2第1項）にある（→55頁）。これによって，調査官と裁判官の連携のもとで，家裁の司法的機能とケースワーク機能が果たされている。したがって，調査官のもっとも重要な機能は，少年の要保護性に関する社会調査（8条2項・9条）に求められる。また，それとの関連で，審判期日への原則的な列席義務（裁判官の許可がない限り出席しなければならない）があり（規28条2項），裁判官の許可にもとづく意見陳述権が認められている（規30条）。

付添人　付添人は，一般刑事司法における弁護人に類似する立場の者として少年審判に関与する。他方，少年の健全育成の観点からは（1条），調査や審判の協力者としての役割を期待されている。それは保護者の役割と基本的に同じであるから，保護者にも付添人

就任権が認められる（10条2項）。付添人事件は交通関係事件を除いた一般事件の約10％程度であり，最近は全体として漸増傾向にあるが，その大部分（95％程度）は**弁護士付添人**である。

付添人の選任は少年と保護者の権利であるが（10条1項本文），検察官関与決定事件，被害者等傍聴申出事件，抗告受理決定事件については，家裁が職権で選任すること（国選）ができる（22条の3・22条の5・32条の5）。付添人に認められる権限は多岐にわたり[*2]，重要な権限の侵害は，決定に影響を及ぼす法令違反として，抗告理由（32条）となる（札幌高決昭53・12・15家月31巻9号59頁）。

検察官　　全件送致主義を前提とし，家庭裁判所先議・専議主義に立つ現行少年法は，制定当初から，家裁に係属した少年保護事件手続への検察官の関与を一切認めてこなかった（→184頁）。しかし，共犯事件や否認事件，審判段階で自白を覆すような事件を中心として，非行事実の認定が困難な事件が増加したことから，職権主義的運用の限界が認識されるようになり，非行事実認定手続の改善を求める声が現場においても大きくなっていた。

こうした事情を背景として，2000年改正により，一定の事件の事実認定手続に検察官の関与（審判への出席）が認められた（22条の2，規30条の6第1項）。もっとも，この検察官関与は，もっぱら厳格で精確な事実認定のためであり，刑事裁判手続のような社会的非難を求める役割が期待されているわけではない。

　＊1　**保護者の権利と義務**　　条数だけを掲げておくので，具体的な内容については，条文と本書の関連部分を各人で確認してほしい。権利としては，法の6条2項，10条1項・2項，32条，35条，および規則の22条，25条，30条，35条がある。他方，義務としては，法の7条2項，8条2項，11条，25条2項，31条がある。

　＊2　**付添人の権限**　　条数だけを掲げておくので，具体的な内容について

は各人で確認してほしい。法の17条の2・17条の3（法定代理人である保護者にも認められる），32条・35条1項（法定代理人である保護者にも認められる），および規則の14条，28条4項・29条の2後段・30条（保護者にも認められる），29条の3，29条の4，さらに鑑別所処遇規則39条2項がある。

2　審判の諸原則

(1)　非公開の原則

刑事司法における公開主義の原則　裁判の公開主義（公開裁判）は，刑事司法における被告人の重要な権利であり，憲法にも明記されている（憲82条1項）。公開裁判が被告人の権利とされるのは，恣意的で政治的な運用につながる非公開裁判（密室裁判）によって人々の自由が不当に侵害されてきたという歴史的教訓から，裁判は自由に傍聴できる状況（社会による裁判の監視）のもとで行うべきだと考えられたことによる。このような基本的な発想は，刑事裁判と少年司法とで異なるところがない。

権利の二面性　他方，裁判の公開は，その不可避的な反射的効果として，被告人の同一性を社会に教える（被告人が衆目にさらされる）という不利益な側面をもつ。この点で，裁判の公開と非公開とが，被告人の利益との関係で対立的なものとなる。

裁判の公開を絶対的権利と考えれば，刑事司法の一部である少年司法においても，審判は公開されるべきことになる。このように考える少年法制も少なくない。他方，裁判の公開を相対的権利と考え，少年の同一性の秘匿を重視すれば，審判を非公開とすることが正当化される。日本の少年法は，旧法（旧45条本文）と現行法（22条2項）を通じて，後者の観点から，審判の非公開主義を一貫するとともに，少年の同一性推知情報の公表を禁止し（61条），記録の閲覧

も制限している(規7条)。

(2) 直接審理の原則

少年審判においては、少年の健全育成と権利保護の見地から、審判期日に少年から裁判官が直接に弁解を聞かなければならないとされる。ここから、直接審理の原則が導かれ、少年が出頭しない場合には審判を行うことができない(規28条3項)。他方、情操保護のために少年を一時的に退出させたり(規31条2項)、少年が欠席したままで次回の審判期日を指定することは、直接審理の原則に反しない。また、証人尋問についても、少年の防御権の実質的な保障が確保されていることを条件として(弁護士付添人の出席など)、証人尋問期日に切り替えて行うことができる。

(3) 併合審判と個別審理

行為者主義的な傾向 少年審判は、非行事実の認定を前提として、少年の要保護性を解明し、最適な処遇選択を判断するために行われる。非行事実(行為)が要保護性解明の契機である一方で、少年の健全育成を実現するためには、要保護性の解明とそれを解消するための処遇選択こそが重要視される。また、要保護性は、個々の少年の性格や生活環境全体と深く関わるものである。こうした事情から、少年法の運用は、行為主義的傾向が顕著な刑法と異なり、事実上、行為者主義的傾向が強いものとなる。

併合審判の原則 要保護性は少年ごとに判断されるから、同一少年の複数の事件は、それぞれを併合したうえで、ひとつの手続で審判することが求められる(規25条の2)。本庁と支部に係属した複数事件は回付によって併合され、それぞれ他庁に係属した複数事件は移送によって併合される(5条2項)。また、少年保護事件と準少年保護事件も併合される。

他方，事件の性質や内容，非行時期の違い等，個別に処理する方が適切な複数の事件については，併合する必要はない。実務では，交通関係事件については併合しない扱いが多くなっている。

個別審理の原則　要保護性が少年ごとに判断されることから，複数の少年による同一事件については，少年ごとに個別に審理することが要請され，実務上もそのように運用されている。また，個別審理は，少年および関係者の秘密保持の観点からも有用である。したがって，事実の合一的確定や事件の迅速処理の必要性など，併合の必要性や合理性が個別審理の利益を優越する場合に限って，例外的に併合して審理することが認められる（福岡家久留米支決平6・3・23家月47巻1号150頁参照）。

(4) 非方式性と保護的・教育的配慮の要請

非方式性の意義と運用　少年審判の方式について，少年法は，「懇切を旨として，和やかに行う」ことを規定するだけで（22条1項），具体的な内容には言及していない。日本の少年法は，審判の運用の大部分を裁判官の裁量に委ねる構造になっている。審判の非方式性ないし非形式性は，日本の少年法の大きな特徴であり，少年手続の保護的・教育的な本質と性格を明らかにしたものである。実際には，非方式を前提としながら，少年の年齢や性格等に応じて，用語や語調に配慮するなど，少年・保護者をはじめとする関係者の納得や信頼を得られる雰囲気の手続が行われる。

保護的・教育的配慮　少年審判に要請される保護的・教育的配慮は，少年に対して，自己の非行事実の社会的意味を自覚させたうえで，自己の具体的な問題点を認識させて反省を促し，更生の意欲を喚起させるとともに，自立に向けた取り組みを実現するものでなければならない。また，保護者や関係者に対しても，少年とその生

活環境の問題点を認識させるとともに，少年に対する監護意欲を喚起させ，少年の健全育成に向けた努力を促進することが求められる。

3 審判開始決定の効果

(1) 審判の準備

審判期日の指定　審判開始決定があると，家庭裁判所は，審判期日を指定して，少年と保護者を呼び出す（規25条）。審判期日の指定は，裁判官の指示にもとづいて書記官が行う。その際には，事案の具体的な事情を考慮して，関係者（付添人など）との事前折衝が行われる。実務では，事件記録表紙に印刷された期日指定欄に年月日時を記載し，裁判官が押印する扱いになっている。指定された審判期日は，審判期日変更決定によって変更できる。

少年と保護者の呼出し　少年保護手続における直接審理の原則と教育主義の要請から，審判には必ず少年を出頭させなければならない（→168頁）。また，保護者についても，少年の権利や利益の擁護者としての立場と，少年の健全育成の目的を達成する協力者としての立場から，必ず呼び出さなければならない（規25条2項）。いずれについても，正当な理由なしに呼出しに応じない場合は，同行状にもとづいて同行できる（→144頁）。複数の保護者がある場合は，全員の呼出しは必要でなく，最適な者を呼び出せば足りる（東京高決平8・11・22家月49巻4号70頁）。

その他の関係者への対応　付添人については，少年の権利保護の観点から審判出席権と意見陳述権・発問権が認められるが（規28条4項・29条の4・30条），審判への呼出しまでは必要でなく，審判期日を通知することで足りる（規28条5項）。また，検察官関与決定事件については，非行事実認定を行う審判期日と終局決定を告

知する審判期日が検察官に通知される（規30条の6第2項）。さらに，少年処遇に有用な関係者（保護観察官や保護司，鑑別所の職員等）についても，必要に応じて意見聴取のための呼出しが認められている（規26条・29条・30条）。

(2) 記録・証拠物の閲覧と謄写

家裁に係属した少年保護事件については，審判開始決定と関係なく，家裁の許可によって，事件記録や証拠物の閲覧・謄写が認められる（規7条1項。→152頁）。審判開始後には，被害者等は原則として（5条の2）*，付添人は権利として（大阪高決平元・12・26家月42巻10号74頁参照），検察官は非行事実認定に必要な限りで（規30条の5），それぞれ記録等の閲覧・謄写または閲覧が認められる。非行事実認定のための証拠資料および没取の対象として領置されている押収物も，証拠資料として審判期日に少年等に示す必要があることから，閲覧・謄写の対象となる。

* **被害者等の申出による記録の閲覧・謄写**　少年事件における被害者等への配慮規定として，被害者等の申出による意見聴取規定（9条の2）などとともに，2000年改正によって導入された。対象事件や申出権者・要件など，基本的には法9条の2と同様である（→142頁）。なお，対象となる記録の範囲について，当初は「非行事実に係る部分」に限定されていたが，2008年改正によって，家裁の保管する保護事件の記録全体に拡張された。

II　審判の方式

1　審判廷の構成と審判の進行

(1) 審判の場所と出席者

審判は，家庭裁判所（本庁・支部）の審判廷で行うのが原則であ

るが（裁69条1項），裁判所外においても行える（規27条）。審判廷については，真実発見の場であると同時に教育の場としての雰囲気を確保する観点から，広さや採光，色彩，机，椅子の配置などに配慮されるとともに，逃走等の事故防止にも配慮されている。

裁判所外での開廷の要件は明示されていないが，裁判所外で開廷することの理由のほか，少年の保護の必要性とともに，審判に適切な場所であることが必要とされる。実務では，それぞれの少年が置かれている状況に応じて，補導委託先，少年院，少年鑑別所などが利用されている。ただ，あくまでも例外的な措置であるから，安易な利用は慎まなければならない。

(2) 審判の進行

審判の意義と順序　審判開始決定は，法的調査と社会調査にもとづいて，非行事実と要保護性の存在について蓋然的な心証を形成したうえで行われる。したがって，少年審判は，このような蓋然的心証を一定の手続に従って確認する機能をもつ。審判開始に当たって蓋然的な心証が形成されているため，実際の少年審判の多くは，60分ないし90分程度の1回で終了することが多い。

非方式性を特徴とする少年審判は，その運用が広く裁判官の裁量に委ねられるが（職権主義的審問構造），実際には，その進行に一定の順序がある。一般に，①少年・保護者等の人定質問（同一性の確認），②供述を強いられないこと（黙秘権）の告知（教示），③審判に付すべき事由（非行事実）の告知と少年からの弁解の聴取，④非行事実の審理，⑤要保護性に関する事実の審理，⑥調査官および付添人からの処遇意見の聴取，⑦終局決定の告知，⑧決定の趣旨の説明および抗告権の告知，の順序で進められる。

黙秘権の告知等　黙秘権の告知については，従前は明文の規定

がなかったため,その要否が実務と学説において争われていた。こうしたなか,2000年改正は,第1回審判期日の冒頭で,裁判官が,少年に対して,供述を強いられないことを分かりやすく説明すべきことを明示した(規29条の2前段)。これは,刑事手続における黙秘権(刑訴311条1項)の告知と同趣旨のものと解されている(福岡高決平17・3・10家月57巻9号62頁参照)。

また,2000年改正は,審判に付すべき事由(非行事実)の要旨を告知して,少年に陳述の機会を与えるべき義務を明示した(規29条の2前段)。陳述の機会は,付添人にも与えられる(同後段)。告知と聴聞は適正手続の基本的な要請であり,従前の実務においても行われていたところである。

2 非行事実の審理(事実認定)

(1) 事実認定の意義

少年審判も裁判であるから,事実の認定は証拠にもとづかなければならない。証拠裁判主義は,少年審判にも当然に妥当する(刑訴317条参照)。しかし,具体的な事実認定手続に関しては,法の14条~16条,規則の12条・19条・19条の2・29条の3~29条の5の規定があるにすぎず,それら以外の事項については裁判所の裁量に委ねられている。もっとも,この裁量も,少年の健全育成(1条)および権利保護との関係で全くの自由裁量ではありえず,適正手続の趣旨を実現する合理的なものでなければならない(最決昭58・10・26刑集37巻8号1260頁参照)。

他方,原則として検察官の関与が排除され,国選付添人が例外的でしかない少年審判においては,当事者主義的対審構造のもとで行われる刑事裁判と異なり,裁判官は,検察官と弁護人に類似した役

割をも兼ねることが期待されており，判断者としての立場にとどまることができない。この点の困難を改善するために，2000年改正によって，裁定合議制，検察官関与と国選付添人，観護措置期間の伸長，検察官の抗告受理申立などが導入されるとともに，規則において審判関与者の権限が明確化されることになった。

(2) 証拠調べの態様

職権証拠調義務 職権主義的審問構造をとる少年審判手続には，原則として検察官は関与せず，少年の権利を擁護する付添人の関与も必要的でないため，真実を解明する職責は裁判所にある。したがって，裁判所には，真実発見に努める職責があり，それを実現するために職権証拠調義務があると考えられている。たとえば，非行事実認定にとって重要な供述証拠の信用性を少年が争う場合には，他の証拠だけで十分に非行事実が認定できない限り，原供述について証拠調べをしなければならない。

こうした職権証拠調義務は，少年側に有利に作用する証拠に限らず，少年側に不利な証拠についても妥当する。少年審判が職権主義的審問構造になっている以上，裁判所は，司法機関としての中立性と公正さを前提として，少年の有利・不利を問わずに，職権で必要な証拠を調べる義務を負っているからである（大阪家決昭46・4・22家月24巻1号102頁参照）。

証拠調請求権と証人尋問権 実務では，少年側が証拠の取調べを求めることも多いし，それにもとづいて裁判所が証拠調べをすることもある。こうしたことから，2000年改正は，少年側に証拠調べの申出ができることを明示した（規29条の3）。しかし，それは，証拠調請求権（刑訴298条1項参照）を認めたものではなく，あくまでも証拠調べの申出を認めたものにとどまる。もっとも，職権証

拠調義務のある裁判所が重要な証拠を取調べないことは法令違反として抗告の対象となるから（32条），証拠調べの申出の効果は，実質的には証拠調請求権を認めることと変わらない。

また，証人喚問についても，証拠調べの場合と同様，少年側の請求権は認められない。他方，証人尋問については，裁判所が職権で採用した証人に少年側が尋問することは，自己に不利益な証拠を争う手段として適正手続の要請に適合するから，刑事手続における当事者の尋問権の規定（刑訴157条3項）が準用される。

(3) 証拠法則

証拠裁判主義の意義　刑事司法の一部である少年審判にも，証拠裁判主義（刑訴317条）と自由心証主義（刑訴318条）が当然に妥当する。したがって，そこでの事実認定は，証拠にもとづいて，論理法則と経験法則に従った裁判官の自由な判断に委ねられる。しかし，少年審判における証拠法則に関する規定は，法の14条と15条，規則19条があるにすぎない。そのため，事実認定手続について，憲法と刑訴法の証拠法則に関する規定の準用の有無・可否と程度が問題になる。現実的には，自白と補強証拠，伝聞証拠，違法収集証拠に関して必要な修正をしたうえで運用される一方，刑事手続と同じような厳格な証明（最判昭38・10・17刑集17巻10号1795頁参照）までは必要とされない。

自白の証拠能力　刑事手続では，憲法38条2項をうけて，任意性に疑いのある自白の証拠能力は否定される（刑訴319条1項）。少年審判には明示的な規定はないが，捜査活動の実質的な共通性や，非行事実の認定が保護処分等の前提となることから，任意性のない自白や虚偽自白の排除，自白強要や違法な取調べによる自白取得の防止，自白偏重の否定，の趣旨は当然に妥当する（刑訴319条の準

用)。特に，任意性に疑いのある自白については，通説および実務ともに，その証拠能力を否定し，補強証拠を要求している（福島家決昭39・7・13家月17巻1号170頁等）。

伝聞法則の排斥　伝聞証拠の扱いについても，それを明示的に排斥する刑事手続（刑訴320条1項）と異なり，少年審判については規定がなく，運用に委ねられている。ただ，これについては，自白の場合と異なり，刑訴法の準用を否定するのが，通説と実務の立場である（仙台高決昭63・12・5家月41巻6号69頁等）。その根拠は，刑訴法320条に相当する規定がないこと，少年は刑事被告人（憲37条2項）に当たらないこと，伝聞法則が当事者主義的対審構造を前提としていることに求められる。また，実質的にも，裁判官が記録を熟読して審判に臨むことから，伝聞法則の否定が少年の不利益に作用することはないといってよい。

違法収集証拠の扱い　違法収集証拠の証拠能力については，刑訴法にも明文の規定は存在しない。しかし，証拠の収集手続に令状主義を没却するような重大な違法があり，それを証拠として許容することが将来的な違法捜査抑制の見地から相当でない場合には，証拠能力が否定される（最判昭53・9・7刑集32巻6号1672頁）。このような司法の廉潔性の観点は，少年手続であることを理由に否定されるわけではないし，教育的効果を特に重視する少年審判にはより強く妥当するとさえいえよう。したがって，違法収集証拠については，刑事手続と同様の扱いをすべきである（名古屋家決昭49・3・20家月26巻12号99頁）。

事実認定における調査記録の扱い　社会調査報告書に記載された事実は，要保護性の認定に使うことは当然である一方，非行事実認定の資料とすることについては議論がある。積極に解する裁判例も

見られるが（名古屋高決昭50・3・27家月27巻10号91頁），多数説と実務の大勢は消極的な立場をとっている（高松高決昭50・8・8家月28巻4号143頁等）。社会調査 は，要保護性の認定に資することを目的として，調査対象者との信頼関係にもとづいて行われ，調査の際に黙秘権の告知も行われないものだからである（東京高判昭47・11・21家月25巻5号89頁参照）。

(4) 証拠の取調方法と心証の程度

証拠の取調方法　証拠の取調方法は，非行事実に争いがあるかどうかで大きく異なる。非行事実に争いがない場合は，具体的な証拠調べは必要なく，非行事実を裏づける証拠を示す必要さえもない（規2条4項参照）。他方，非行事実に争いがある場合は，少年の納得と適正手続保障の観点からも，刑事裁判手続に準じた証拠調べを行わなければならない。したがって，必要に応じて，書証の朗読や要旨の告知（刑訴305条，刑訴規203条の2），証拠物の展示（刑訴306条）がされるべきである。

心証の程度　審判に臨む裁判官は，調査過程での法的調査を通じて，すでに非行事実の存在について蓋然的な心証を形成している。審判の場では，その心証がより正確（高度）なものとされなければならない。審判を通じて形成される心証の程度は，非行事実の存在が処遇の前提となることから，刑事手続の場合と同様に，合理的な疑いを入れる余地のない程度の確信が要求される。

なお，犯罪少年について，審判を通じて確信の心証に達しえない場合，対審構造による非行事実（犯罪）の確定（厳密な認定）を目的として検察官送致（20条1項）を利用することは許されない。刑事処分相当性も，非行事実の存在が前提となるからである。

(5) 非行事実の認定替え

認定替えの可否 職権主義的審問構造をとる少年保護事件手続には，刑事手続の訴因制度（刑訴256条・312条参照）のようなものがないため，送致事実と同一性のある限りで非行事実を認定替えすることができる。特に，認定替えによって認定できる事実（認定替事実）が処遇内容を左右するような場合は，家庭裁判所に認定替えが義務づけられる。

ただ，認定替えができる場合でも，縮小認定（軽い事実への認定替え）の場合以外は，少年側の防御権を保障するため，認定替えする事実を告知したうえで弁解を聴取し，反論や反証の機会を与えなければならない（名古屋家決昭49・12・11家月27巻8号104頁参照）。不意打的に不利益な事実に認定替えをすることは許されないからである（仙台高秋田支決平16・4・9家月58巻5号125頁）。

同一性の判断 送致事実と同一性のない事実については，認定替えが許されず，改めて別途の送致と立件手続をとらなければならない（不告不理の原則）。同一性の有無の判断は，犯罪・触法事実の場合には，刑事手続における公訴事実の同一性の判断（刑訴312条）と同じものになる。他方，虞犯については，同一時期にはひとつの虞犯しかありえないから，同一時期の虞犯には常に同一性が認められるため，広く認定替えが許される。

3 要保護性に関する審理

(1) 要保護性の審理

非行事実と要保護性の関係 合理的な疑いを入れる余地のない程度の確信をもって非行事実が認定できる場合は，引き続いて要保護性の審理に移る。非行事実に争いがない事件では，非行事実の告

知と弁解の聴取後に，非行事実の認定と要保護性の審理が並行して行われる。他方，否認事件のように，非行事実に争いや疑問がある場合は，事実認定を先行させなければならない。

要保護性の判断　要保護性を判断するための審理は，調査官の調査報告書と鑑別所の心身鑑別の結果を中心に行われる。それ以外にも，調査官からの意見聴取（規13条3項），少年の親族や教員，保護司等からの意見聴取（規29条・30条），被害者等の申出にもとづく意見聴取（9条の2）が認められる。審理の結果はその後の処遇内容を左右するから，要保護性の判断資料については，審判廷で少年と保護者に内容を告知し，確認することが望ましい（大阪高決平6・3・18家月46巻5号81頁）。

審判は保護的・教育的な場でもあるから，その運用においては，非行に対する少年の内省を促す配慮が求められ（22条1項），保護者に対して適当な措置（25条の2）を講じることもある。場合によっては，出席者の発言の制止や退席の措置が認められ（規31条1項），必要に応じて少年の退席も認められる（同2項）。

証拠法則と心証の程度　要保護性を基礎づける事実の審理については，非行事実認定の場合と異なり，証拠法則としての厳格な制限は妥当しないものとされている（広島高決昭59・12・27家月37巻8号102頁参照）。

要保護性の判断に要求される心証の程度については，非行事実の認定と同様の厳格なもの（合理的な疑いを入れる余地のない程度）を要求する見解もあるが，一般には，証拠の優越の程度（民事裁判における心証の程度）で足りるとされている。それは，要保護性の判断が，少年の性格や非行歴をはじめとして，少年の保護環境や生活環境等の全般にわたるものであり，しかも展望的判断と将来の行動

予測を内容とするものであることによる。

(2) 余罪の扱い

余罪の考慮の可否　調査段階における余罪の補充捜査の問題（→127頁）とは別に、審判段階では、家庭裁判所に係属していない余罪を要保護性の判断資料としてよいかが問題になる。要保護性の判断は全人格的なものであり、家裁が探知していない事実や事項も、少年の行状全体を把握する重要な資料になりうるからである。要保護性の徹底的な解明という観点からは、余罪も当然に考慮できるとすることになる。実務の運用も、要保護性の判断資料として余罪を考慮してよいとするものになっている（東京高決平4・8・17家月45巻1号146頁）。

ただ、余罪の内容、処遇決定への影響の程度、少年・保護者の納得の程度などから、別途に立件すべき場合もありえよう。そのような場合として、審判対象の事実よりも余罪の方が重大な場合や、余罪の考慮によって処遇内容が大きく変化する場合を想定できる。

余罪の扱いの手続　余罪の扱いの手続は、審判対象になっている事実の認定手続と異ならない。したがって、余罪に当たる事実を審判廷で少年に告知し、弁解を聴取したうえで（大阪高決平6・3・18家月46巻5号81頁参照）、合理的な疑いを入れる余地のない程度の心証で余罪事実を認定しなければならない。その後、余罪事実を含めて、要保護性が審理される。なお、余罪を考慮して要保護性を審理した場合は、決定書にその旨を記載すべきである。

(3) 被害者の申出による意見の聴取

被害者等の申出による意見の聴取は（9条の2）、調査段階と審判段階のいずれでも認められ、基本的に共通している（→142頁）。ただ、審判段階に特有のものとして、審判期日に裁判所みずからが

意見聴取することがある。この場合には，被害者保護の観点から，刑事手続における被害者への付添い（刑訴157条の2）や遮蔽措置（刑訴157条の3第1項）の準用を認めることができる。

　審判期日に意見を聴取した場合は，意見の要旨を審判調書に記載する（規33条2項4号の2）。また，それは被害者等の証人尋問の申出の端緒になりうるから，意見聴取したことを付添人（規13条の5）および検察官関与決定事件の検察官（規30条の9第2項）に，それぞれ通知しなければならない。

4　審判調書

(1)　審判調書の性質

　審判期日における手続については，その内容を公に証明する（公証）ために，裁判所書記官によって審判調書が作成され，書記官が署名押印し，裁判官が認印するのが原則である（規6条1項・33条・34条）。審判調書の性質は公判調書（刑訴48条，刑訴規44条）と共通であり，作成の方式や証明力については刑訴法と刑訴規則の関連条文が準用される（大阪高決昭54・1・11家月31巻10号115頁）。

(2)　審判調書の記載事項

　審判調書に記載する事項は，条文に掲げられている事項（審判をした裁判所・年月日・場所，少年の氏名等）のほか，「審判に関する重要な事項」である（規33条2項）。審判に関する重要な事項としては，少年の出頭の有無，非行事実・黙秘権の告知，証拠調べに関する意見，付添人選任許可・取消，事件の併合・分離，陳述の制限，関係人の入廷・退廷，証拠決定，試験観察決定，終局決定宣告など，多岐にわたる。これらによって，審判調書を読めば，審判の具体的な手続と内容が詳細に把握できるようになっているのである。

5 軽微事件・交通関係事件の扱い

(1) 軽微事件の扱い

　全件送致主義の結果として，家庭裁判所に係属する少年事件には，簡易送致事件（→58頁）をはじめ，軽微な事件が多く含まれる。このような軽微事件は，一般の少年保護手続で扱うよりも簡易で迅速な処理が望ましいことから，各家庭裁判所の定める事件処理要領に従って処理する実務になっている。

　軽微事件は，事件受理後の **インテイク手続** にもとづいて選別され，①記録調査事件，②書面照会事件，③簡易面接事件に分類される。①は，社会調査に移行することなく，ただちに審判不開始で終局する。また，②と③も，少年・保護者への書面照会または短時間面接の後に，原則として審判不開始で終局する。他方，詳細な調査の必要性が判明した事件は，調査命令によって調査過程に移行し，一般の保護事件と同様に扱われることになる。

(2) 交通関係事件の扱い

　交通関係事件の特殊性とその扱い　　家庭裁判所が受理する少年保護事件のほとんどは犯罪少年であり，その20％程度を道路交通法違反事件の少年が占める。また，少年保護事件全体のうち16％程度が，自動車車両による致死傷事案である。実務では，両者を合わせて「交通関係事件」と呼び，一般保護事件と区別した事件処理と処遇を行っている。交通関係事件に特別な処理を必要とする理由は，①事件の大量性から，事件処理の合理化と迅速な対応が必要なこと，②非行性に共通性があること，③共通性に着目した処遇（特に交通教育措置）が適切なこと，に求められる。

　交通関係事件の処理　　交通関係事件の特殊性に応じて，送致段

階では，交通切符制度 が活用されている。これにより，少年が反則金を納付した場合は，その事件については家庭裁判所の審判には付されない（道交 128 条 2 項）。他方，反則金を納付しない場合は，審判を開始して，期限を定めて反則金の納付が指示される（道交 130 条・130 条の 2）。

反則金不納付事件以外の交通関係事件が家裁に係属した場合は，一般の少年保護事件と同様の手続が進行する。ただ，その場合も，効率的処理の観点から調査即日審判とする扱いが多いし，審判不開始にともなう保護的措置として集団講習を実施している家裁もある。審判開始の場合も，非行内容の同種性や交通要保護性の共通性を根拠に，個別審理の原則の例外として，集団審判が行われることも多い。また，交通関係事件に検察官送致が多いのも特徴である＊。

＊　罰金見込検送の活用　　交通関係事件について，実務では，略式手続による罰金刑を念頭においた検察官送致（20 条 1 項）が多用される傾向が見られる。交通関係事件の少年の処遇として，軽度の罰金刑の方が，保護処分よりも適切なものと考えられているためである。その意味で，法 20 条 1 項の「刑事処分を相当と認めるとき」は，保護処分では「足りない」場合だけを意味するものではない。罪質と情状にもとづいて刑事処分相当性が判断されることからすれば，このような運用も当然にありうる。

Ⅲ　特殊な審判形態

1　裁定合議事件

(1)　裁定合議制の導入

少年審判は，未特例判事補を含めて，1 人の裁判官が行う単独制をとっている。これに対しては，少年に対する保護的・教育的な見

地から，人間諸科学の知見の豊富な人材の活用に向けた提言のほか，複雑で困難な事件を念頭に置いて，刑事裁判実務の経験豊かな裁判官の活用が強く求められていた。こうした事情を背景として，2000年改正にともなう裁判所法改正によって，家庭裁判所が管轄する少年事件と家事事件について，単独性を原則としながら裁定合議制を認める規定が新設された（裁31条の4）。

(2) 合議体での審理

合議体での審理は，合議体で審理する旨の決定（裁定合議決定）にもとづいて行われる。裁定合議決定の基準は明示されていないが，一般には，事案の内容として，検察官関与決定が必要なほどに非行事実に争いのある事件（東京家決平13・6・19家月54巻2号144頁等），否認事件のように事実認定が困難な事件（東京家決平14・1・29家月54巻6号121頁等），処遇選択に困難のある事件（京都家決平13・10・31家月54巻4号110頁等）が多い。また，これら以外にも，重大事件等で，世間の注目を集めた事案や処分決定の社会的影響が大きい事案等では，手続の公正さや社会の信頼を確保する目的で合議制を活用することも認められる。

2 検察官関与決定事件

(1) 検察官関与の意義と趣旨

現行少年法は，制定以来，全件送致主義と家庭裁判所先議・専議主義を前提として，少年審判への検察官の関与を完全に排除してきた。その後，共犯事件や否認事件を中心として，非行事実認定に大きな困難をともなう事案が見られるようになり，裁判官による職権主義的審問構造のもとでの運用に限界が痛感されるようになった。こうした事情を背景として，2000年改正は，対象事件を限定した

うえで、非行事実認定手続の場面に限って、検察官関与を認める規定を新設し（22条の2）、事実認定の一層の適正化を図った。

ここでの検察官の役割は、職権主義的審問構造のもとで、家庭裁判所の協力者として審判に関与するものにとどまる。したがって、刑事裁判のような原告官としての性格（被告人の処罰を求める）は完全に否定されており、処遇選択過程への関与も当然に認められることがない。

(2) 検察官関与の要件

対象となる事件は、犯罪少年の事件（少年犯罪）のうち、故意による被害者死亡の事件と、一定以上の重さの刑罰が法定されている事件に限られる（22条の2第1項）。さらに、非行事実認定のために検察官関与が必要なことが実質的要件とされ（同項）、個々の事案において具体的に判断される。検察官関与決定がされた事件については、その反射的効果として、少年に弁護士付添人がいない場合に、裁判所が職権で弁護士付添人（国選付添人）＊を付さなければならない（22条の3第1項、規30条の3）。

＊ **国選付添人** 国選付添人は、検察官関与決定事件のほか、被害者等傍聴事件（22条の5第2項）、抗告受理申立を受理した事件（32条の5）においては、それぞれ必要的なものとされている。また、一定の重大事件（22条の2第1項）で観護措置をとられた犯罪少年と触法少年については、必要に応じて国選付添人を付すことができる（22条の3第2項）。その選任手続は、最高裁判所規則にもとづく（同3項・22条の5第4項）。

(3) 検察官関与の手続

審判手続への関与の要否が判断の対象となるから、審判開始決定に続いて審理されるのが通常であり、遅くとも審判開始決定と同時に関与決定を行わなければならない。決定に当たっては、検察官からの申出による場合を除いて、あらかじめ検察官の意見を聴取しな

ければならない（22条の2第2項）。

関与の可否を決定した場合，いずれの結果の場合であっても，相当な方法で少年に告知される（規3条4項）。決定は裁判所の裁量であるから，検察官の申出を認めなかった場合でも，検察官は不服申立ができない。検察官の申出を認めた場合，その結論については少年側に不服申立は認められないが，裁量権の逸脱が終局決定に影響を及ぼす場合には抗告理由になる（32条）。

検察官関与の関連規定の制定にともない，審判準備のための事前打合せの規定が設けられた（規30条の4）。刑事手続における事前打合せ（刑訴規178条の10）と同趣旨のものであり，必要に応じて，検察官と弁護士付添人を出頭させて行う。他方，少年と保護者の出頭は予定されていない。

(4) 検察官の権限

検察官関与決定事件において，検察官には，①事件の記録および証拠物の閲覧と謄写（規7条・30条の5），②審判手続への出席および証拠調手続への立会（規30条の6），③少年および証人その他の関係人への尋問等（規30条の8），④証拠調べの申出（規30条の7），⑤意見陳述（規30条の10），の権限がそれぞれ認められる（22条の2第3項）。これらは，付添人の一般的な権限と共通するものであるが，検察官については，非行事実の認定に必要な場合に限って認められる。

これらの権限行使を実質的に担保するため，裁判所には，検察官に対して，審判期日のほか，付添人等から提出された書類等に関する通知と，被害者等に対する意見聴取の通知がそれぞれ義務づけられている（規30条の9）。

3 被害者等傍聴申出事件

(1) 被害者傍聴制度導入の背景と趣旨

審判の非公開に対する例外として，2008年改正により，被害者等の申出による少年審判の傍聴制度が導入された（22条の4）。少年審判の非公開と情報の秘匿は，少年の健全育成（1条）や情操保護（規1条2項）にとって必要不可欠なものであるが，事件の被害者さえもが情報から完全に遮断される結果となり，そのあり方が問題視されていたところである。こうしたなかで，2004年に犯罪被害者等基本法が成立し，刑事裁判への被害者参加制度（刑訴316条の33以下）の導入など，刑事司法における 被害者への配慮 の動きが強まっていった。

こうした動きを受けて，2008年改正は，対象事件を限定したうえで，いくつかの配慮規定を設けるなどの調整のもとに，被害者等による審判の直接傍聴を認めることにした。この改正は，非公開原則の利点（信頼にもとづく適正な調査・審判と最適な処遇選択の実現）と被害者等の心情と要望の尊重という，相当に対立的な要請を調整するものであり，実務での今後の運用が注目される。

(2) 被害者傍聴の内容

対象事件等 犯罪少年および12歳以上の触法少年による重大な死傷事件について，被害者等からの申出がある場合，家庭裁判所は，一定の要件のもとで，審判の傍聴を許すことができる（22条の4第1項）。被害者等については，記録の閲覧・謄写の申出権者の場合と基本的に同じであるが（→171頁），被害者自身による傍聴は，被害者が傍聴可能な状態に回復した場合に限られる。また，弁護士は，申出の代理人にはなれるが，代理で傍聴することはできない。

傍聴の対象は，要保護性の審理を含めた審判期日の審判に限られ，期日外の手続は含まれない。したがって，審判期日で行われない抗告審・再抗告審は対象にならない。傍聴対象にならない事件が対象事件と併合審理される場合は，両者の審理が区別できない限りで，傍聴は非対象事件にも及ぶ。

申出手続と許否の判断　申出は，事件が家庭裁判所に送致された後に可能であり，裁判所に対して，規則所定の事項を明らかにして行う（規30条の11第1項）。傍聴の許否の判断は，少年の年齢と心身の状態，事件の性質，審判の状況その他の事情を考慮して，相互に対立的な利害を調整する観点から行われる。事前に弁護士付添人に意見を聴取し＊，国選付添人も認められる（22条の5）。

判断の結果は，申出人，検察官関与決定事件の検察官，弁護士付添人に通知される（規30条の12）。傍聴の許可は，裁判所の裁量により，許可の取消・変更が可能である。また，不服申立については規定がなく，許否のいずれについても申立てができない。

＊　**弁護士付添人からの意見聴取**　傍聴の許否の判断は，少年と被害者の利害の対立が大きいことから，少年の権利保護の役割を担う弁護士付添人から意見を聴取すべきことが明示されている（22条の5第1項）。ただ，弁護士付添人の意見に拘束力はないし，傍聴を許さない場合には意見聴取の必要さえもない。傍聴を許す場合で，少年に弁護士付添人がいない場合は，少年・保護者が拒否の意思を明示しない限りで，国選付添人が付される（同2項・3項）。

(3) 配慮規定（2項〜5項）

被害者側と少年側の利益の調和が困難な審判傍聴については，双方に対して慎重な配慮が必要とされることから，いくつかの配慮規定が設けられている。

少年側への配慮規定としては，低年齢であることを根拠とする触

法事件への特段の配慮（22条の4第2項），傍聴者と付添人に対する守秘義務と情報の濫用防止による非公開原則の実質的確保（同5項），少年の心身への影響を根拠とする審判廷や関係者の位置等に対する配慮（同4項），がそれぞれ規定されている。他方，被害者側については，傍聴する被害者等の不安感や緊張感を緩和し，被害者に対する2次的被害を防止するために，適切な者を傍聴者に付き添わせることが認められる（同3項）。

(4) 被害者等に対する説明

制度導入の趣旨　審判状況に関して被害者等に十分な情報を提供することは，被害者等への配慮として，また犯罪被害者等基本法の趣旨からも，重要である。そこで，2008年改正は，犯罪少年と触法少年による事件について，被害者等からの申出にもとづいて，家庭裁判所が審判期日における審判の状況について適時に説明を行うことを規定した（22条の6第1項）。その趣旨や構造ないし要件，不服申立の否定，説明を受けた者の守秘義務や注意義務など，基本的には，被害者等の申出による傍聴の場合と同じである。

手続等　申出ができる期間は，終局決定確定後の3年間が限度とされる（同2項）。これは，被害者等の要望，説明の必要性，少年の情操保護，関係者のプライバシー保護等の観点を総合的に考慮したうえで，被害者等による記録の閲覧・謄写や審判結果通知の申出期間（5条の2第2項・31条の2第2項）に合わせたものである。

家庭裁判所は，みずから説明をするほか，裁判所書記官または家裁調査官に説明をさせることができる（規30条の14）。説明の対象は，審判期日に行われた審判の手続的事項のほか，審判の内容に関わる事項（少年の供述状況等）にも及ぶ。他方，審判期日を想定できない抗告審・再抗告審の状況は，説明の対象とならない。

IV 試験観察

1 試験観察

(1) 試験観察の意義と機能

意 義　保護処分を決定するために必要がある場合は、少年に対する終局処分を一定期間留保したうえで、その行動を観察するために、家裁調査官の観察に付することができる（25条1項）。これが、「試験観察」と呼ばれる中間処分であり、現行少年法で新たに導入された。導入の理由は、①保護処分の決定機関と執行機関とを分離し、保護処分決定後の取消・変更を認めない現行法のもとでは、保護処分の選択について一層慎重な判断が必要になること、②少年の健全育成と将来の非行防止のためには、要保護性に関する十分な資料の収集とともに、行動観察によって少年の予後に見通しをつける必要があること、に求められている。

機 能　試験観察の本来的な機能は、制度導入の趣旨からも明らかなように、保護処分（最適な処遇選択）を決定するための調査（行動観察）を行うことにある。しかし、付随措置による積極的な関わりが可能であることから（25条2項）、実務においては、欧米先進諸国のプロベーションと共通した教育的処遇機能の効果が指摘され、不処分決定を導くための措置として活用されている*。

＊　**調査過程における試験観察の可否**　学説のなかには、事実上の処遇効果の高さを根拠として、調査過程（審判開始決定前）における試験観察の活用を提言する立場が見られる。しかし、審判開始決定（21条）の後に根拠条文が置かれており、「保護処分を決定するため」が要件とされているから、審判開始決定前の調査段階での実施は認めるべきでない。調査段階での実施は、非行事実認定前に事実上の処遇を認めるもので、三権分立にも反する。

(2) 対象事件と決定手続等

対象事件等　試験観察の対象事件は、通常、家裁に係属した少年保護事件である。しかし、それ以外にも、強制的措置許可申請事件（6条の7）や戻し収容申請事件（更生71条・72条）、施設送致申請事件（26条の4、更生67条）は、保護処分を決定するための観察が必要な場合があるため、その限りで試験観察の対象となる。試験観察が利用される割合は、交通関係事件を除く一般事件において、毎年、ほぼ3％前後で推移している。

家庭裁判所の中間決定としての試験観察については、決定の時期を制限する明文の規定がない。調査過程での活用を提言する学説はこのことも根拠としているが、すでに見たように、審判開始が時期的要件でなければならない。決定の告知は、少年の面前での言渡しを原則とするが（規3条2項1号）、相当な方法によることもできる（同4項）。決定書が作成されることもある（水戸家決平8・6・26家月49巻1号146頁参照）。

要　件　試験観察の要件については、「保護処分を決定するため必要があると認めるとき」という一般的な規定があるだけで（25条1項）、それ以上に具体的な要件は明示されていない。ただ、試験観察の意義と本来的な機能から、具体的な要件として、①保護処分に付す蓋然性があること、②ただちに保護処分に付すことができない（相当でない）事情があること、③調査官の観察の結果として、より適切な終局決定の見込みがあること、④相当の期間内に観察の目的を達成する見込みがあること、が必要とされる。

期間と終了　試験観察の期間については、「相当の期間」とされ（25条1項）、「期間を定めることができる」とされるにとどまる（規40条1項）。このため、具体的な事案においては、観察の必要が

あって相当と考えられる以上，その長短は問題にならない。しかし，試験観察が暫定的な中間処分である一方，少年の自由に事実上の制約があること（特に身柄付補導委託），少年院の一般短期処遇および特修短期処遇の在院期間の長さ（6か月以内と4か月以内）を考慮すれば，最長でも4か月程度を目途とする運用が望ましい。

(3) 試験観察の方法

試験観察を決定する際は，担当の調査官（一般には社会調査を担当した調査官）が指定される（規40条1項前段）。他方，観察の具体的な方法については特段の規定がなく，個別事案に応じて柔軟に運用される。一般的には，①担当調査官が直接的に観察する方法，②職場の雇主や学校の教師，少年友の会等のボランティアの協力と援助による方法，③グループワークによる方法（薬物濫用事件など），④付随措置としての補導委託による方法，がとられている。

また，これらと並行して，観察の補助的手段として，担当調査官と少年・保護者との間で個別具体的な約束事項を定めることもある。さらに，保護観察官や保護司等の援助や学校等の協力を求めることもできる。裁判所によっては，諸外国の社会内処遇にならって，社会奉仕活動や短期合宿活動等を試行しているところもある。試験観察は，調査官のケースワーク機能が効果的に発揮できる場面であり，今後の観察方法の拡充に期待が寄せられている。

観察による調査の結果は，意見を付した書面（報告書）で裁判官に報告される（規13条）。また，家庭裁判所は，試験観察に関わる施設や団体，個人に対して，少年に関する報告または意見を求めることができる（28条）。

(4) 付随的措置

家庭裁判所は，試験観察と併せて，付随措置をとることができる

(25条2項)。とりうる措置は、遵守事項の履行（同2項1号）、条件付保護者引渡（同2号）、補導委託（同3号）であり、それぞれが単独または組み合わせて用いられる。また、必要に応じて、追加や変更も認められる（規40条6号）。

遵守事項の履行は、少年に対して、その内容を具体的かつ明瞭に指示し、自発的に遵守する心構えをもたせるものでなければならない（規40条2項）。具体的内容については、保護観察の一般的遵守事項（更生50条参照）が参考になる。また、条件付保護者引渡の場合は、保護者に対して、少年の保護監督について必要な条件が具体的に指示される（規40条3項）。

これらに対し、補導委託は、適当な施設・団体・個人に補導を委託するものであり、もっとも多く活用されている。これには、少年の身柄を委託先に移して宿泊・居住させるもの（身柄付補導委託）と、身柄の移動なしに補導だけを委託するもの（在宅補導委託）がある。従来は身柄付補導委託が多かったが、近時においては、社会福祉施設等への通所による短期のボランティア活動や、交通関係事件における短期の委託講習など、在宅補導委託の拡充傾向も見られる。

2　身柄付補導委託

(1) 補導委託制度の意義と法的性質

身柄付補導委託は、民間の篤志家に補導を委託し、民間の社会資源による家庭的な雰囲気のなかで少年の行動等を観察するもので、事実上の処遇効果の高さが積極的に評価され、実務において重要な機能を果たしている。他方、補導委託の法的性質を明示する規定がないため、委託中の少年が委託先や第3者に損害を与えた場合の扱いに困難な問題が生じる。解釈論として、裁判行為説、準委任契約

説，公法上の契約説が主張されているが*，解決を見てはいない。補導委託を積極的かつ効果的に活用し，その事実上の処遇効果をさらに高めるためには，受託先が安心して補導に専念できるような立法的手当てが急務である。

他方，委託先で労働に従事する少年の法的地位については，委託先施設以外の一般民間作業場で就労する場合は労基法上の労働者として扱われ，補導の一環として委託先の施設内で労働する場合には労基法の適用はないものとされる。

> * **補導委託の法的性質に関する解釈論**　裁判行為説（多数説）は，補導委託は家庭裁判所の手続に属する特別の公法関係であり，補導委託決定は，少年に対する裁判であると同時に，委託先に少年を補導する義務を負わせるものとする。準委任契約説は，補導委託決定とは別に，家庭裁判所と委託先との間で少年補導事務に関する法律関係が生じるとする。また，公法上の契約説は，行政庁としての家庭裁判所と委託先との間で公法上の契約が締結されるとする。裁判例としては，裁判行為説を前提とするものが見られる（浦和地判平 8・2・21 家月 48 巻 5 号 96 頁）。

(2) 補導委託の運用

運用の具体化　補導委託の具体的運用については特段の規定がなく，すべてが家庭裁判所の裁量に委ねられている。こうしたやり方は，弾力的な運用を可能にする一方で，裁判所ごとの運用に大きな格差を生じかねない。そのため，通達によって，補導委託制度の適正かつ効果的な運用が図られている（平 9 最高裁家庭局長通達・家月 49 巻 8 号 205 頁）。また，「補導委託運営要領」（昭 61 最高裁家庭局長・家月 38 巻 12 号 128 頁）は，各家庭裁判所に，補導委託先の適格性の基準の設定，補導委託先の登録，補導委託先に対する一般的指導，補導委託先における事故等に対する措置，共同利用庁間の連絡調整に関して，処理態勢の整備を図ることを求めている。

補導委託の対象となる少年は，試験観察の一般的要件を充足したうえで，在宅試験観察では十分な対応ができない少年に限られる。委託先については，適当な施設・団体・個人とする以上の制約はなく（25条2項3号），裁判所が適当（適格性と適合性がある）と判断するものであればよい。補導の内容は，生活指導や職業補導が中心となるが，その内容は委託先によって異なりうる。そのため，具体的な委託先の選定に際しては，対象少年との適合性が重視される。

　実費の補償　　補導委託の受託者は，委託にともなって種々の支出を余儀なくされるため，その実費が補償される（29条）。補償の内容は裁判所の裁量に委ねられるが，実際には，予算の範囲内で公平かつ迅速な支給等を実現するため，通達にもとづいて，1日を単位とした支給基準によって運用されている。また，保護司と児童委員も，試験観察を援助した場合には（16条1項），その費用が補償される（30条の2）。これらの費用については，家庭裁判所が，少年または扶養義務者から徴収できる（31条。→202頁）。

V　審判を経た少年保護事件の扱い

1　概要と他の法システムへの移送

(1)　保護事件の審判後の行方

　審判手続段階（狭義の審判）を経た少年保護事件の扱いは，3種類のものに大別される。第1は不処分決定の場合で，少年保護事件として終結するとともに，他の法システムに係属することもなく，少年は法システムから完全に離脱する。第2は保護処分決定の場合で，これによって少年は少年法にもとづく処遇段階に移行する。こ

れらに対し，第3の場合として，法的関与が必要な少年のうち，少年司法システムで扱うことが相当でない少年は，児童福祉法上の措置または刑事処分を求めて他の法システムに移送される。

これらの扱いは，すべて終局決定として行われ，それぞれの事案に応じて，必要な関係者（送致者や被害者等）に対して通知がされる（31条の2，規5条1項）。

審判段階での少年保護事件の扱いについては図5を参照。

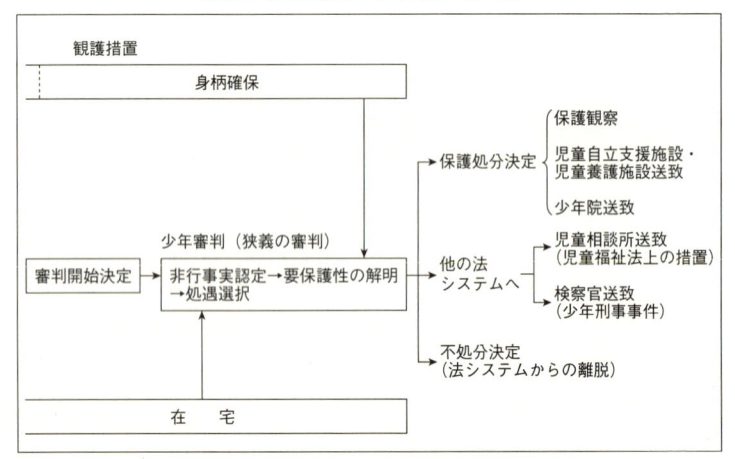

〔図5〕審判段階での少年保護事件の扱い

```
観護措置
┌─────────────────────────┐
│   身柄確保              │
└─────────────────────────┘
              │
              ↓                          ┌ 保護観察
                           → 保護処分決定 ┤ 児童自立支援施設・
                                         │ 児童養護施設送致
                                         └ 少年院送致
         少年審判（狭義の審判）
┌──────┐ ┌─────────────────┐          他の法    ┌ 児童相談所送致
│審判開始│→│非行事実認定→要保護性の解明│→ システムへ ┤（児童福祉法上の措置）
│決定    │ │→処遇選択                  │          └ 検察官送致
└──────┘ └─────────────────┘                     （少年刑事事件）
                           → 不処分決定
                             （法システムからの離脱）

┌─────────────────────────┐
│   在　　宅              │
└─────────────────────────┘
```

(2) 他の法システムへの移送

他の法システムへの移送は，少年法上の不処分のひとつであり，児童福祉機関送致 および 刑事処分相当検送（23条1項），年超検送（23条3項）が規定されている。これらについては，調査を経た少年保護事件が他の法システムに移送される場合と基本的に同じことが妥当する（23条1項・3項。→159頁）。ただ，児童福祉機関送致

のうち,強制的措置の許可を求めて児童福祉機関から家裁に送致された事件(6条の7第2項,児福27条の3)を児童福祉機関に送致する場合は,送致後に児童福祉法上の強制的措置がとられることから(18条2項),調査の結果として送致することは適切でなく,審判を経たうえで決定すべきである。

2 不処分決定

(1) 不処分決定の意義と要件

意　義　審判の結果,保護処分に付すことができないか,保護処分に付す必要がない場合,家庭裁判所は,「その旨の決定をしなければならない」(23条2項)。「その旨の決定」を「不処分決定」と呼ぶ。不処分は,審判を経たうえで判断されるが,実質的な内容は,調査を経たうえでの審判不開始と類似している。不処分決定で終結するのは,少年保護事件全体の25％程度である。

要　件　保護処分に付すことができない場合とは,法律上または事実上,保護処分に付しえない場合をいう。実務上は,非行なし,少年の所在不明等,その他に区別されるが,審判不開始の要件と共通である(→156頁)。ただ,実際には,保護処分に付すことができないことを理由とする不処分はそれほど多くない。

保護処分に付す必要がない場合とは,保護処分に付すまでの要保護性が認められない場合をいう。実務上,保護的措置で足りる場合,別件保護中,事案軽微に区別されるが,審判不開始の要件と共通するところが多い。ほとんどの場合,保護的措置の活用による要保護性の解消ないし低減を理由とするもののようである。

(2) 決定の方式と効果

決定の方式は,審判不開始決定の場合と同様,記録表紙等に印刷

された決定欄を利用する扱いである。理由の記載は原則として省略できるが（規2条5項），実務では，不開始決定の場合と同様に，類型化された理由を付している。他方，身柄拘束事件で非行なしを理由とする場合は，補償との関係で，理由中に非行なしを明示しなければならない（少補2条1項参照）。また，検察官関与事件でも，不処分決定に対する抗告受理申立が認められるから（32条の4），不処分の理由の記載が義務づけられる（規2条5項5号）。

　不処分決定は，検察官関与事件では，審判期日において言渡さなければならない（規3条1項2号）。それ以外の事件でも，面前告知が原則とされ（同2項1号），面前告知ができない（相当でない）場合に限って，相当な方法による告知ができる（同4項後段）。

　不処分決定によって事件は終局する。したがって，観護措置決定や試験観察決定等の中間決定は，不処分決定によって当然に失効することになる。不処分決定は，抗告の対象にならない（最決昭60・5・14刑集39巻4号205頁）。

3　保護処分決定

(1)　保護処分の意義と要件

　家庭裁判所は，審判を経た少年保護事件について，少年を保護処分に付さない場合（他の法システムへの移送の場合を含む）を除いて，保護観察，児童自立支援施設・児童養護施設送致，少年院送致，のいずれかの保護処分に付す決定（保護処分決定）をする（24条1項本文）。これらの保護処分は，非行のある少年の健全な育成を目的として，性格の矯正と環境の調整のために行われるもので（1条参照），少年処遇の中核をなすものである。保護処分決定がされるのは，少年保護事件全体の30％弱で安定している。

V 審判を経た少年保護事件の扱い

保護処分決定のための要件は，審判を経たうえで，非行事実の存在が確認され，要保護性が認められることである。それ以上に具体的な要件は，特に必要とされない。処分に付さない場合（不処分）を除いて保護処分に付されるため，保護処分の種類の選択を別にすれば，保護処分そのものの必要性や相当性の判断は特に必要がないからである。その意味で，審判開始決定によって，保護処分の必要性と相当性は推定されていることになる。

(2) 決定の告知等

告　知　少年の健全育成を目的とする保護処分は，少年・保護者等の関係者の理解と協力があって，はじめてその効果が発揮できる。そのため，保護処分決定の告知は，審判期日に行わなければならない（規3条1項1号）。また，少年の情操保護と少年・保護者の信頼の獲得のために，保護処分の趣旨を懇切に説明したうえで，十分な理解を得ることが求められている（規35条1項）。規則35条1項は訓示規定ではあるが（東京高決昭38・9・5家月16巻4号181頁），その趣旨を尊重した対応が要請される。

言渡しは，決定原本による必要はない（東京高決昭40・9・30家月18巻7号78頁）。これは，少年審判は即決の場合が多く，事前に詳細な決定書の作成が困難であることによる。保護処分決定は抗告の対象になるから，言渡しに際しては，抗告権についても告知しなければならない（規35条2項）。

保護処分決定の通知　保護処分を効果的に行うためには，処遇執行機関が，非行事実や要保護性に関する問題点をはじめ，家庭裁判所の決定の趣旨を正確に把握する必要がある。こうした観点から，両者の緊密な連携を確保するため，決定の通知と参考資料の送付について詳細な規定が置かれている（規37条2項・37条の2）。また，

決定通知は,遅くとも事件終局後の1週間以内に到達することが要請される(昭27家庭局長・訴訟課長通達)。

少年調査記録の送付については,「少年調査規程」(昭29最高裁規程5)をはじめ,詳細な運用方針等による(昭52家庭局長通達・家月29巻8号142頁等)。なお,交通短期保護観察決定にともなう参考資料等の送付については,特別に運用されている(昭52家庭局長通達・家月29巻6号121頁)。

(3) 保護処分の決定書

決定書の方式と主文　決定書の方式は定められていないが,最低限の記載事項として,主文,理由,少年の氏名・年齢・職業・住居・本籍が要求される(規2条4項)。また,犯罪少年については適用法令の記載が明示的に要求されているが(規36条),触法少年と虞犯少年についても準用すべきである。

主文は,保護観察決定の場合には保護観察所を指定し,少年院送致の場合には少年院の種類を指定する(規37条1項)。

非行事実等の記載　非行事実については,刑事判決書の方式に準じて(刑訴335条1項),日時,場所,方法等を具体的に摘示して特定しなければならない(刑訴256条3項)。概括的な記載や事件送致書の不十分な記載からの引用は認められない(大阪高決昭36・9・25家月13巻11号121頁等)。虞犯少年についても,虞犯性の根拠となる虞犯事実の概要の記載が要求される(大阪高決昭50・10・7家月28巻6号133頁)。

送致等がされていない非行事実が調査・審判中に判明した場合は,不告不理の原則(→108頁)により,追送致や報告立件がない限りは非行事実として記載することができない(福岡高決平12・11・8家月53巻4号72頁)。非行事実の不特定,一部脱落,超過等は,そ

の程度に応じて，抗告理由になりうる（東京高決昭43・11・28家月21巻7号120頁等）。

理　由　　理由については，保護処分決定の理由を示せば足り，特定の保護処分を選択する理由までは必要でないとする裁判例がある（東京高決昭41・2・3家月19巻3号98頁）。しかし，少なくとも，要保護性判断の基礎となる事実や問題点を明らかにし，その評価や処遇選択の判断を示す必要はある。それは，少年や保護者の納得を得るだけでなく，抗告審の審査，処遇執行機関の処遇方針にとって重要な役割を果たすものだからである。ただ，決定書は少年・保護者等が閲読する可能性があるため，記載に当たっては，情操保護に対する慎重な配慮が求められる。

決定書の更正　　これについての規定は存在しないが，明白な誤りの場合には更正できるものと解される（民訴257条1項参照）。裁判例として，少年の生年月日の更正を認めたものがある（名古屋家決昭37・6・15判時306号40頁）。他方，保護処分の決定主文の更正は認められない（東京高決平13・8・17家月54巻1号86頁）。

4　没取と費用徴収

(1)　没　　取

意義と対象　　終局決定の付随処分として，犯罪・触法事実と関連性のある物の所有権を家裁が剥奪し，国庫に帰属させる没取が規定されている（24条の2）。刑法の没収（刑19条）と類似の制度であるが，付加刑ではないから，追徴（換刑処分），法定刑による対象の制限，時効の適用（刑19条の2・20条・32条）はない。

対象となる少年は，犯罪少年と触法少年であり，虞犯少年は除く。また，対象物については，刑法19条の解釈が妥当する。ただ，刑

法の没収と異なり,共犯者の所有物および共有物は除外される*。

決定の効果 没取決定は終局決定に付随するから,終局決定と同時に行う。決定書が作成され,裁判官が署名(記名)押印する(規2条2項・3項)。告知は,終局決定とともに言渡すが,相当の方法によることもできる(規3条4項)。告知によって,国家は,その物の所有権を原始的に取得する。告知がなければ効力は生じない。没取決定の執行と没取物の処分は,刑訴法の規定に準じるが,実務上は,「押収物等取扱規程」(昭35最高裁規程2)をはじめ,各種の通達や回答にもとづいている(平7最高裁事務総長通達等)。

* **第三者没取** 条文は,知情のある第三者所有物についても,刑法の第三者没収と同様,第三者没取を認める規定ぶりになっている(24条の2第2項但書)。没収は,第三者の権利を保護するため(最大判昭37・11・28刑集16巻11号1593頁参照),「刑事事件における第三者所有物の没収手続に関する応急措置法」(昭38法138)にもとづいて運用されている。しかし,非公開である少年審判には第三者を参加させられないから,同法による権利保護ができないため,知情のある第三者所有物の没取は事実上不可能ということになる(大阪高決平8・12・2家月49巻5号98頁)。

(2) 費用徴収

意義と要件 少年法は,少年保護事件に関連して生じた一定の費用について,少年またはその扶養義務者からの徴収を規定している(31条)。これは,刑事訴訟費用の負担(刑訴181条以下)および児童自立支援施設の処遇費用の徴収(児福56条)に相当する。

扶養義務者の範囲は,民法にもとづいて決定され,親権者,配偶者,一定の親族等である(民820条,752条,877条以下)。徴収の要件については特に定めがないが,全く無関係な費用を徴収することはできないから,出費に一定の誘因を与えたことが必要とされる。少年については,非行にもとづく費用が中心であり,扶養義務者に

ついては，非行と因果関係のある監護義務の懈怠が中心となる。また，鑑定料，通訳料，翻訳料，補導委託費，国選付添人の報酬等も，その他の費用として徴収できる。

決定と徴収手続　費用の徴収は決定により，終局決定と同時またはそれ以降に行う。決定の告知は相当な方法による（規3条4項）。少年と扶養義務者は排他的な関係にないから，双方から一部ずつの徴収ができ，連帯して負担させることもできる。費用徴収決定については，独立して抗告することができない。

徴収は過料の裁判の執行と同じ手続により（非訟121条の準用），具体的には通達（平7最高裁事務総長通達）にもとづいて運用されている（昭47家庭局長通知・家月25巻3号165頁）。

5　一事不再理の効力

(1)　46条の趣旨と従前の実務

法46条1項は，保護処分決定がされた犯罪少年について，同一事実での刑事訴追および再審判が遮断されることを明示している。これは，保護処分決定について，刑事訴訟における一事不再理効（刑訴337条1項）と同様の効果を認めるものである（→158頁）。しかし，保護処分決定以外の実体審理を経た終局決定については言及がないため，それら（特に非行事実なしの審判不開始・不処分決定）の扱い（46条の準用の可否）が争われてきた*。

この点について，最高裁は，非行なしを理由とする審判不開始決定について，少年審判と刑事裁判の目的や手続の違いなどを根拠に，46条の準用を否定した（最大判昭40・4・28刑集19巻3号240頁）。また，非行なしを理由とする不処分決定についても，一事不再理効を否定する立場を明らかにしている（最決平3・3・29刑集45巻3

号158頁)。これらの最高裁判例によって，実務上，46条は「保護処分」決定に限って一事不再理効を特に規定したもの（特別規定）とする理解が確立した。

* **争いのない事案**　審判条件の欠如を理由とする審判不開始・不処分決定については，欠けていた条件が整えば審判が可能であることから，一事不再理効は否定され，したがって46条の準用も認められない（東京高決昭46・6・29家月24巻2号143頁）。また，46条1項が犯罪少年の保護処分決定だけでなく，触法・虞犯少年の保護処分決定にも準用があるとする点は，実務上争いがない（仙台家決昭59・7・11家月37巻4号68頁等）。

(2) 27条の2との関係

2000年改正前の46条1項但書は，27条の2によって保護処分が取り消された場合に，保護処分決定の一事不再理効を明示的に否定していた。同条の取消しは，当初は審判条件の欠如の判明（年齢詐称等）を前提として運用されていた。しかし，その後の実務においては，形式的な審判条件の欠如の場合だけでなく，非行事実不存在を理由として27条の2による取消しが認められるようになった（最決昭58・9・5刑集37巻7号901頁）。

このため，保護処分の取消しであることを理由として一事不再理効を一律に否定することは，非行事実不存在を理由に保護処分を取消された事件の公訴提起または再審判を認めることになり，刑事裁判の無罪判決に一事不再理効があることと比べて，あまりに不合理である。46条1項と27条の2に関する従来の実務は，大きな矛盾をかかえていた。そこで，2000年改正は，46条の内容を大きく改正し（2項・3項の新設），検察官関与決定事件で不処分決定が確定した場合に一事不再理効を認めた。ただ，この改正は検察官関与決定事件に限られているため，それ以外の事件（少年保護事件のほとんど）については，依然として従前の最高裁判例を前提とした運用

にならざるをえず，本質的な問題解決にはなっていない。

(3) 一事不再理効の範囲と効果

範　囲　「審判を経た事件」とは，保護処分の対象となった決定書記載の犯罪事実（規36条）をいう（最決昭36・9・20刑集15巻8号1501頁）。したがって，保護処分の決定書には，審判の対象とされた非行事実のうち，認定できたものはすべて明記しなければならない（東京高決昭43・8・3家月21巻3号92頁等）。刑事訴訟の一事不再理効の範囲と同じく（最判昭33・5・6刑集12巻7号1297頁参照），包括一罪や科刑上一罪のような，決定書記載の犯罪事実と一罪の関係に立つ事件も含まれる（高知家決昭和59・7・4家月37巻3号101頁等）。検察官関与決定事件については，検察官関与決定事件と事実の同一性がある事件に及ぶ（46条2項）。

他方，単なる行状の一部として決定書に記載された余罪や，要保護性判断の資料として評価された余罪は，審判を経た事件には当たらない（名古屋高決昭50・3・27家月27巻10号91頁等）。事件の同一性の判断については，刑訴法での議論が妥当し，基本的な事実の重なり合い（公訴事実の同一性と同じ）が基準となる。

効　果　保護処分のなされた事件について，再度の公訴提起があった場合は免訴（刑訴337条1号の準用）となり（札幌高判昭37・8・21家月15巻7号133頁），再度の送致がされた場合は，審判条件の欠如を理由とする審判不開始決定または不処分決定で対処する（福岡家決昭45・4・3家月22巻10号120頁等）。他方，すでに刑事処分がされた事件については，少年法ではなく，刑事訴訟上の一事不再理の原則から，再度の刑事訴追が遮断される。

Ⅵ　事後手続

1　抗告と再抗告

(1) 抗　告

意義と対象　少年保護事件について，旧法が一切の不服申立てを認めていなかったのに対し，現行少年法は，一般的な不服申立制度としての抗告を規定している（32条）。それは，抗告の対象を保護処分に限定する一方で，少年の利益の観点から原則として少年側の抗告だけを認め，抗告審による自判制度がない点で，刑事訴訟の不服申立制度と大きく異なる。また，抗告には執行を停止する効力がなく，原裁判所または抗告裁判所による裁量的執行停止が認められるにとどまる（34条，規47条）。

抗告の対象は，保護処分の決定（24条1項各号）であり*，保護観察中の者に対する施設収容決定も含まれる。また，戻し収容決定（更生72条）および収容継続決定（院11条）も，新たな保護処分の実質をもつものであるから，いずれも抗告の対象となる（広島高決昭38・10・16家月16巻2号102頁等）。保護処分の付随決定（被害者還付，環境調整命令，没取，費用徴収等）については，保護処分決定に対する抗告の効果がそれらに及ぶ。他方，保護処分決定でないもの（調査官観護決定，試験観察決定，審判開始決定，審判不開始決定，強制的措置許可決定，児童福祉機関送致決定，検察官送致決定，不処分決定等）は，抗告の対象にならない。

抗告の理由　抗告理由とされるのは，決定に影響を及ぼす法令の違反，重大な事実の誤認，処分の著しい不当である。それぞれについて，「決定に影響を及ぼす」「重大な」「著しい」という限定が

付され，抗告を例外的に認める趣旨が示されている。

　法令の違反　とは，審判手続および決定手続の法令違反（福岡高決平6・11・14家月47巻4号80頁参照）のほか，適用法令の誤り（認定事実に対する実体法の適用の誤り）をいう（規36条参照）。決定に影響を及ぼすとは，判断遺脱（大阪高決昭42・8・4家月20巻4号63頁等）や非行事実の摘示の不特定（大阪高決昭36・9・25家月13巻11号121頁等），決定書の不作成（福岡高決平6・11・14家月47巻4号80頁）など，法令違反と原決定の主文に示された保護処分との間に因果関係があり，法令違反が主文に影響を及ぼす場合をいう（大阪高決昭50・10・7家月28巻6号133頁等）。

　事実の誤認　とは，取調べられた証拠から認定される非行事実が，原決定において認定された事実と異なる場合をいう。単なる誤記は含まれない。また，要保護性を基礎づける事実は，非行事実でないから，誤認があっても抗告理由とならない（大阪高決平6・3・18家月46巻5号81頁等）。重大性については，法令違反の場合と同様，主文に影響を及ぼすかどうかによって判断される（東京高決昭60・5・8家月37巻11号117頁等）。

　抗告権者　抗告権者は，少年（保護処分決定時）および少年の法定代理人または付添人である（32条本文）。**法定代理人**　は，親権者・後見人・親権代行者（民820条・833条・857条・867条）および児童福祉施設の長（児福47条）である。共同親権者についての規定はないが，少年の権利の保護という観点から各自の抗告が認められる（東京高決昭53・9・16家月31巻6号75頁等）。

　付添人は，選任者である保護者の明示的な意思に反して抗告することができない（32条但書）。他方，法定代理人および付添人は，未熟な少年の権利保護の観点から，少年の意思に反しても抗告がで

きる（32条但書の反対解釈）。

期間と手続　抗告の期間は2週間以内であり（32条本文），抗告対象となる保護処分決定のあった日の翌日から起算する。期間の末日が一般の休日に当たる場合は，期間に算入しない（刑訴55条）。

抗告は，原決定をした家裁（原裁判所）に対して，抗告趣意を明示した申立書を差出して行う（規43条）。施設に収容中の少年の場合は，当該施設の長に差出せばよい（規44条）。抗告の期間内であれば，抗告趣意の追完ができる（最決昭49・6・14家月27巻2号113頁）。抗告の取下げ についての規定はないが，申立権者の意思を尊重する観点から，書面によることを条件に認めてよい（東京高決昭43・3・21家月21巻2号195頁参照）。

抗告申立てがあった場合，原裁判所は，速やかに記録とともに抗告申立書（意見をつけることができる）を抗告裁判所に送付する（規45条）。また，原裁判所は必要に応じて証拠物を送付し（規45条の2第1項），抗告裁判所が送付を求めることもできる（同2項）。検察官関与決定事件 については，抗告申立書の趣旨を検察官に通知しなければならない（規46条の2）。

抗告裁判所の調査と事実の取調べ　抗告裁判所は，抗告の趣意に含まれている事項に限って調査義務を負うが（32条の2第1項），それ以外にも，抗告の理由となる事項については職権で調査することもできる（同2項）。調査は，原裁判所から送付された記録によるが，補完的に証拠資料を収集することもできる。

決定をするために必要がある場合は，原決定後の証拠資料を含めて事実の取調べをすることができる（32条の3第1項）。また，少年側の利益の観点から補充捜査も認められる。取調べの方法についての具体的な規定はないが，少年保護事件手続における非行事実の

審理手続（→ 174 頁）に準じるものとされる。

* **刑事処分を求める抗告の可否**　保護処分決定に対して，刑事処分を求める抗告が許されるかが問題となる。そのような抗告も，規定上は排斥されていない。裁判例には，実質的判断をしたうえで否定したものが散見される（東京高決昭 45・4・8 家月 22 巻 11＝12 号 101 頁等）。しかし，保護処分と刑事処分を比較すれば，刑事処分は明らかに少年の不利益であるから，このような抗告に少年の利益はなく，一般的・形式的に否定されるべきである（広島高決昭 55・10・20 家月 33 巻 6 号 60 頁参照）。

(2) 抗告受理の申立て

意　義　職権主義的審問構造 にもとづく少年審判では，対立的な当事者は想定されないため，保護処分決定に対する少年側の抗告権を認めるだけで足りる。しかし，2000 年改正により，例外的ではあるものの，事実認定手続に検察官関与が認められ，少年審判の一部が対審構造化することになった。これにともない，検察官関与事件について，検察官の抗告受理申立制度が導入された（32 条の 4）。

抗告受理の申立ては，抗告と異なり，抗告審として事件を受理すべきかどうかを高等裁判所の裁量的判断に委ねるものである。したがって，不受理決定および受理後の抗告棄却の裁判に対しては，再抗告の余地がない。

申立ての対象，理由，手続　申立ての対象は，検察官関与決定がなされた事件の不処分決定または保護処分決定である。申立ての理由は，対象事件の非行事実認定に関して，「決定に影響を及ぼす法令の違反又は重大な事実の誤認があること」である（32 条の 4 第 1 項）。事実認定手続の適正化の観点から導入された制度であることから，少年側の抗告理由としては認められる処分不当（32 条）は除かれている。

申立ては，対象となる決定の告知のあった日の翌日から起算して

2週間以内に，原裁判所に対して，抗告受理申立の理由を具体的に記載した申立書を差出して行う（32条の4第1項，規46条の3第1項）。申立てを受けた原裁判所は，少年・保護者に対して申立てがあったこととその理由を通知し（規46条の3第3項），申立書と一件記録を速やかに高等裁判所に送付する（32条の4第2項，規46条の3第2項）。抗告の関連規定（規45条2項・45条の2・46条）が準用される（規46条の3第9項）。

高等裁判所の手続　抗告申立書の送付を受けた高等裁判所は，送付を受けた日から2週間以内に，抗告審として事件を受理するかどうかを決定する（32条の4第5項）。受理しない場合は，その旨の決定（不受理決定）をし（規46条の3第7項），少年・保護者に通知する（同8項）。不受理決定の理由は不要である。

他方，受理する場合は 抗告受理決定 をし（32条の4第3項），少年・保護者に内容を通知する（規46条の3第8項）。保護処分決定に対する抗告受理決定の場合は，少年を収容している施設の長に通知する（同46条）。受理決定の場合は，抗告があったものとみなし（32条の4第6項），通常の抗告事件として扱うことになる。少年に弁護士付添人がいない場合は，国選付添人が選任される（32条の5，規46条の4）。

(3) 抗告審の裁判と決定の効力

抗告審の裁判　抗告審である高等裁判所は（裁16条2号），審査の結果，抗告の手続が規定に違反している場合，または抗告に理由がない場合は，決定（抗告棄却決定）により抗告を棄却する（33条1項）。他方，抗告に理由がある場合は，決定をもって原決定を取消したうえで，事件を原裁判所に差戻すか，他の家庭裁判所に移送する（同2項）。刑事事件の抗告と異なり，抗告審が自判すること

はできない。検察官関与決定事件については，抗告審の判断を検察官に通知する（規48条）。

抗告審の審理については，事後審としての性質に反しない限りで，家庭裁判所の審判に関する規定が準用される（規46条の5）。

決定の効力　保護処分が決定と同時に執行力を生じるのに対して，抗告には執行停止の効力がないため（34条本文），自由の拘束をともなう保護処分の原決定を取消した場合も，少年の身柄は当然には解放されない。事件の差戻しまたは移送を受けた家庭裁判所（受差戻審）は，その事件をさらに審判することになるが，原決定をした裁判官はその審判に関与できない（規52条）。受差戻審は，抗告裁判所の示した判断に拘束される（裁4条）。実務では，要保護性についても同様の拘束力が要請されている（前橋家決平9・2・26家月49巻9号135頁等）。

刑事訴訟では明示的に禁止される 不利益変更（刑訴402条）については，特に規定はないが，積極に解されている（東京高判平8・7・5家月48巻9号86頁等）。したがって，保護処分から検察官送致に変更することは，保護処分優先主義，刑事処分の一般的・類型的な不利益性の観点から認められない（最判平9・9・18刑集51巻8号571頁参照）。

(4) 再 抗 告

意義と手続　抗告審が憲法違反，憲法解釈の誤り，最高裁判所または高等裁判所の判例に反する判断をした場合，抗告裁判所の判断に対して最高裁判所に抗告すること（再抗告）ができる（35条1項）。従前の再抗告は抗告棄却決定に限って認められていたが，2000年改正で検察官の抗告受理申立が導入されたことから，抗告受理を認める決定（原裁判取消）に対する抗告も認めることにした。

再抗告の申立権者と申立期間については，抗告の場合と同じである。検察官については，抗告受理申立は認められるが，再抗告の申立ては認められない。抗告審の関連規定（32条の2・32条の3・32条の5第2項・32条の6・33条・34条）が準用されるとともに（35条2項），関係規則（規43条～46条の2・46条の4～48条・51条・52条）も必要な読替えをしたうえで準用される（規54条）。

再抗告審の裁判　最高裁判所は，再抗告手続が規定に違反している場合または再抗告に理由がない場合は，再抗告を棄却し（33条1項の準用），再抗告に理由がある場合，職権調査により原決定の取消事由が判明した場合，原決定を取消さなければ著しく正義に反する場合（最決昭58・9・5刑集37巻7号901頁等）には，それぞれ原決定を取り消す。原決定取消の場合は，事件を家庭裁判所に差戻し，または移送することができる（33条2項の準用と読替え）。

2　抗告以外の事後手続

(1)　保護処分の取消し（27条）

保護処分の事後的変更の意義　家裁の保護処分は，最適な処遇として選択されるから，確定後に変更されるべきではない。他方，可塑性に富む少年を対象とする手続においては，その時々の状況に応じて柔軟に処遇内容を変更することの有用性も否定できない。このため，旧法においては，保護処分の事後的な取消しと変更が認められていた（旧5条）。

しかし，あまりに自由で広範な変更は，少年の地位を不安定にし，人権侵害をもたらしかねない。そこで，現行少年法は，保護処分の決定機関と執行機関を分離して，司法機関（家庭裁判所）による変更だけを認めることとした。さらに，保護処分の取消しと変更の範

囲を制限し，競合する処分の調整（27条）と違法な保護処分の取消し（27条の2）だけを認めることにした。

27条による取消し　法27条は，保護処分中の少年に対する有罪判決（刑事処分）または他の家裁で保護処分決定がされる場合について（27条1項・2項），競合する処分の調整を図るために，保護処分の取消しを規定している。本条の取消しは，家庭裁判所が職権にもとづいて裁量的に行う。それは，保護処分の相当性の変化によるため，撤回としての性質をもつ。したがって，27条による取消しについては，27条の2の取消しの場合と異なり，一事不再理効は失われず，保護処分を取消された事件についての刑事訴追または再度の審判が遮断される。

有罪判決が確定した場合　保護処分中の少年に対して有罪判決が確定した場合，保護処分をした家裁は，取消しを相当と認めるときに 保護処分取消決定 ができる（27条1項）。保護処分を取消さない場合（刑の執行猶予や罰金刑など）もありうるが，刑の執行が一般に優先されるため（57条参照），死刑または執行猶予のない自由刑（→262頁）が確定した場合は，事実上，保護処分が取り消されることになる。保護処分を取消さない場合は，保護処分は失効しない。

新たな保護処分の場合　保護処分中の少年に対して新たな保護処分決定がされた場合，新たな保護処分をした家裁は，前の保護処分をした家裁の意見を聞いたうえで，いずれかの保護処分を取消すことができる（27条2項）。通常は前の保護処分を取消すことになるが，新たな保護処分を取消すこともできる。他方，交通短期保護観察と一般保護観察や，少年院仮退院中の保護観察と保護処分としての保護観察のように，保護処分の目的や方法，期間が排他的でない場合は，いずれも取消さずに併存させることができる。

(2) 少年保護事件の補償

意 義 刑事事件においては，未決の身柄拘束（抑留・拘禁）を受けた後に無罪判決を受けた被告人は，国に対して，刑事補償法（昭25法1）による補償を求めることができる（憲40条）。他方，少年保護事件では，1992年まではそのような法律もなく，補償の可否が問題となっていた。そうしたなか，最高裁は，非行なしを理由とする不処分決定を受けた少年からの刑事補償請求に対して，少年審判と刑事訴訟手続との性質の違いや，不処分決定に再審判遮断効（一事不再理効）がないことを根拠に，請求を否定していた（最決平3・3・29刑集45巻3号158頁）。

しかし，この理由づけには批判が多く，立法論をも背景として，1992年に，「少年の保護事件に係る補償に関する法律」（平4法84）が制定された。これにより，少年保護事件についても，刑事補償と同様の少年補償が可能になった。

要件と内容 補償の積極的要件は，①非行なしを理由とする審判不開始決定・不処分決定の確定，②非行なしとされた事実について，同行，収容観護，少年院送致等にもとづいて少年が身柄の自由を拘束されたこと，である（少補2条1項）。非行なしによる保護処分取消決定の場合は，身体の拘束だけでなく，没取も補償の対象になる（同2項）。他方，本人が補償を辞退しているなど，補償の必要性を失わせたり，減殺する特別の事情がある場合は，補償しないことができる（同3条）。したがって，特別の事情の不存在が，消極的要件ということになる。

補償の内容は，身体の自由拘束の場合は，拘束の日数に応じて，刑事補償法に定める1日当たりの割合の範囲内で相当な金額である（同4条1項）。没取の場合は返付を原則とし，返付できない場合は

没取物の時価相当額を交付する（同2項）。

補償手続の概要　補償の要否と内容は，非行なしの終局決定をした裁判所の調査にもとづき（同7条），終局決定の確定から30日以内に決定する（同5条2項）。補償金の払渡しと没取物の返付は，補償決定をした裁判所が行う（同8条）。運用に当たっては，刑事補償法と刑訴法の関連条文が準用されるほか（同9条），「少年の保護事件に係る補償に関する規則」（平4最高裁規8）にもとづく（少補10条）。

補償を受ける前に本人が死亡した場合は，特別関係者（配偶者や子など）からの申出（本人死亡後60日以内）により，本人に対する場合と同一の補償がされる（同6条）。

(3) 少年保護事件の再審

少年再審制度の不存在　刑事訴訟に再審制度がある（刑訴435条以下）のに対して，少年保護事件については，再審に関する直接的な規定がない。その最大の理由は，刑事訴訟が過去の犯罪行為に対する社会的非難を問題とする（侵害原理）のに対して，少年保護事件は，少年の健全育成を目的とし，その意味で保護処分は少年に対する利益処分的な性質を有すると考えられていたこと（保護原理）による。しかし，こうした相違を認めるとしても，保護処分に事実上の不利益処分の側面（自由の拘束）があることは否定できず，しかも誤った保護処分について名誉回復すらできないのは，正義に反するといわざるをえない。

実務の対応と立法的解決　こうしたなかで，実務は，非行事実の不存在の場合を審判権の不存在として扱い（27条の2第1項の拡張解釈），それを理由とする保護処分の取消しを求める抗告・再抗告（32条・35条）を認めるという方法によって，再審類似機能の拡

張を図ってきた（最決昭58・9・5刑集37巻7号901頁等）。しかし，こうした拡張解釈も，保護処分が終了してしまった事案には及びえなかった（最決平3・5・8家月43巻9号68頁参照）。

そこで，2000年改正は，保護処分終了後の取消しを認める条文を新設して（27条の2第2項本文），立法によって問題を解決した。しかし，そこでも，本人死亡後の取消しは明示的に否定されており（同但書），死後再審を認める刑事訴訟（刑訴439条1項4号）との不整合は，依然として解決していない。さらなる積極的な立法的対応が望まれるところである。

Bridgebook

第8章
処遇（保護処分）過程

　保護処分決定を受けた少年は，処遇執行機関において，具体的な処遇（保護処分の執行）に付される。本章では，具体的な保護処分について，選択する際の考慮事情等を確認したうえで，その概要と内容を見ることにする。また，保護処分過程で問題になる準少年保護事件についても明らかにする。

I　保護処分の選択と付随措置

1　処遇選択における考慮事情

(1) 処遇選択の意義

　審判の結果，非行事実が認められた場合，家庭裁判所は，少年に対して終局決定をする。これを「処遇選択」と呼び，これによって少年保護事件は終結する。選択される処遇の種類は，要保護性の有無と程度に応じて，不処分（23条），児童福祉機関送致（18条），検察官送致（20条），保護処分（24条）である。調査段階の審判不開始（19条1項）も，審判段階の不処分と同様に，「処遇の必要性がない」という意味で処遇選択のひとつである。選択されるべき処遇は，要保護性との関係でもっとも高い処遇効果（要保護性の解消）が期待できるものでなければならない。

217

処遇選択について，少年法は，処遇選択上の考慮事情を調査方針として例示するにとどまり（9条，規11条），それ以上には具体化していない。その理由は，少年保護手続が，個々の少年の資質・環境・非行内容等を総合的に検討したうえで要保護性を具体的に解明し，最適な処遇を与えて健全育成を図るものとして構成されていることにある（1条）。

(2) 非行事実と要保護性の関係

要保護性を解消するために処遇が選択される以上，処遇の可否・内容は，要保護性の有無・内容との釣り合いが要請される。この点で，少年司法は，罪刑の均衡を重視する刑事裁判と明らかに異なる。この相違点を強調すれば，処遇選択に際して非行事実は重視されなくてもよいことになる。かつては，そのような考え方（要保護性重視説）も強かった。しかし，少年司法も刑事司法の一部である以上，非行事実の程度や内容と全く無関係に処遇を選択することはできない。また，多くの場合，非行事実は要保護性が表面化したもの（相関的な反映）である。したがって，処遇選択においては，非行事実と要保護性とを総合的に考慮しなければならない。

実際に問題になるのは，両者に相関関係が見られない事案である。軽微な非行事実（万引等）に対して要保護性が極端に大きい場合（非常に劣悪な家庭環境等）もあるし，重大な非行事実（殺人等）に対して要保護性が低い場合も想定される。いずれについても，要保護性を特に重視すれば，要保護性に見合う処遇が選択されるべきことになろう。しかし，非行事実の程度や内容を前提としない処遇選択は，前者の事案では人権侵害の虞があり，後者の事案では社会の納得を得られないだけでなく，不必要で不適切な検察官送致の利用にもつながりかねない。処遇選択においても，行為主義的な観点を

軽視することはできないのである。

(3) 外国人少年の扱い

処遇に馴染みにくい少年として*，外国人（外国での生活経験の長い）少年があり，日本語を解さない者の処遇は特に困難である。外国人少年による非行の割合は，交通事件を除いた一般事件で家裁に係属したもののうち2％程度であり，漸減傾向はあるものの，軽視しうる状況にはない。外国人少年の少年院送致等を認めた裁判例もあるが（東京家決平14・11・11家月55巻4号80頁等），実際の処遇においては多くの困難が予想される。外国人少年については，処遇体制の拡充と整備が課題であると同時に，在留期間の見通し等の事情に配慮した処遇選択が要請される。いずれにしても，刑事政策における今後の重要な課題である。

* **政治犯・確信犯** 政治犯と確信犯の少年も，処遇困難な存在とされる。しかし，未成熟で可塑性に富む少年の場合は，信念が固定化している成人の場合と比べて，保護処分による改善可能性は高いから，通常の処遇選択と同じように実質的な判断をすれば足りる。実務上は，保護観察による扱いが一般に予定されている（昭44法務省保護局長通達・家月21巻7号164頁）。

2 保護処分に付随する措置

(1) 環境調整命令

保護観察または少年院送致の保護処分を選択した場合，家裁は，少年の環境調査にもとづいて，保護観察所長に対し，家庭その他の環境調整に関する措置を命じることができる（24条2項，規39条）。これは，保護処分の付随措置として命じられるものであり，保護処分なしに環境調整だけを命じることはできない。保護観察所長は，命じられた措置（指示）を実施する義務を負う。

環境調整命令の内容は，少年の保護のために必要で，保護観察所が実施可能なものであれば，その内容に制限はない。保護観察における帰住先・就労先・就学先の確保や住居の調整，保護者との関係調整，被害者遺族に対する保護者の対応の調整等が指示される。決定時期については規定がなく，保護処分を執行中に決定することもできる。ただ，保護処分決定の付随措置であるから，保護処分決定と同時または直後に決定されるべきであり，保護処分中に措置が必要になった場合は処遇勧告（規38条2項）で対応すべきである。

　保護処分決定に対する抗告の効力は，付随措置としての環境調整命令にも及ぶ。

(2) 報告・意見の提出，動向観察，処遇勧告

　家庭裁判所は，保護処分決定または試験観察決定をした場合，施設，団体，個人，保護観察所，児童福祉施設，少年院に対して，少年に関する報告や意見を求めることができる（28条）。保護処分との関係では，処遇の執行状況に関する正確な情報の入手は，少年に対するその後の適正な処遇を実現するのに役立つ。また，試験観察との関係では，処分決定をする際の重要な判断資料となりうる。報告と意見の提出については，方法および対象事項に制限はないが，実務では，それぞれ一定の書式にもとづいて実施されている。

　保護処分の少年について，家庭裁判所は，その動向に関心をもち，随時，その成績を視察することが要請されている（規38条1項）。また，必要に応じ，少年の処遇に関して，保護処分執行機関に勧告（処遇勧告）することもできる（同2項）。処遇勧告は，保護観察における一般短期・交通短期保護観察の勧告と，少年院処遇における一般短期・特修短期処遇の勧告で活用されている。

Ⅱ 保護観察処分

1 保護観察の意義と内容

(1) 保護観察の意義と種類,担当機関

保護観察(24条1項1号)は,少年を施設に収容せずに,家庭や職場等の社会内においたままで指導監督や補導援護を加えることにより,その改善と更生を図るものである。少年処遇の場面だけでなく,社会内処遇の典型として,諸外国でも広く活用されている。少年保護事件全体に占める割合は25％程度である。

保護観察には,少年法上の保護処分としてのもの(更生48条1号〔1号観察〕)のほか,少年院仮退院者(同2号〔2号観察〕),仮釈放者(同3号〔3号観察〕),保護観察付執行猶予者(同4号〔4号観察〕),婦人補導院仮退院者(売春26条1項〔5号観察〕)に対するものがある。いずれも広義の処遇という点で共通するが,それ自体が保護処分である1号観察は,何らかの優遇的な扱い(仮退院,仮釈放,刑の執行猶予)にともなう他の保護観察と性格が異なっている。実務上,1号観察がもっとも多く(保護処分に占める割合は85％強程度),5号観察は,1983年以降の実例がない。

保護観察の担当機関は,少年の居住地を管轄する保護観察所であり,少年処遇管理官が置かれている。実施者としては保護観察官と保護司が規定されており(更生61条1項),通常は,保護観察官を主任官とし,保護司を担当者として実施される。しかし,事件数に対して保護観察官の数が絶対的に不足しているため,少年との接触のほとんどが保護司に委ねられているのが現状である。

(2) 保護観察の方法と期間等

方　法　　保護観察は，保護観察官 と 保護司 による指導監督と補導援護の方法による（更生49条1項）。指導監督 は，対象者との接触（月に2回程度）を保って行状を把握し，必要な指示や措置をとるなどの方法で行う（同57条1項）。また，補導援護 は，対象者が自助の責任を踏まえて自立的生活を営めるよう，職業補導や生活環境の改善と調整，生活指導などが規定されている（同58条）。

具体的な運用は，定められた遵守事項を守るように指導監督する。遵守事項は，一般遵守事項 として法定されているもの（同50条)*のほか，特別遵守事項 を定めることができる（同51条）。特別遵守事項は，保護観察所長が家裁の意見を聴いて設定し，変更もできる（同52条1項）。そのため両者の緊密な連携（通知）が義務づけられている（規37条2項・3項）。具体的な実施要領や手続等は，省令や通達等に委ねられている（平20法務省令28・家月60巻8号106頁等）。なお，家庭裁判所は，保護観察決定に際し，保護観察所長に対して 環境調整命令 ができる（24条2項）。

対象と期間　　現行少年法の制定直後は，14歳未満の少年に対する保護観察は否定されていたが，1952年に制限が削除され，現在に至っている。ただ，14歳未満については，児童福祉機関先議主義にもとづき，児童福祉機関からの送致が前提となる（3条2項）。

期間は，少年が20歳に達するまでであるが，決定から2年未満の経過で20歳に達する少年については2年間である（更生66条）。また，虞犯通告による場合は，23歳を超えない範囲で期間が定められる（同68条3項）。保護観察は期間の満了によって終了するが，期間中であっても，成績良好等の理由で必要がなくなれば，解除または一時解除が認められる（同69条・70条）

* **一般遵守事項**　保護観察における一般遵守事項は，すべての保護観察（1号から5号）対象者に共通するものである。具体的には，再犯・再非行の防止のための健全な生活態度の保持，保護観察官との連絡や報告等の維持，住居の特定と定住，転居や旅行の際に許可を受けること，が詳細に法定されている（更生50条参照）。

(3) 遵守事項違反に対する措置

虞犯通告　保護観察に付された少年が遵守事項に違反した場合，保護観察所長は，家庭裁判所に少年を虞犯少年として通告し（虞犯通告），新たな少年保護事件として処分の要否が判断される（更生68条）。ただ，実際の件数は多くない（年間に20件程度）。通告の対象は，少年法上の保護処分としての保護観察に付されている少年であり（同68条1項），通告時に20歳以上23歳未満の者も少年と見なして扱われる（同2項）。準少年保護事件の実質をもつ。

通告の実質的要件は，新たな虞犯事由が存在することで，虞犯性の存在までは必要でない。この通告は送致と同じ性格をもつため，その方法については検察官等による送致書の方式が準用される（規8条5項）。通告の要否の判断に際し，保護観察所長には，出頭命令，引致，留置を含めた調査権限がある（更生63条参照）。

施設送致申請　保護観察に付された少年への指導を一層効果的なものとするため，2007年改正により，遵守事項違反少年に対する警告と施設送致申請の制度が新設された（26条の4，更生67条）。準少年保護事件のひとつであり，詳細は後に述べる（→245頁）。

2　保護観察の類型

(1) 一般保護観察と交通保護観察

一般保護観察は，保護観察の基本的形態であり，更生保護法もこ

れを前提として規定されている。**分類処遇**が推進され，処遇困難者に対する保護観察官の積極的関与のほか，暴走族加入者やシンナー濫用者をはじめとする11類型の分類処遇，および低年齢の非行少年の処遇について通達が出されている（平2法務省保護局長通達・家月42巻11号82頁）。処遇内容は，指導監督と補導援護である。おおむね1年（特別の事情があれば6か月）を経過し，成績良好が3か月以上にわたって継続するときに**解除**が検討される。

交通保護観察は，交通事件とその処遇の特性に着目した内容のものとして運用されている（平20保護局長通達）。交通事件で保護観察に付された少年のうち，交通短期保護観察対象者以外の者が対象となる。一般保護観察の運用を基本としながら，交通事件の特性に配慮した運用（専門の保護観察官・保護司，交通関係の指導や講習等）が行われている。6か月の経過（特別の事情があれば短縮できる）で解除が検討される。

(2) 一般短期保護観察と交通短期保護観察

一般短期保護観察は，処遇の多様化を図るものとして，家裁の**処遇勧告**にもとづいて運用され（規38条2項），1994年4月から正式に実施されている。一般に，「短期保護観察」と呼ばれる。対象者の具体的な選定基準は通達に定められている。処遇内容は，6領域（生活習慣，学校生活，家族関係等）から更生に重要なひとつを選択して，具体的な課題のもとで指導と助言等を行う。実施期間はおおむね6か月以上7か月以内で，おおむね6か月経過後に解除が検討される。解除基準に達しない場合であっても10か月以内には解除し，10か月を超えて継続する必要がある場合は，家裁の意見を聴いたうえで一般保護観察に切り替えて継続する。

交通短期保護観察も，処遇の多様化を図るものとして，家裁の処

遇勧告にもとづいて運用され，1985年5月から正式に実施されている。対象者の選定基準や具体的な運用は，通達等に定められている。処遇内容は，原則として保護観察官が直接的に集団処遇を行い，少年に生活状況を報告させるもので，保護司の指名と個別処遇は行わない。実施期間は3か月以上4か月以内で，車両運転による再犯がなく，集団処遇を受けて特段の支障がない場合に，期間内に解除される。解除基準に達しない場合であっても6か月以内には解除し，6か月を超えて継続する必要がある場合は，家裁の意見を聴いたうえで交通保護観察に切り替えて継続する。

Ⅲ 児童自立支援施設・児童養護施設送致

1 意義と担当機関

(1) 保護処分としての意義

児童自立支援施設・児童養護施設送致は（24条1項2号），児童福祉法上の施設を少年法の保護処分に活用するものである。これらの施設への入所について，児童福祉法では親権者・後見人の意思に反することはできないが（児福27条4項），少年法の保護処分としては強制することができ（同27条の2），社会記録（写し）の送付もできる（規37条の2）。児童福祉法上の施設を活用するため，非行性の深化していない少年に対する処遇効果が期待されている。ただ，保護処分としての利用度は高くなく，少年保護事件全体の0.2％程度（保護処分全体の1％弱程度）にとどまる。

(2) 処遇担当機関

担当機関は，児童養護施設（旧養護施設）と児童自立支援施設（旧

教護院)である。児童養護施設は,保護者のない児童や被虐待児等(養護を要する児童)を入所させて養護し,その自立を支援することを目的とする(児福41条)。児童指導員や保育士等が児童と起居を共にして,生活指導や職業指導などが行われる。入所者の大部分が保護環境に恵まれない児童であり,シェルター(避難所)としての意味合いが強く,保護処分施設としての役割は小さい(送致例として,水戸家土浦支決平13・8・1家月54巻3号94頁)。

他方,児童自立支援施設は,不良行為をなす(虞のある)児童等を入所または通所させて必要な指導を行い,その自立を支援することを目的とする(児福44条)。保護処分として利用される割合は低いが,その処遇効果には顕著なものがある。

2 児童自立支援施設における処遇

(1) 児童自立支援施設とその処遇

児童自立支援施設は,感化院制度から出発し,教護院を経て,現在は全国に58(国立2,私立2,公立54)の施設がある。当初は夫婦小舎制から出発したが,その後,規模と職員の勤務形態は大きく変化している。規模の面では,小舎制(15名以下),中舎制(16名以上25名),大舎制(26名以上)がある。また,職員の勤務形態としては,夫婦制,父母機能を果たす職員による交代制,両者の混合としての並立制があり,近時は交代制に移行する傾向が強い。

保護処分としての入所処遇は,訓育,生活指導,学科指導,職業指導を中心に,開放的な処遇と非強制的な福祉的措置によって,問題をかかえた少年の「育て直し」を目ざしている。処遇に当たっては,非行少年とそれ以外の要保護児童を区別して扱うことはない。措置の権限は,都道府県知事(その委任を受けた児童相談所長)に属

する（児福27条6項参照）。

児童自立支援施設での処遇は非強制的なものであるが，重大事件の触法少年のように 強制的措置（行動の自由の制限）が必要な場合は，例外的に，家裁に送致したうえで強制的措置をとることが認められる（6条の7第2項，児福27条の3）。この場合，家裁は，決定において強制的措置をとりうる期間と日数を指示し（18条2項），施設側は，それを短期間に分割して強制的措置をとり，その後は開放処遇に戻すことを繰り返す。現在，強制的措置を行っているのは，12の指定されている施設のうち，国立の2施設（武蔵野学院〔男子〕，きぬ川学院〔女子〕）だけである。

(2) 保護処分としての限界

児童自立支援施設は，18歳未満が対象となる（児福4条1項）にもかかわらず，収容されている者の多くは中学生を中心とする義務教育中の者であり，保護処分対象年齢を原則14歳以上とする（3条2項）少年法との関係で，十分に活用する場面が少ないという現実が見られる。また，保護処分決定後は家裁が関与できないため，入所が義務づけられているにもかかわらず，施設までの連行を強制できず，無断外出で帰宅し保護者が連戻しに同意しない場合は，連戻せない事態も生じる。

他方，触法少年による「長崎事件」や「佐世保事件」＊を契機として，精神的問題をかかえた触法少年に対する児童自立支援施設での処遇の限界が指摘されていた。このため，2007年改正により，14歳未満の少年の初等・医療少年院送致が認められることになった（24条1項但書，院2条2項・5項。→237頁）。

＊ **長崎事件，佐世保事件** 長崎事件は，2003年に行為時12歳の男子少年が，4歳の男児を性的暴行の後に殺害したものである。佐世保事件は，

2004年に行為時11歳の女子少年が，同級生の女児を殺害したものである。いずれの少年も，精神鑑定が行われた後，強制的措置が認められて武蔵野学院ときぬ川学院に送致された。ただ，いずれも強制的措置が複数回にわたって延長されるなど，児童自立支援施設における強制的措置のあり方と精神医療体制の適否を中心とした議論が起こり，2007年改正へとつながった。

Ⅳ 少年院送致

1 少年院送致処分の意義等

(1) 少年院送致の意義と担当機関

意　義　少年院送致は，保護処分のうちもっとも強力な処遇である。自由拘束度の強い国立（法務大臣管轄）の施設における処遇として，日常生活全般にわたる集中的で濃密な指導と教育が可能であり，体系的かつ専門的，計画的かつ継続的，統一的な処遇を行うという利点がある。このため，特に要保護性の高い少年に対する処遇として効果をあげている。少年保護事件全体に占める少年院送致決定の割合は4％弱程度（保護処分全体の13％弱程度）を占める。

従来は少年法上の保護処分として送致された者だけを収容していたが，2000年改正により，16歳未満の 少年受刑者 も収容して矯正教育を行うことになった（56条3項，院1条）。また，2007年改正により，児童自立支援施設処遇の限界に対処するため，特に必要な場合に14歳未満（おおむね12歳以上）の少年を初等・医療少年院に収容できることになった（24条1項但書）。

処遇担当機関　少年院 は，収容対象者との関係で，心身の著しい故障の有無，犯罪的傾向の進度，年齢，のそれぞれに応じて，初等少年院，中等少年院，特別少年院，医療少年院の4種類に分類さ

れる（院2条1項）。収容対象の異なる複数の少年院が併設されていることもある。男女別の施設が必要とされるが、医療少年院については分隔施設で足りる（同6項）。

(2) 少年院の種類と収容対象・期間

少年院の種類と収容対象　心身に著しい故障のある「おおむね12歳以上」の少年は、犯罪性の進度や年齢と関係なく、医療少年院に収容される（院2条5項）。心身に著しい故障がなく、犯罪的傾向の進んだ「おおむね16歳以上」の少年は、特別少年院に収容される（同4項）。また、心身に著しい故障がなく、犯罪的傾向が進んでいない少年については、年齢によって区別され、「おおむね12歳以上」が初等少年院に収容され（同2項）、「おおむね16歳以上」が中等少年院に収容される（同3項）。

少年院送致決定に際して、家庭裁判所は、収容すべき少年院の種類を指定する（規37条1項）。種類の指定に当たって、年齢以外の要素については実質的な検討が必要であり、調査官の調査報告と処遇意見（規13条1項・2項）および少年鑑別所の心身鑑別結果（9条）が判断資料となる。

収容期間　収容期間は、本人が20歳に達するまでを原則とするが、送致決定時に19歳を超えている者については送致時から1年間である（院11条1項）。決定後から入院までの間に20歳に達する者については、少年院に収容したうえで、収容継続で対応する（昭46法務省矯正局長通達・家月24巻2号207頁）。また、法定の事由（同2項）がある場合には、特別少年院では23歳まで、医療少年院では26歳まで、それぞれ収容を継続することができる（同4項・5項。→240頁）。

収容は、法定期間満了による退院（同1項・8項）のほか、少年

院長の申出にもとづく地方更生保護委員会の決定による退院・仮退院（院12条）によって解除される。

(3) 少年院送致決定の執行

少年院送致決定に対する抗告には執行停止の効力がなく（34条本文），決定告知後はただちに執行段階に移行するため，家裁は，ただちに執行指揮をし（規4条），速やかに少年鑑別所長に通知しなければならない（規37条2項）。通知を受けた少年鑑別所長は，矯正管区長が設けた「保護少年分類規程」にもとづいて収容すべき少年院（具体的な施設）を特定する 指定書 を作成する（昭25法務府訓令）。矯正管区外の施設を指定することもできる。執行受命者（26条1項）は，指定された少年院長に執行指揮書や指定書とともに少年の身柄を引渡し，それによって執行は完了する（昭25最高裁家庭局長通達・家月2巻5号155頁）。

少年院への収容に際しては，必要に応じて，少年鑑別所等に少年を仮収容することができる。

2　少年院における処遇の運用

(1) 少年院処遇の多様化

処遇勧告による多様化　少年院での処遇は，個々の在院者の年齢と心身の発達程度を考慮して，その特性に応じて行われる（院1条の2）。そのため，「少年院処遇規則」（昭24法務府令60）が定められている。収容期間は不定期であるが，おおむね1年程度の処遇計画で運用する長期処遇を原則としながら，分類処遇 制度（同4条）と 累進処遇 制度（同6条）を採用している。さらに，処遇勧告による処遇内容（処遇区分）の多様化が図られ，各種の通達等にもとづいて運用されている（平19矯正局長通達等）。

分類処遇における細分と対象者

処遇区分	処遇課程	処遇過程の細分	対象者
一般短期処遇	短期教科教育課程（SE）	—	義務教育課程の履修を必要とする者又は高等学校教育を必要とし，それを受ける意欲が認められる者
	短期生活訓練課程（SG）	—	社会生活に適応するための能力を向上させ，生活設計を具体化させるための指導を必要とする者
特修短期処遇（O）	—	—	一般短期処遇の対象者に該当する者であって，非行の傾向がより進んでおらず，かつ，開放処遇に適する者
長期処遇	生活訓練課程	G_1	著しい性格の偏りがあり，反社会的な行動傾向が顕著であるため，治療的な指導及び心身の訓練を特に必要とする者
		G_2	外国人で，日本人と異なる処遇を必要とする者
		G_3	非行の重大性等により，少年の持つ問題性が極めて複雑・深刻であるため，その矯正と社会復帰を図る上で特別の処遇を必要とする者
	職業能力開発過程	V_1	職業能力開発促進法等に定める訓練（10か月以上）の履修を必要とする者
		V_2	職業能力開発促進法に定める職業訓練（10か月未満）の履修を必要とする者，又は職業上の意識，知識，技能等を高める職業指導を必要とする者
	教科教育課程	E_1	義務教育課程の履修を必要とする者のうち，12歳に達した日以後の最初の3月31日が終了した者
		E_2	高等学校教育を必要とし，それを受ける意欲が認められる者
		E_3	義務教育課程の履修を必要とする者のうち，12歳に達する日以後の最初の3月31日までの間にある者
	特殊教育課程	H_1	知的障害者であって専門的医療措置を必要とする心身に著しい故障のない者及び知的障害者に対する処遇に準じた処遇を必要とする者
		H_2	情緒的未成熟等により非社会的な形の社会的不適応が著しいため専門的な治療教育を必要とする者
	医療措置課程	P_1	身体疾患者
		P_2	肢体不自由等の身体障害のある者
		M_1	精神病者及び精神病の疑いのある者
		M_2	精神病質者及び精神病質の疑いのある者

（平成24年度版『犯罪白書』119頁）

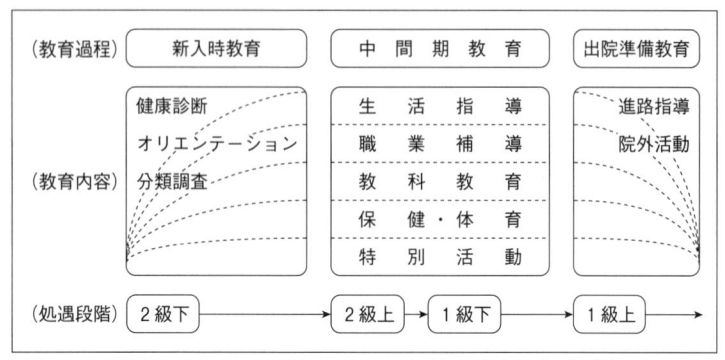

[図6] 少年院処遇の流れ図

（教育過程）	新入時教育	中 間 期 教 育	出院準備教育
（教育内容）	健康診断 オリエンテーション 分類調査	生 活 指 導 職 業 補 導 教 科 教 育 保 健・体 育 特 別 活 動	進路指導 院外活動
（処遇段階）	2級下 →	2級上 → 1級下 →	1級上 →

（平成12年度版『犯罪白書』180頁）

処遇区分と処遇課程　処遇区分としては，それぞれ1年程度の長期処遇を前提として，1年ないしは2年を超える長期処遇が勧告されることもあり，初等少年院と中等少年院では短期処遇（一般短期，特修短期）が勧告されることもある。

処遇課程は，生活訓練課程，職業能力開発課程，教科教育課程，特殊教育課程，医療措置課程を共通の柱として，対象者に応じてさらに細分化されている（前頁表参照）。ただ，実際には，各施設がすべての処遇課程を実施するのは不可能であり，施設ごとに中心となる処遇課程を定め，細分化された処遇対象者に応じて具体的な施設が指定される。再鑑別と矯正管区長の認可を条件として，他の少年院への移送も認められる。また，累進処遇は，定型化されたものとして運用されている（図6参照）。

他方，実際の運用の多くが通達等によることから，「広島少年院事件」*を契機として，法律を直接の根拠としない少年院処遇のあり方が問題となり，2012年3月に少年院法案が国会に提出されたが，

現時点で成立には至っていない。

　＊　**広島少年院事件**　2008年3月から約1年間にわたって，広島少年院の法務教官4名が，延べ数十人の在院者に対して暴行凌虐を繰り返した事件。この事件を契機として，少年院運営の抜本的改善を目的として法務省「少年矯正を考える有識者会議」が設置され，そこでの提言にもとづいて，国会提出の少年院法案が策定された。

(2) 長期処遇と短期処遇

　長期処遇　短期処遇になじまない者を対象とするが，家庭裁判所が短期処遇を勧告しない場合は，当然に長期処遇対象者とされる。収容期間は2年以内であり，おおむね1年程度の処遇計画で運用される。少年院長が必要性を認め，矯正管区長の認可があれば，1年を超える長期処遇も勧告できる。実務では，一般に，「比較的長期」（1年を超え2年以内）または「相当長期」（2年を超える）の処遇勧告が行われる。また，長期処遇における比較的短期のような勧告も認められている（広島家決平16・3・30家月56巻10号85頁等）。

　具体的な処遇としては，柱となる5つの処遇課程を基本として，特別活動をはじめ，さまざまな取り組みが行われる。収容期間は，再鑑別に付したうえで，矯正管区長の認可があれば，延長または再延長ができる。

　一般短期処遇　初等・中等少年院において，短期間の集中的・継続的な訓練指導による矯正と社会復帰を目ざすもので，家裁が一般短期処遇の勧告をした者が対象となる。実務上，原則として14歳以上で，非行が常習化しておらず，施設収容歴のない者が対象とされている。ただ，対象者の選定基準には拘束力がなく，最終的には家裁の判断による。

　収容期間は6か月以内で，20週間を標準とする教育期間を設定し，短期教科教育課程と短期生活訓練課程としての分類処遇が行われる。

開放処遇や半開放処遇も組み合わされる。再鑑別と矯正管区長の認可を条件として,収容期間の延長ができる。

特修短期処遇　かつての交通短期処遇を改編したもので,初等・中等少年院において,家裁の特修短期処遇の勧告にもとづいて実施されている。一般短期処遇よりも短期間の訓練指導によって矯正と社会復帰を図るもので,それに適した対象者が選定される。健全な規範意識の体得と自主性・自立性の伸長を処遇方針とし,少年の自主性を重んじた運用(無施錠や頭髪の自由等)が行われ,半開放・開放処遇も積極的に進められている。

収容期間は4か月以内で,11週間を標準とする教育期間を設定し,その期間内で仮退院による保護観察に移行することが目ざされる。収容期間は延長できない。ただ,最近は収容者数が減少しており,全国的に特定の施設に対象者を集約していく傾向が見られる。

(3) 連戻し

職員による連戻し　少年院への収容は法の強制力による処分であるため,在院者が逃走した場合は,強制力を用いて再収容しなければならない。そこで,少年院から逃走した者の身柄を確保して同行し,施設に戻すまでの行為を「連戻し」と呼び,少年院法に要件と手続が規定されている(院14条)。連戻しは,少年院在院者(少年鑑別所在所者を含む)が逃走した場合に,少年院の権限と義務にもとづいて認められるものである。少年院の職員は,逃走から48時間以内に限って,みずからまたは警察官の援助を求めて逃走した者を連戻すことができる(院14条1項・2項)。

連戻状　他方,48時間経過後の連戻しは新たな身柄拘束と同視すべきものとされ,人権擁護と令状主義の観点から,少年院長の請求にもとづいて家裁裁判官が発する連戻状によらなければならない

（同2項）。発付審理に当たり，家裁は，必要に応じて少年院職員の意見陳述や書類等の提示を求めうる（規56条5項）。また，数通を発付することもできる（同57条4項）。

連戻状の有効期間は，原則として30日で，相当な場合は30日を超えることもできる（同57条2項）。連戻状による連戻しは，連戻状を本人に提示したうえで連戻すべき場所に同行し，着手した年月日と場所等を連戻状に記載する（同18条1項〜3項の準用）。連戻状を所持しない緊急執行もできる（同2項の準用）。執行担当者は，少年院職員と警察官である（院14条1項）。ただ，執行に際して，強制捜索や強制立入は許されない。勾引状や勾留状の執行の場合（刑訴126条）と異なり，連戻状には強制処分の根拠規定がないからである。

(4) 保護者に対する措置

少年の保護者は，少年の非行の克服や社会復帰の促進に重要な役割を期待される一方で，非行の原因ないしは助長要因となっていることも少なくない。そこで，少年保護事件の全過程（場面）を通じて，保護者への働きかけが重要なものとなる。こうしたことから，2000年改正により，調査過程と審判過程における保護者への働きかけ（訓戒，指導等）が明文化されることになった（25条の2）。同様の趣旨から，少年院で従前から行われていた保護者に対する措置（指導，助言等）が明文化され，処分執行段階における保護者の積極的な関与が期待されている（院12条の2）。

いずれの措置も，適宜の方法で行い，内容に制限はない。ただ，任意的な（強制力をともなわない）ものであり，従わないことに対する制裁は予定していない。具体的には，従前から行われている，指導，助言のほか，講義や講習会への参加などが想定される。

3 少年院処遇をめぐる個別問題

(1) 虞犯少年の少年院送致

非行・犯罪の危険性を根拠として保護処分の対象とされる虞犯少年について，身柄の拘束をともなう少年院送致を選択することの可否が争われている。それを明確に否定する立場もあるし，虞犯性の著しい場合に例外的に許容する裁判例も見られる（大阪高決昭47・5・23家月25巻1号105頁）。しかし，文理上はそのような制限がないため，特段の制限なしに認めるのが実務の大勢である（東京高決昭51・12・1家月29巻10号167頁等）。

虞犯事件における少年院送致の比率は，経年的に，一般事件全体におけるそれの約3倍になっている。これは，虞犯による立件が慎重に行われ，その件数もきわめて少ないことから，収容保護の必要性が真に高い事案で少年院送致が選択されていることによる。虞犯少年の少年院送致についても，一律に排斥されるべきではなく，犯罪少年と同じように，少年院処遇の要否・適否を具体的に判断すれば足りる（東京家決平19・7・18家月60巻1号139頁参照）。

(2) 少年院収容受刑者

意 義 家庭裁判所から検察官に送致され，刑事裁判所で自由刑の言渡しを受けた少年は，少年刑務所でその刑を執行されることになる（56条1項）。しかし，2000年改正により，行為時14歳以上で逆送時16歳未満の犯罪少年が新たに刑事処分の対象となったことから（20条1項），16歳未満の **少年受刑者** が誕生することになった。これに対応するため，16歳未満（年少少年）の少年受刑者の刑を特例的に少年院で執行することが認められた（56条3項前段）。この特例は，16歳未満は義務教育年齢にあることから，職業訓練

や生活訓練を重視する 少年刑務所 での処遇よりも，同年代の矯正教育の専門施設（少年院）で処遇する方が適切だと考えられたことによる。このため，少年院での刑の執行については，矯正教育を授けることの趣旨が特に明示されている（同後段）。

内容等　年少少年ではあるが，刑事処分が相当な程度に犯罪性が進んでいるため，特別少年院での執行も排除されない。具体的な収容施設の指定は矯正当局によるが，その判断に当たっては，少年鑑別所の資質鑑別（院16条）を活用することができる。刑の執行中に16歳に達した時点で少年刑務所に移送されるから（同10条の2），仮退院の保護観察を前提とする通常の少年院処遇とは異なる特別の処遇プログラムが必要となる。

逃走した者の 連戻し については，48時間以内は通常の少年院在院者と同じに扱うが（同14条1項・5項），48時間経過後は，裁判官の連戻状による連戻しは認められず（同2項），一般受刑者の例（収容状の発付手続）による（刑訴485条）。また，受刑者の地位との関係で，刑事施設法等の準用がある（院17条の6）。

(3)　14歳未満少年の収容と教育

14歳未満の少年については，福祉的な対応が望ましいとの観点から児童福祉機関先議主義がとられ（3条2項），1949年の少年院法改正以後は，少年院送致が一律に否定されてきた。その後，児童自立支援施設における 触法少年の処遇（特に強制的措置と精神医療的対応）に大きな限界のあることが指摘され，2007年改正により，初等・医療少年院の収容対象年齢の下限が「おおむね12歳以上」に改められることになった。ただ，14歳未満については，児童福祉的な措置が原則であることに変わりはなく，収容にともなう弊害も予想されることから，より慎重な判断が必要であり，少年院送致を

正当化するだけ（児童自立支援施設では十分でないこと）の根拠や事情の存在が必要とされる。

なお，14歳未満の者の少年院における具体的な処遇は，各種の通達等にもとづいて行われる（平19矯正局長通達等）。

V 準少年保護事件

1 保護処分の取消し

(1) 27条の2の趣旨の拡張

法27条の2は，保護処分の事後的取消しを認める点で27条と共通している。しかし，27条が競合する処分の調整を目的とするのに対し，27条の2は，違法な（審判権の不存在と送致手続違反による）保護処分を理由とする点で大きく異なる。当初の立法趣旨は，審判権の不存在について，年齢詐称のような場合を前提としていた。

しかし，少年保護事件に再審（類似）制度が存在しないことから，実務は，非行事実不存在の場合を「審判権の不存在」に含むとの解釈によって適用範囲を拡張し（最決昭58・9・5刑集37巻7号901頁等），違法な保護処分の場合に限らず，誤った保護処分からの救済をも認める運用をするようになった（立法趣旨の拡張）。ただ，こうした拡張解釈も保護処分終了後の取消しには及ばなかったため（最決平3・5・8家月43巻9号68頁），2000年改正によって，保護処分終了後の取消し を認める条文が新設された（27条の2第2項本文。→215頁）。

(2) 取消しの要件

保護処分継続中の少年について，審判権の不存在ないし14歳未

満に対する送致手続違反,または保護処分執行中または終了後に非行事実の不存在を,それぞれ「認め得る明らかな資料」を「新たに発見したとき」には,保護処分をした家庭裁判所は,保護処分取消決定をしなければならない(同1項・2項)。

「明らかな資料」とは,保護処分決定の認定を覆すに足りる証明力を有する証拠をいう。非行事実不存在の場合は,刑事再審の場合と同じく,事実認定に合理的な疑いを生ぜしめるものであればよい(最決昭50・5・20刑集29巻5号177頁参照)。「新たに発見したとき」とは,保護処分をした裁判所が,決定時に知りえなかった資料を決定後に認知したことをいう。

(3) 取消手続と決定

手 続 取消申立権者は,少年(であった成人)とその法定代理人である。取消申立の法的性格は明示されていないが,最高裁は,申立権と解している(最決昭58・9・5刑集37巻7号901頁参照)。申立権者から非行事実不存在を理由とする申立てがあれば,ただちに事件係属が生じる。他方,それ以外の理由(審判権の不存在等)による申立ての場合は,裁判所が職権で内容を調査して立件する。取消しの可否の審理は少年保護事件手続に準じるが(準少年保護事件),審判権の不存在・手続違反と非行事実不存在が理由となるため,要保護性に関する調査は必要とされない。

決 定 取消事由がある場合は 保護処分取消決定 をし,取消事由がない場合は申立棄却決定をする。告知等については,関連条文が準用される(24条1項,規3条1項・4項・35条2項)。14歳未満の送致手続違反を理由とする取消しの場合は,同時に児童福祉機関送致決定をし,保護処分時20歳以上を理由とする取消しの場合は,同時に年齢超過による検察官送致決定をする(27条の2第4項)。

取消決定をした場合，事後の手続が必要となるため，保護処分の執行機関への通知が必要とされる（規5条3項）。また，少年院収容中の少年について，身柄の移動に時間が必要な場合は，3日以内の期間で収容を継続できる（27条の2第5項）。

決定の効力　法27条の2によって取消された保護処分が検察官関与決定事件のものであった場合は，一事不再理効 が認められる（46条2項・3項但書）。非行事実不存在を理由とする取消しについては，保護処分に対する抗告と同様に，少年側に抗告が認められる（32条の準用）。また，検察官関与決定事件では，取消決定と不取消決定のいずれについても，検察官は抗告受理の申立てができる（32条の4の準用）。

2　収容継続申請事件

(1)　収容継続の意義と対象

旧法は，柔軟な対応による最適な処遇を実現するという観点から，処遇執行機関（行政権）による保護処分の事後的な取消と変更を広く認めていた。他方，それは，少年の人権を侵害しかねないものであった。そこで，現行少年法は，保護処分の事後的変更 を原則として否定したうえで，少年院収容期間満了後の収容継続を例外的に認め，その判断を家庭裁判所（司法権）の管轄とすることで，最適な処遇の実現と人権保障との調和を図っている。準少年保護事件 のひとつであり，少年保護事件手続が準用される（規55条）。

対象は，少年院を期間満了で退院する者であり，19歳以前から在院して20歳に達した者，および19歳後から在院して1年間を経過した者である（院11条1項）。実務では，仮退院中の者の保護観察期間を延長する目的で収容継続申請を利用することも認めている

(福岡家飯塚支決昭 51・4・26 家月 28 巻 12 号 211 頁)。

(2) 収容継続の要件

通常の収容継続は，①心身に著しい故障があること，または②犯罪的傾向が矯正されていない者について，医療少年院（①）または特別少年院（②）において，23 歳までの収容継続が認められる（院 11 条 2 項・4 項）。また，③精神に著しい故障があって公共の福祉のために必要がある者は，医療少年院において，23 歳から 26 歳までの範囲内で収容継続ができる（同 5 項）。なお，少年院法 2 条 3 項の文言にもかかわらず，20 歳以上の者を中等少年院に収容継続することも認められる。

これらの要件は，いずれかを充足すればよい規定ぶりになっている。しかし，心身の故障または精神に著しい故障がありながら犯罪的傾向がなくなった者については，そもそも保護処分に付すための前提が欠けるため，保護処分としての収容継続は適切でない。②の存在が，①または③の前提と考えるべきである。

②の要件は，本来的には，本人の性格や帰住環境等から総合的に判断して，そのまま退院すると罪を犯す虞がある場合を意味する（東京家決平 11・11・12 家月 52 巻 7 号 117 頁等参照）。しかし，実務では，収容継続の必要性が本人の健全育成との関係でかなり緩やかに運用されており，資格取得の利益（東京家決平 11・8・10 家月 52 巻 1 号 130 頁等）や病気治療の利益（札幌家決昭 48・3・14 家月 25 巻 10 号 181 頁等）を理由に収容継続を認めた例がある。

(3) 申請手続と審理手続

申請者は，対象者が在院する少年院の長である（院 11 条 2 項・5 項）。申請の方式等に関する規定はないが，実務では，家裁に対して書面（**収容継続申請書**）を提出する扱いになっている。申請は収

容期間内に裁判所に到達しなければならず，期間経過後に到達した場合は不適法なものとして却下される（東京家決昭42・12・22家月20巻8号119頁等）。申請が受理された場合，裁判所からの決定があるまでは，本人を少年院に収容しておくことができる。

収容継続申請事件の手続は，その性質に反しない限り，少年保護事件の例による（規55条）。したがって，申請が適法であれば，収容継続の必要性の存否について調査官調査を命じ（8条・9条），審判を開始したうえで（21条），審判期日に裁判官の直接審理によって収容継続の可否を決定する。他方，観護措置および試験観察の利用は認められない。審判期間についての規定はないが，実務では，本来の収容期間満了前に決定する扱いが多い。

(4) 終局決定

収容継続申請が不適法または理由がない場合は，申請を却下する。収容継続を認める場合，家庭裁判所は，少年院長が申請した期間をも考慮して 収容継続期間 を定め，収容すべき少年院の種類を指定して収容継続決定をする（規37条1項の準用）。少年院の種類については，現に少年を収容している少年院と異なる種類を指定することもでき，20歳以上の者を中等少年院で収容継続することもできる。

継続期間については，少年院長の申請に拘束力はないが，実際はそれと同じになることが多い。収容継続の要件に応じて，23歳または26歳が上限となる（院11条4項・5項）。

決定は，その効力が直接に及ぶ者に告知すれば足りるから，本人に告知すればよい。ただ，収容継続申請者であり，本人の退院を管理する少年院長については（院11条1項・8項），告知をするのが望ましい。収容継続決定は，本人に新たな不利益を与えるものであるため，抗告の対象となる（32条の準用）。他方，申請の却下・棄

却の場合は，本人の不利益を想定できないから，少年法における不服申立の性質上，抗告は認められない。

3 戻し収容申請事件

(1) 戻し収容の意義と対象，要件

意義と対象　少年院を仮退院して保護観察（更生40条～42条・48条）に付されている者が，保護観察の遵守事項を遵守しなかった場合，少年院に再収容（戻し収容）して処遇することが認められている（更生71条・72条）。準少年保護事件 のひとつであり，少年保護事件手続が準用される（規55条）。対象は 少年院仮退院者 であり，26歳までの者が対象となる。収容継続決定または戻し収容決定にもとづいて収容された後に仮退院した者も，戻し収容の対象となる（甲府家決昭37・7・26家月16巻1号183頁等）。

要　件　戻し収容の要件は，①少年院を仮退院した少年が保護観察の遵守事項を遵守しなかったとき（更生71条本文），または②23歳以上の少年院仮退院者で，少年院法11条5項の事由（精神に著しい故障があって公共の福祉のための必要がある）に該当するとき（更生71条但書）で，③家庭裁判所が相当と認めるとき（同72条1項）である。③について，実務は，相当性のほか，必要性の存在も要求している。したがって，判断に際しては，少年院送致を選択する際の考慮要素（少年の資質・非行歴，保護環境等）のほか，遵守事項違反の内容，保護観察所の指導内容とそれに対する少年の態度から，戻し収容の必要性と相当性を総合的に検討すべきものとされる（奈良家葛城支決平12・4・7家月52巻9号123頁参照）。

(2) 申請手続と審理手続

申請は，保護観察所長の申出にもとづき，地方更生保護委員会が，

少年院送致決定をした家裁に対して行う（同71条本文）。通常，本人を引致状によって引致し，その留置中（引致後10日以内は少年鑑別所等に留置できる）に戻し収容の要否が判断される。

審理手続については，専門家からの意見聴取が義務づけられる（同72条4項）ほかは，少年保護事件手続の例による（規55条）。したがって，調査官調査の後に審判を開始し，審判期日に裁判官の直接審理によって戻し収容の是非が決定される。また，観護措置および試験観察については，収容継続申請事件の場合と異なり，いずれも認めるのが実務である（神戸家決昭61・10・29家月39巻5号87頁，秋田家決昭61・8・1家月39巻3号70頁等）。

(3) 終局決定

戻し収容を認めない場合は，申請を却下する。認める場合には，家庭裁判所は，収容期間を定め，少年院の種類を指定して戻し収容決定をする。環境調整をあわせて命じることもできる（前橋家高崎支決昭56・8・20家月33巻12号133頁）。

20歳を超えて収容する必要がある場合は，23歳または26歳が期間の上限となる（更生72条2項・3項）。収容期間の長期化を回避するため，実務では，処遇勧告（規38条2項）が積極的に活用されている（宇都宮家決昭57・3・9家月34巻8号125頁等）。少年院の種類は，在院していたのと異なる種類を指定することもできる（大阪高決昭60・6・3家月37巻12号73頁）。戻し収容は本人の身柄の移動をともなうから，執行指揮が必要となる。少年鑑別所に留置されている者に関しては，執行指揮書が交付される。

決定の告知の相手方は本人であるが，収容継続決定の場合と同様の観点から，地方更生保護委員会への告知が要請される。また，戻し収容決定は，収容継続決定と同じく本人に新たな不利益を与える

ものであるため，抗告の対象となる（32条の準用）。

4 施設送致申請事件

(1) 施設送致の意義と手続

　保護処分としての保護観察（24条1項1号）に付されている者が遵守事項に違反した場合，従前は虞犯通告（更生68条。→223頁）で対応していたが，2007年改正によって，施設送致申請による対応が新設された（26条の4，更生67条）。

　施設送致申請の手続は2段階で構成される。第1段階として，保護観察の遵守事項違反を認知した保護観察所長は，遵守事項を遵守するように警告を与えて（警告書の朗読と交付）少年に自覚を促し，自発的に生活態度を改める機会を与える（更生67条1項）。警告を受けた者がなお遵守事項を順守せず，その程度が重い場合に，第2段階として，家庭裁判所（保護観察処分決定をした裁判所に限定されない）に施設送致申請をすることができる（同2項）。

　申請を受けた家裁は，警告後における不遵守（1回以上の同種の遵守事項違反）の事実と程度を確認し，施設送致の要否を判断する。判断に当たって観護措置や試験観察を活用することができる。

(2) 決 定 等

　家庭裁判所は，保護観察の継続では本人の更生・改善が図れず，施設送致が必要な場合，施設送致の保護処分（24条1項2号・3号）を決定する。20歳以上の者も対象となるため（更生66条但書），少年院送致を選択する場合は，23歳を超えない範囲で収容期間を定めて決定する（26条の4第2項）。また，施設送致決定 があっても従前の保護観察は当然には失効しないため，競合処分取消手続（27条2項）にもとづいて事後的に保護観察決定を取消すことになる。

他方，施設送致の要件が欠ける場合は，申請が却下され，従前の保護観察が継続する。申請の可否の審判中に従前の保護観察期間が満了した場合も，申請は却下される。申請却下決定には一事不再理（類似）効（46条）がないため，再度の申請も妨げない。

準少年保護事件手続の概要は，図7の通りである。

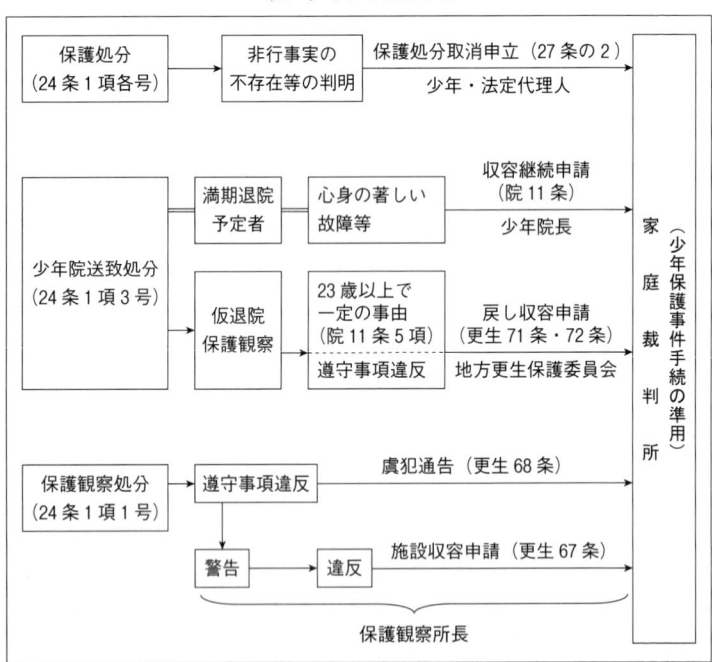

〔図7〕準少年保護事件

保護処分 (24条1項各号)	→	非行事実の 不存在等の判明	保護処分取消申立（27条の2）	家庭裁判所 （少年保護事件手続の準用）
			少年・法定代理人	
少年院送致処分 (24条1項3号)	→	満期退院 予定者 → 心身の著しい 故障等	収容継続申請 （院11条） 少年院長	
	→	仮退院 保護観察 → 23歳以上で 一定の事由 （院11条5項） 遵守事項違反	戻し収容申請 （更生71条・72条） 地方更生保護委員会	
保護観察処分 (24条1項1号)	→	遵守事項違反	虞犯通告（更生68条）	
		↓ 警告 → 違反	施設収容申請（更生67条）	
		保護観察所長		

Bridgebook

第9章 少年の刑事事件

　少年法は，調査・審判の結果，何らかの処遇が必要な少年について，少年法上の処遇（保護処分）を原則としながらも，他の法システムでの扱いに委ねることを認めている。そのひとつが，刑事処分を求めて事件を検察官に送致するものであり，「少年の刑事事件」と呼ばれる。それは，通常の刑事裁判手続と共通するが，健全育成を目的とする少年の特性に着目した特別扱い（特則）が広く認められる。本章では，少年刑事事件の概要について確認する。

I　少年の刑事事件の意義と要件

1　少年に対する刑事処分

(1)　少年に対する刑事処分の意義

　現行少年法は，犯罪少年に対する刑事処分優先主義をとっていた旧法と異なり，犯罪少年をも含めた非行少年のすべてについて，保護を優先する態度（保護処分優先主義）へと立場を大きく転換した（→60頁）。保護処分優先主義を徹底すれば，少年である以上は刑事処分の対象にしない，という刑事政策的な判断もありうる。しかし，現行少年法も，保護主義をそこまでは徹底せず，例外的ではあるものの，犯罪少年が刑事処分の対象となることを認めている。少

247

年事件の検察官送致には,年齢超過にもとづくもの(年超検送*〔19条2項・23条3項〕)と刑事処分相当判断にもとづくもの(刑事処分相当検送〔20条〕)の2つがある。このうち,刑事処分の要否(刑事処分相当性)の実質的判断については,原則逆送と呼ばれる事案(20条2項参照)を別にして,具体的な基準等は示されておらず,解釈に委ねられている。

* **年超検送** 調査または審判の結果,本人が20歳以上であることが判明した場合,家庭裁判所は,事件を検察官に送致しなければならない。送致された事件は,行為時を基準とする特則(51条,60条)の適用がある場合を別にして,裁判手続および行刑の場面において通常の刑事事件の扱いと異なるところがない。

(2) 2000年の少年法改正

2000年改正までの少年法は,逆送時16歳未満の少年については,家裁から検察官に送致することを認めていなかったため(改正前20条但書),事実上,少年犯罪者の一部(行為時14歳以上で送致時16歳未満)を刑事処分に付すことができなかった。従前の少年法は,このような形で,16歳未満の犯罪少年について保護処分優先主義を徹底していた。こうした状況のもとで,1997年の「神戸児童連続殺傷事件」(→16頁)を契機として,送致時16歳未満の刑事処分を一律に否定する態度(硬直的な構造)が厳しく批判された。その後,2000年改正は,改正前20条但書を削除して,14歳以上の犯罪少年を刑事処分の対象とし,刑法との調和を達成した(刑41条参照)。

さらに,2000年改正は,20条2項を新設して,行為時16歳以上の者による一定の重大犯罪については,原則的に逆送を義務づけることにした(「原則逆送」と呼ばれる)。改正前20条1項但書の削除と2項の新設については,少年法の理念と少年犯罪者に対する責任

追及との関係で、その評価が大きく分かれている。

2　検察官送致（逆送）

(1) 刑事処分相当検送（20条1項）

　禁錮以上の刑が法定されている犯罪について、非行事実の蓋然的な心証が得られ、「罪質及び情状に照らして刑事処分を相当と認める」場合、家庭裁判所は、事件を検察官に送致（逆送）しなければならない（20条1項）。逆送の実質的要件である刑事処分相当性については、保護不能説 と 保護不適説 との対立が見られる。

　前者は、少年事件における保護処分優先の原則を徹底し、保護処分の可能性がある以上は刑事処分を認めるべきでないとする。当該少年に対する処遇効果の高さや適切性とは関係なしに、保護処分と刑事処分とを相互に排他的ないし断絶的に捉える立場である。他方、後者は、保護処分と刑事処分のいずれが当該少年の処遇として最適かという観点から、いずれかの処分を選択すべきであるとする。それによれば、保護処分と刑事処分は、少年犯罪者に対する処遇選択肢として並列的ないしは競合的な関係に立つ。

　保護不能説は、刑法・刑訴法に対する少年法の優越性と保護処分優先を強調する点で、少年法の理念や目的に忠実であるように見える。しかし、保護処分が不可能ではない交通関係事件について、保護処分以上に適切な罰金見込検送を否定することは妥当でない。実務は、保護不適説のもとで運用されている（東京家決昭36・3・22家月13巻5号183頁等）。もちろん、その場合にも、保護処分優先主義の原則から慎重な判断と運用が必要とされる。

(2) 原則逆送（20条2項）

　①行為時16歳以上の少年が、②故意の犯罪行為によって被害者

を死亡させた事案について，家庭裁判所は，検察官送致の「決定をしなければならない」とされ，刑事処分以外の処分（保護処分）が相当な場合には「この限りでない」とされる（20条2項）。規定ぶりは義務的な体裁になっているが，刑事処分以外の処分の可否についての調査が要求されるため（同但書），①②の充足は，刑事処分相当性を推定させるにとどまる。また，少年審判が職権主義的審問構造をとることから，推定を破る事情の存在についても裁判所が積極的に明らかにする義務を負うため，このような構造の2項を新設する必要があったかには重大な疑問が残る。その意味で，2項の新設は少年犯罪に対する厳罰化（厳しい対応）の象徴であるとする批判には，正しい面のあることを否定できない。

　2項但書の例外に当たらない限り，家庭裁判所は，検察官送致決定をすることになる。他方，検察官関与決定事件で①②が充足されながら保護処分決定がされた場合には（2項但書），検察官は抗告受理の申立てができない。検察官は処遇決定に対する不服申立ができないからである。

(3) 決定手続と効果

検察官送致決定　調査・審判の結果，通常の少年事件について刑事処分相当性が認められる場合（20条1項），または原則逆送の要件を満たす事案で保護処分相当性が認められない場合（同2項），家庭裁判所は，検察官送致決定をする。この決定は，少年保護手続から刑事手続への移送の効果をもつため，実質的判断を要しない年超検送の場合を除いて，判事補が単独で行うことはできない（4条）。検送決定をした裁判官は，検送後の刑事裁判を担当しても前審関与（刑訴20条7号）には当たらないとされている（最決昭29・2・26刑集8巻2号198頁）。

決定書には主文と理由を記載し，理由中に犯罪事実と罰条が示される（規2条4項・24条）。観護措置のとられている事件を検送する場合は，みなし勾留（45条4号）の趣旨とともに，少年の面前で告知し（規3条2項2号），施設関係者や保護者・付添人にも通知される（同21条の2・22条）。

　決定の効果　　検察官送致決定によって，少年事件は家裁から検察官に移送され，保護手続から刑事手続に移行する。適法な検察官送致が少年刑事事件の訴訟条件であり，送致を受けた検察官は，原則として起訴を義務づけられる（45条5号本文）。他方，検送を受けていない事件や，罰金以下の刑だけが法定されている罪の事件が検送された場合は，いずれも訴訟条件が欠けるため，それらが起訴されれば公訴棄却となり（刑訴338条4号），その事実を見逃して判決すれば破棄される（刑訴378条2号）。

　検送決定に対しては，不服申立（抗告・特別抗告）は認められない（最決平17・8・23刑集59巻6号720頁等）。その理由は，不服申立を認める明文が存在しないことだけでなく，検送決定は実体的な不利益を生じるものではないことによる。

II　少年の刑事事件手続

1　起訴前と公訴提起の段階

(1)　観護措置（みなし勾留）の扱い

　事件が逆送されると，観護措置（17条1項2号）は，裁判官がした勾留と見なされ（45条4号前段），「みなし勾留」と呼ばれる[*1]。したがって，20条決定に際して，家庭裁判所は，勾留の要件（刑

訴60条）について検討し，要件を充足しない場合は観護措置を取消しておかなければならない。また，あらかじめ本人に対して，犯罪事実と刑訴法60条1項各号所定の事由の存在，弁護人選任権＊2を告げ，告知調書が作成される（規24条の2）。観護措置が勾留と見なされることから，勾留理由の開示請求（刑訴82条・207条1項）ができ，準抗告（刑訴429条）も認められる（東京家決昭57・8・5家月35巻9号125頁等）。

少年に対して20条決定の告知をした時点から，観護措置が勾留と見なされる。勾留の期間は，検察官が事件の送致を受けた日から起算される（45条4号）。みなし勾留の場所については，従前は規定がなく，検察官の執行指揮によっていたが，規則24条の3を新設して対応することになった。それによれば，みなし勾留の場所は，裁判官の同意ないしは請求がない場合は，現に収容されている少年鑑別所が原則とされるが（規24条の3第3項），あらかじめ同意を請求したうえで（同1項），刑事施設への収容ないし留置施設での留置が認められる（同2項）。

みなし「勾留」は，刑訴法上の起訴前勾留（刑訴208条・208条の2）には当たらないため，少年保護事件として家裁に送致される前に勾留状が発せられていた事件については勾留期間を延長することができない（45条4号後段）。他方，勾留に代わる観護措置を前提とするみなし勾留については，延長を認めることができる。勾留に代わる観護措置期間は10日間に制限されているため（44条3項），延長を認めても，通常の勾留と同じ期間にとどまり，実質的な不利益が生じないからである。

＊1　**調査官観護の扱い**　　逆送事件の少年が調査官観護（17条1項1号）に付されている場合は，事件が家裁に再送致された場合（45条5号但書）を

除いて，事件送致を受けた日から10日以内に公訴提起がなければ調査官観護は失効する（同1号前段）。他方，10日以内に公訴提起があれば，調査官観護は有効で，成人後も効力が持続し（同3号），終局裁判の確定によって失効する（刑訴規280条）。公訴提起後は，裁判所は，検察官の請求または職権で調査官観護を取り消せる（45条1号後段）。また，その事件で勾留状が発せられれば失効する（同2号）。

* 2　**弁護人の扱い**　少年保護事件手続で少年・保護者が選任した弁護士付添人（10条1項但書，規14条1項）は，逆送決定によって事件が刑事手続に移行すると，弁護人選任手続なしに当該刑事事件の弁護人と見なされる（45条6号）。また，被疑者の請求による国選弁護人については，刑事手続では勾留状が発せられていることが要件とされるため（刑訴37条の2），みなし勾留の場合にも勾留状が発せられているものと見なす規定を置いて，被疑者の国選弁護に関する規定（刑訴37条の2〜37条の5・38条〜38条の4）の適用があることを明示している（45条7号）。

(2)　起訴強制とその例外

起訴強制　家庭裁判所から逆送された事件を受けた検察官は，例外的な事情のある場合（45条5号但書）を除いて，刑事裁判所（地裁または簡裁）に公訴を提起しなければならない。これは，少年刑事事件について，刑事訴訟における起訴裁量主義（→59頁）の例外として，検察官に起訴を義務づけるものである（起訴強制）。その意義は，少年「刑事事件」も「少年事件」であることを重視して，刑事政策的な判断にもとづく検察官の起訴裁量ではなしに，刑事処分相当とした家裁の判断を尊重する点（家裁先議主義）に求められる。

公訴提起を義務づけられるのは，検察官送致決定書に記載された事件である。ただ，少年事件には訴因制度がないため，罰条の拘束がなく，検送された事件と事実の同一性がある限りで事実を変えて起訴できる（名古屋高判昭29・3・30家月6巻8号90頁）。事実の同

一性のないことや,事実が罰金以下の刑だけが規定されている犯罪に当たることが判明した場合には,検察官は,その事実に係る事件を改めて家裁に送致しなければならない(奈良簡判昭38・11・11家月16巻6号207頁)。

起訴強制の例外　起訴が強制される少年刑事事件においても,①一部の犯罪に対する嫌疑が存在しない場合,②訴追を相当でないとするような事情が新たに発見された場合,③送致後に訴追を不相当とするような情況が生じた場合には,例外的に起訴は強制されない(45条5号但書)。①②については,家裁が逆送の是非・可否を判断する際にそれらの事情が判明していれば,刑事処分相当の判断が異なっていた可能性を否定できないからである。また,③は逆送後の情状が刑事処分相当性を事後的に低下させるものであるが,公訴提起後にそれが判明した場合は,保護処分相当性を理由とする55条移送で対処することになる。そのような事情としては,一般に,恩赦,法令の改正,被害弁償,示談の成立,被害者の宥恕,世論の緩和,少年・保護者の反省等が指摘されている。

(3) 検察官による再送致

起訴強制の効果としての再送致　起訴強制の例外に当たる場合でも,非行の嫌疑がある以上,検察官は,理由を付して事件を家裁に再送致しなければならない(42条,規8条4項)。この場合に不起訴処分で事件を終結させることは,家裁先議主義に反するからである。訴訟条件が欠ける場合も同様の扱いとなる(大阪家決昭44・7・31家月22巻4号98頁等)。他方,犯罪の嫌疑がなく,かつ家裁の審判に付すべき事由のないことが判明した場合は,検察官限りでの終局処分が認められる。この場合の不起訴処分は,捜査にもとづく不送致判断の場合(42条1項参照)と同じであり,家裁先議主義は問題

とならず，刑事訴訟の一般原則によるからである。

　他方，起訴強制の例外に当たる事情がない場合にも，実務は，検察官の独自の判断にもとづいて事件を家裁に再送致することを認めている（大阪家決昭36・1・7家月13巻3号190頁等）。その意味で，検察官の再送致の判断は，事実上，起訴強制の例外的事情の存在に拘束されない扱いになっている。

　再送致事件の扱い　　再送致事件を審判した結果，改めて刑事処分相当と判断された場合は，再度の検察官送致を排除する規定がないため，再逆送 も可能である（東京高判昭61・5・30家月43巻10号62頁等）。ただ，こうした扱いは，少年の地位の法的安定性を欠き，身柄事件では身柄拘束期間の長期化をもたらすから，保護事件手続で事件を終局させることが要請される（京都家決昭56・10・21家月34巻3号90頁等参照）。

2　裁判段階

(1)　少年刑事裁判の特殊性

　成人刑事事件との異同　　逆送された少年事件は，刑事事件として刑事裁判所（地裁または簡裁）に起訴され，刑事裁判手続によって審理される。そのため，少年保護手続に見られた少年事件の特別扱いの多くが排除され，刑事訴訟における一般規定が適用される。その典型は，非公開・非方式の審理運営（22条）が認められず，公開法廷 で裁判が行われること（憲37条1項）に見られる。

　他方，少年法の理念と目的 は少年刑事事件にも及ぶため（1条），少年事件における特別扱いのすべてが排除されるわけではなく，法律に特則がある場合はそれが優先する（40条参照）。そのような特則として，少年被告事件と他の関連被告事件の手続の分離（49条2

項),特別な審理方針(50条),少年被告人の同一性推知情報の公表禁止(61条)があり,刑訴規則第4編「少年事件の特別手続」にも一連の関係条文が置かれている(刑訴規277条〜282条)。

審理の方針　少年刑事事件は刑事訴訟手続に従って運用されるが,その審理は,少年保護事件における調査の方針(9条)にもとづかなければならない(50条,刑訴規277条)。したがって,科学主義が少年刑事事件にも妥当し,審理に際しては,心理学や教育学等の専門的智識および少年鑑別所の鑑別結果等を活用して,少年・保護者等の性格や環境等を解明することが要請される。

(2) 少年刑事事件の裁判員裁判

刑事訴訟手続で審理される少年刑事事件は,当然のことながら,法定の要件(裁判員2条1項)を充足する以上は裁判員裁判の対象となる(同6条1項)。特に,原則逆送 の対象となる事件は,裁判員裁判対象事件と重なることが多い。少年事件についても,裁判員法は,「少年」という特性を特に重視することはなく,「刑事事件」に着目して構成されているのである。

少年刑事事件を裁判員裁判の対象とすることについては,現在,少年の情操に対する影響の大きさや不定期刑の量定の困難さのほか,社会記録の検討が極めて制限され,公判期日が限られていることとの関係で,家庭裁判所への再移送(55条)の可能性が小さくなるなど,さまざまな異論や反対が表明されている。実証的検討を経たうえで,裁判員裁判の対象から少年事件を除外する立法論を含めて,早急かつ十分な議論が必要であると思われる。

(3) 家庭裁判所への再移送

移送の意義　刑事裁判所での事実審理の結果,保護処分が相当と判断される事件については,刑事裁判所は,事件を家庭裁判所

（逆送決定をした家裁には限らない）に 再移送 する決定をしなければならない（55条）。家裁先議主義を徹底すれば，刑事処分相当とした家裁の判断を尊重して，公訴提起があった以上は刑事処分で終局すべきだと考えることもできる。しかし，少年法は，その目的と理念（保護処分優先主義）を重視するところから，刑事裁判所による保護処分相当性を理由とする再移送の可能性を残しているのである。

保護処分相当性の内容は明示されていないが，少年の健全育成（1条）を前提として，想定される刑事処分と保護処分とを具体的に比較衡量したうえで，保護処分の方が適切であるとの判断が必要とされる。この判断に当たっては，少年の年齢や成熟度・生育歴，非行歴・保護処分歴，犯罪の情状，科刑の弊害や影響等が総合的に考慮される（福岡高判平5・11・1家月46巻6号98頁等参照）。

移送決定の効果等　移送決定に対しては，一般抗告，即時抗告，特別抗告のいずれもが否定される（大阪高判昭30・3・31家月7巻8号92頁）。被告人に訴訟費用を負担させることができる。その場合は，職権で訴訟費用負担の裁判をし（刑訴185条本文），移送決定の主文で併せて言渡される。

また，家裁に移送された事件を審判した結果，刑事処分相当を理由として検察官に再逆送することもできる（名古屋家決昭42・12・20家月20巻7号121頁）。移送裁判所による保護処分相当の判断は受移送審（家庭裁判所）を拘束しないし，再逆送を禁じる規定も存在しないからである。しかし，このような扱いは，起訴強制の例外にもとづく再送致後の 再逆送 と同様の問題（少年の実質的不利益）を生じるから，極力回避することが望まれる。

再送致（検察官）および再移送（刑事裁判所）を含め，刑事処分相当を理由とする少年刑事事件の流れについては，図8を参照。

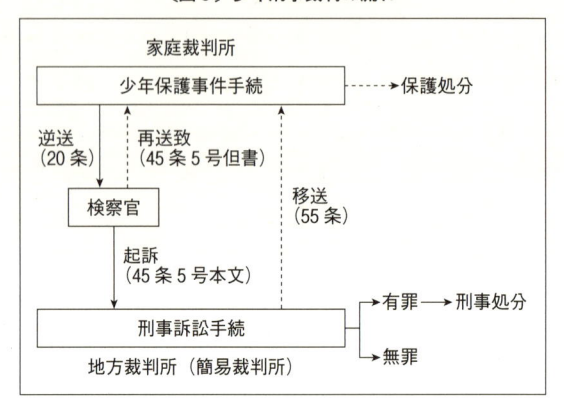

〔図8〕少年刑事裁判の流れ

```
                      家庭裁判所
            ┌─────────────────────────┐
            │    少年保護事件手続      │┄┄▶ 保護処分
            └─────────────────────────┘
           逆送      再送致              ▲
          (20条)  (45条5号但書)           ┊
            │    ▲                      ┊
            ▼    │                  移送 ┊
          ┌───────┐                (55条)┊
          │ 検察官 │                     ┊
          └───────┘                     ┊
            │                            ┊
           起訴                           ┊
        (45条5号本文)                     ┊
            ▼                            ┊
            ┌─────────────────────────┐  有罪 ─▶ 刑事処分
            │    刑事訴訟手続          │
            └─────────────────────────┘  無罪
             地方裁判所（簡易裁判所）
```

Ⅲ 少年の刑事処分とその執行

1 少年の刑事処分に関する特則

(1) 死刑と無期刑の緩和

緩和措置の内容　少年を刑事処分に付す場合にも，行為時または処分・裁判時に少年であること（未成熟さと可塑性の高さ）を考慮して，刑の緩和等の特別措置（特則の適用）が認められている。その典型的なものが，行為時18歳未満の者（行為時基準）に対する死刑と無期刑の緩和である。

　行為時18歳未満の者を死刑で処断すべきときは[*1]，無期刑に減軽しなければならない（51条1項〔必要的減軽〕）。また，行為時18歳未満の者を無期刑で処断すべきときは，有期刑に減軽することができ（任意的減軽），その場合は10年以上15年以下の範囲内で定期

刑（最判昭 25・11・9 刑集 4 巻 11 号 2227 頁参照）が言渡される（同 2 項）。無期刑の緩和について，従前は必要的減軽とする扱いであったが，無期刑こそが必要な場合があることを考慮して，2000 年改正で任意的減軽に改められた。したがって，裁判所は，情状等を総合的に判断したうえで，無期刑（減軽なし）か有期刑（減軽）かを選択することになる。なお，有期刑に減軽した場合の刑期について，重くする方向での検討が行われている。

年長少年と死刑　行為時 18 歳未満に対する刑（特に死刑）の緩和措置との関係で問題となるのは，行為時 18 歳・19 歳の年長少年についてもその趣旨を尊重した運用をすべきかである。この点について，行為時 19 歳の少年が 4 名を射殺した「永山事件」において，最高裁は，死刑適用の一般的基準を提示し，少年に限らず，死刑をきわめて制限的に適用すべきことを明らかにした（最判昭 58・7・8 刑集 37 巻 6 号 609 頁）[*2]。しかし，その後，行為時 18 歳 1 か月の少年が 2 名を殺害した「光市母子殺害事件」において，最高裁は，「永山事件」判決の論理を逆転させる形で，死刑の適用を緩やかに認める態度に転換した（最判平 18・6・20 判時 1941 号 38 頁）[*3]。

「永山事件」判決と「光市母子殺害事件」判決のいずれにおいても，行為者の年齢は，死刑の判断要素のひとつにすぎないとされながらも，前者では相当の配慮が見られたのに対して後者では全くの一要素としての扱いになっている。こうした扱いは，行為時 18 歳未満を明示する条文との関係（文理解釈）では不適切とは言えないにしても，少年の特性と少年法の理念・目的との関係で疑問が残る。

[*1]　**「処断すべきとき」の意義**　死刑・無期刑で処断すべきとは，処断刑が死刑または無期刑になる場合をいう。具体的には，法定刑に対して，科刑上一罪の処理，刑種の選択，法律上の加重・減軽，酌量減軽の操作を加え

たうえで（刑45条～59条・66条～72条等），死刑または無期刑が得られる場合である。したがって，通常の減軽によって死刑が無期刑に減軽された場合は，無期刑が処断刑となるから，51条2項を適用して有期刑を選択することもできる。

＊2　**永山事件最高裁判決**　　最高裁は，①犯罪の性質，②犯行の動機，③犯行態様，特に殺害方法の執拗性，残虐性，④結果の重大性，特に殺害された被害者の数，⑤遺族の被害感情，⑥社会的影響，⑦犯人の年齢，⑧前科，⑨犯行後の情状，を総合的に考察したとき，刑事責任がきわめて重大で，犯罪と刑罰の均衡や犯罪予防の観点からも止むをえない場合には，少年に対する死刑も許されるとした。差戻審を経て死刑が確定した永山死刑囚は，1997年8月1日に，東京拘置所で死刑を執行された。

＊3　**光市母子殺害事件最高裁判決**　　最高裁は，犯行時の年齢は「本件犯行の罪質，動機，態様，結果の重大性及び遺族の被害感情等と対比・総合して判断する上で考慮すべき一事情にとどまる」として，いわゆる永山基準と同様の前提に立ちながら，「特に酌量すべき事情がない限り，死刑の選択をするほかない」とした。これは，死刑の適用場面について，事実上，永山判決における基本的アプローチを逆転したものである。その後，差戻後の上告審で上告が棄却され（最判平24・2・20判時2145号103頁），（元）少年の死刑が確定した。

(2) 不定期刑の活用

裁判・処分時に少年（20歳未満）である被告人を長期3年以上の有期懲役・禁錮刑で処断する場合は，成人の場合の定期刑と異なり，処断刑の範囲内で短期と長期を定めた不定期刑を言渡す（52条1項本文）。少年犯罪者については，責任非難を目的とする成人の場合と異なり，一般的に刑の減軽を図るとともに，改善更生に向けた弾力的な処遇を実現することが目ざされるからである。宣告される不定期刑は，短期が5年を超えることができず，長期は10年を超えることができない（同2項）。処断刑そのものが5年を超える場合も，短期は5年に短縮される（同1項但書）。したがって，実際には，5年以上10年以下の不定期刑がもっとも重いものということになる。

ただ，この範囲については，特に裁判員裁判における量刑の不自由さが指摘され，重くする（幅を広げる）方向での検討が行われている。

不定期刑の終了は，刑の短期を経過して刑事施設長または少年院長（少年院収容受刑者）から申請があった者について，地方更生保護委員会が判断する（更生16条5号）。終了が相当な場合，終了決定をして刑事施設・少年院長に書面で通知し（同43条・44条1項・2項），通知の到達日に刑期が終了したものと見なされる（同44条3項）。また，長期が経過すれば刑は当然に終了する。少年鑑別所における収容は身柄拘束の側面をもつため，観護措置期間を未決勾留日数と見なし，本刑に算入すること（刑21条）ができる（53条）。勾留日数の法定通算に関する規定（刑訴495条）が適用される。

(3) 換刑処分の禁止

成人犯罪者に財産刑（罰金，科料）を科す場合は，それが完納できない場合を想定して，労役場留置の期間が併せて言渡される（刑18条）。労役場留置は，不完納分の財産刑に換わる処分（換刑処分）であり，刑事施設に付置されている労役場に留置して労役を科すものである（刑事施設287条・288条）。他方，少年については，労役場留置処分は明示的に禁止されている（54条）。その実質は，教育を目的としない短期の自由拘束にすぎず，少年の情操に悪影響を与えるものだからである。

労役場留置が禁止されるのは，判決言渡しの時点に少年である場合に限られる（処分・裁判時基準）。行為時はもちろん，逆送時や起訴時に少年であっても，判決言渡し時点で成人に達していれば，労役場留置処分の対象になる。ただ，罰金以下の刑を法定する犯罪は逆送の対象にならないため（20条），実際には，財産刑の言渡しを前提とする労役場留置処分が問題になる事例は少ない。

(4) 人の資格に関する法令の適用

多くの特別法令には，有罪判決や一定の刑罰を受けたことの効果として，人の一定の資格を制限する規定が置かれている。しかし，少年の可塑性と教育可能性を重視する少年刑事事件においては，そのような制限の適用をできるだけ早く解除することが望ましい。そこで，少年法は，行為時に少年であった者について（行為時基準），刑罰を受けたことを根拠とする資格制限に限り，社会復帰を容易にするための2つの特則を設けた（60条）。これは，人の資格に関する法令の適用に関するものであり，前科が全面的に抹消される「刑の消滅」（刑34条の2）とは異なる。

刑の執行終了または執行免除を受けた場合は，それらの時点から将来に向かって，刑の言渡しを受けなかったものと見なされる（60条1項）。また，刑の執行猶予の場合は，その時点からただちに，刑の言渡しを受けなかったものと見なされる（同2項）。猶予の言渡しが取消された場合は，取消し時点で刑の言渡しがあったと見なされる（同3項）。刑法の執行猶予では，猶予を取消されることなしに猶予期間を経過した時点で刑の言渡しの効力が消滅するが（刑27条），これらは，そうした扱いに対する特則である。

2 刑事処分の執行に関する特則

(1) 刑の優先執行主義

保護処分（24条）と自由刑（懲役，禁錮，拘留）は，性質上，それぞれの執行が併存することはありえない。そこで，同一少年に保護処分と自由刑とが競合した場合について，刑の執行を優先することが明示されている（57条）。ただ，刑の執行が優先するものの，保護処分決定の効力は，保護処分決定の取消し（27条1項）がない

限りは失われない。

刑の優先執行は，保護処分中に自由刑が確定した場合の扱いである。保護処分の執行が開始されている場合はもちろん，保護処分の決定後であれば，執行に着手する前も含まれる。また，成人後に保護処分が継続している場合は，成人後に自由刑が確定した場合も含まれる。他方，換刑処分としての労役場留置には優先執行は及ばず，保護処分の執行を優先するのが実務の運用である。

(2) 自由刑の執行

少年は周囲の環境からの影響を受けやすく，情操保護の必要があるため（規1条2項参照），被疑者段階における成人被疑者との分離的扱い（49条）と同じように，受刑段階における成人受刑者との分離的扱いが明示されている（56条1項）。これにもとづいて，少年受刑者は，少年受刑者のために「特に設けた刑事施設」である少年刑務所で処遇される。

少年刑務所における処遇は，少年の特性を考慮したものでなければならない。具体的には，通達等により（平13法務省矯正局長通達・家月53巻8号124頁等），処遇の個別化と処遇内容・方法の多様化を基礎として，個別的処遇計画の作成，個別担任制，教科教育や職業訓練の積極的実施，被害者の視点の取り入れ等，多くの工夫がなされている。収容対象は，20歳未満の受刑者を原則とし，例外的に26歳未満の若年成人も対象になる（同2項）。しかし，このような規定にもかかわらず，実際には，効果的な処遇の観点から26歳以上の受刑者も多く収容されており，「少年」刑務所という名称から受けるイメージとは大きく異なっている。

なお，2000年改正により，14歳・15歳が逆送対象となったことから，16歳未満の年少少年受刑者については，その年齢や成熟度

を考慮して少年院で処遇することが認められている（同3項。→236頁）。

(3) 仮釈放

意義　刑法は，法定された受刑期間の経過後，自由刑受刑者に「改悛の状があるとき」（刑28条），地方更生保護委員会（更生16条1号）の審理にもとづいて刑期満了前に仮の釈放（仮釈放）を認め，残刑期間を社会内で無事に経過すれば刑を終えたものとする。これは，累進処遇との連携のもとで受刑者の更生意欲を喚起し，社会復帰の実効性を高めようとする制度である。

成人以上に可塑性や教育可能性が高い少年については，このような仮釈放の意義はさらに大きく，より積極的な活用が期待される。こうした観点から，少年法は，仮釈放の要件（経過すべき受刑期間）を大幅に緩和する特例を設けている（58条1項）。

要件と内容等　少年のときに自由刑の言渡しを受けていること（処分・裁判時基準）が要件であり，受刑期間中に20歳に達していても特例が適用される。他方，行為時の少年が言渡時に成人になっていた場合は，特例の適用はなく，本則（刑28条）による。

無期刑については，成人の10年が7年に短縮される（58条1項1号）。ただ，行為時18歳未満であったことを理由として死刑が無期刑に必要的に減軽された者（51条1項）については，緩和措置は認められず（58条2項），刑法の本則による。従前はこの場合の無期刑にも一律に特則の適用を認めていたが，2000年改正により改められた。また，行為時18歳未満を理由として有期刑に任意的に減軽された者（51条2項）については，宣告刑の期間にかかわらず，一律に3年の経過で足りる（58条1項2号）。さらに，不定期刑を宣告された者（52条1項・2項）については，短期の3分の1の経

過が要件とされる（58条1項3号）。

仮釈放を許された者は，<u>保護観察</u>（更生48条3号〔3号観察〕）に付され，場合に応じた一定の期間を社会内で無事に経過することにより，刑の執行を終えたものとされる。保護観察の方法等については，保護処分としての保護観察の場合と基本的に同じであり（→222頁），更生保護法の関連条文（更生49条〜65条）にもとづく。

仮釈放期間の短縮　成人の仮釈放者の場合，刑の終了には，残刑期間の経過が必要である（刑29条2項の反対解釈）。他方，少年の仮釈放者については，この点でも緩和される（59条）。その扱いは，無期刑の場合と有期刑の場合で異なっている。

無期刑を宣告された少年が仮釈放された場合は，仮釈放を取消されずに10年が経過した時点で，刑の執行を受け終わったものとされる（59条1項）。有期刑の場合は，仮釈放後の残刑期間（不定期刑では長期が基準）と仮釈放前に執行された刑の期間を比較して，いずれか早い時点で刑の執行を受け終わったものとされる（同2項）。仮釈放前に執行された刑の期間は，実際に刑が執行された期間であり，本刑に算入された未決勾留日数は含まれない（東京高判昭31・10・30家月8巻9号53頁）。

さらに，不定期刑については，仮釈放中または仮釈放前に短期が経過した場合に，地方更生保護委員会の判断によって刑の執行を受け終わったとする特例がある（更生78条1項・2項）。

Bridgebook

終章

少年法の動向

　歴史的な産物である少年司法システムとその具体的内容は，不変的なものでもなければ，普遍的なものでもない。日本の少年法も，多くの改正（の試み）を経験して現在に至っている。また，少年犯罪や非行への対処は国際的な関心事でもあるから，国内法の議論にとどまらず，国際的動向にも注意しておく必要がある。本章ではこれらの概要に言及するとともに，少年法の将来の方向性と課題について若干の言及をし，本書のまとめとしたい。

I　少年法の改正と国際的動向

1　少年法の改正

(1)　実現しなかった根本的改正の試み

　法務省「少年法改正に関する構想・同説明書」　現行少年法は，制定直後から，何回かの小規模な改正を経験する一方で，法務省を中心とした根本的改正の試みに直面してきた。その最初のものは，戦後の少年非行の変化（激増，凶悪化，知能犯化）を背景として1966年5月に公表された，法務省「少年法改正に関する構想㈠㈡・同説明書」である。

　法務省の構想は，①年齢に応じた刑事政策の実現，②関係機関相

互の責任と権限の明確化，③検察官の参加と適切な刑事政策の実現，④保護・矯正の執行面の充実，⑤その他，から構成され，全体として旧少年法への復帰を意図するものであった。こうした構想に対しては，最高裁判所と日本弁護士連合会が全面的に反対する態度をいち早く表明した。両者はともに，現行法を前提として，必要な部分的改正で対応すべきことを強調したのである。

法務省「少年法改正要綱」　構想の公表に続いて，法務省は，少年法の全面改正に向けた動きを積極的に推進し，1970年6月には，「少年法改正要綱」を法制審議会に諮問した。そうした動きの背景には，少年法の母国ともいえるアメリカにおいて，一連の連邦最高裁判決等を契機として，少年司法システムの司法モデル化の動きがあったことも見逃せない。要綱の基本的な方向性は，①発育途上にある少年の一律的扱いは適切でない，②人権保障の観点から保護手続（職権主義と非形式的な密行主義）を改善する，③関係諸機関の協力体制を十全のものとする，④処遇の個別化と事態に即応的な処遇を実現する，ことを内容としていた。その基本的な認識は，1966年の構想と同様のものであった。

この要綱に対しても，最高裁と日弁連は，法制審議会の審議の早い段階で反対の態度を明確に表明した。特に，1971年2月の最高裁「少年法改正要綱に対する意見」は，「20年を超える現行少年法の運用の実績からしても，年長少年の実態，少年非行の現状から考えても，いま制度を根本的に変革し，歴史の流れにも逆行して，要綱の目ざすような方向へ改正することを必要とする理由は全くない」と結論づけている。法務省の諮問は，法制審議会少年法部会での審議に付されたが，6年余りにわたる69回の審議を経ながら最終的に一致した結論には至らなかった。

中間報告と中間答申　　法制審議会で結論が得られなかったことから,一定の妥協的対応として,1976年11月に,前年に提出された植松部会長試案をもとにした「法制審議会少年法部会中間報告」を公表し,翌年6月には,「中間報告」と同一内容の「少年法改正に関する中間答申」が法務大臣宛てに提出された。そこでは,「現行少年法の基本的構造の範囲内で,差し当たり速やかに改善すべき事項」として,①少年の権利保障と検察官関与のための改善,②18歳・19歳の年長少年に対する特則,③捜査段階での扱い,④保護処分の多様化と弾力化,⑤その他に必要な改正,について具体的な内容が提案された。

　少年法部会の中間報告と中間答申に対して,日弁連は全面反対の態度をとる一方で,最高裁は,それらを法務省の要綱とは区別して扱うとの姿勢から,中間報告・答申には事実上賛成する方向性を明らかにした。しかし,日弁連と各単位の弁護士会が絶対反対の運動を広範かつ強力に推進するなかで,少年法研究者の多くが改正に反対の立場を明確にしたこともあり,その後,改正作業としては進展を見ることなしに終わった。ただ,少年法の根本的な改正は実現しなかったものの,中間報告・答申で示された具体的な改善提案の多くは,その後の通達等によって実務の運用においてすでに定着している。こうした事情をも背景として,2000年改正が行われることになった。

(2) 2000年改正とその後の動向

2000年以降の改正　　根本的な改正には至らなかった現行少年法は,2000年の大規模改正を経た後,2007年と2008年にも重要な改正を経験している。それらの具体的な内容については,すでに個別的に言及したところである。改正内容には,被害者に対する配慮と

いった，従来の司法システムに全く欠落していた場面への対応など，刑事司法におけるパラダイムの転換といえるものもある。

しかし，その一方では，改正の多くが，刑事処分可能年齢の引き下げと原則逆送制度の導入（20条），少年刑事事件における特則の厳格化（51条2項・58条2項），裁定合議制の導入（裁31条の4第2項），事実認定手続への検察官関与と弁護士付添人の必要的関与（22条の2・22条の3），触法調査制度の導入（6条の2〜6条の7），少年院収容対象年齢の引下げ（24条1項但書，院1条の2・2条），被害者傍聴制度の導入（22条の4・22条の5）に見られるように，少年保護事件手続の対審構造化，犯罪・触法少年に対する厳しい対応と見うるものになっている。このため，2000年以降の一連の改正に対して，日弁連や少年法研究者などからは，厳罰化の方向を進めるものだとの厳しい批判も加えられている。

今後の課題　他方，いわゆる厳罰化論を声高に叫ぶ人々にとっては，このような改正では不十分だという見方もありうる。それを徹底すれば，少年司法システムを刑事司法システムに戻すべきだということにもなろう。一連の改正をどのように評価するか，そして将来的にどのような方向を目ざすべきかは，今後の実務の動向をも踏まえて，少年司法システムおよび少年法の理念や目的との関係で慎重に検証していかなければならない。

その一方で，少年刑事事件の裁判員裁判については，すでに言及したように，55条移送の判断の困難さや，不定期刑の量定の困難さなど，早急に解決すべき論点が明らかである。また，通達等の下位の法令を根拠として運用されている少年の保護処分・刑事処分についても，根拠規定の明確化や処遇内容の改善など，解決すべき問題点は明らかであり，具体的な対応が必要な段階を迎えている。

2 少年法の国際的動向

(1) 少年司法に関する国際的動向

 少年司法システムのあり方は，各国の国内法として具体化されている一方で，国際的にも重要な関心事である。少年司法システムをめぐる国際的動向は，1980年代から特に顕著なものとなり，4つの国際準則が相次いで実現することになった。それらを成立年度順に見れば，1985年の「北京ルール」，1989年の「権利条約」，1990年の「リヤド・ガイドライン」および「少年保護規則」である。これらのうち，権利条約は，少年司法をも視野に入れながら，子どもの権利一般についての理念を明示している。また，3つの国連規則は，権利条約に先行した北京ルールを含めて，それぞれが緊密に連携することで，非行少年の処遇のすべての場面をカバーするという関係にある。

(2) 子どもの権利条約

 権利条約（前文と54条の本文）は，子どもの基本的人権を国際的に保護するために制定された国連条約で，子どもの権利宣言（1959年国連総会採択）に淵源をもつ。18歳未満を「子ども」としたうえで，国際人権規約（1976年発効）に規定された基本的人権について，子どもの視点から，その生存と成長，発達過程における子どもの特性に応じた特別の保護と援助の必要性を規定している。日本は，37条(c)（自由を奪われた子どもの扱い〔年齢に応じた人道的な扱いと成人との分離的扱いの要請，家族との接触を維持する権利の承認〕）を留保したうえで，1994年に採択し，「子どもの権利に関する条約」の名称で発効している（平6条2）。

 権利条約の基本的な姿勢は，①差別の禁止，②子どもに関わるす

べての活動において，子どもの最善の利益の第1次的な考慮と保障，③子どもの生命・生存・発達（成長発達権）の保障，④子どもの意見表明権の尊重，に示されている。また，特に非行少年に直接的に関わる規定は，保護規則と関連する37条と，北京ルールに関する40条に置かれている。それらは，残虐・非人道的な処遇の禁止，18歳未満に対する死刑と終身刑の禁止，身柄拘束の最終手段性と最短期間の要請など（37条）をはじめ，子どもの特性に応じた適切で社会復帰を目的とした扱いを受ける権利の承認，一般の被疑者・被告人に認められる権利の保障などを要請している（40条）。

(3) 3つの国連規則

適正手続の保障　適正手続については，北京ルールの規定が重要である。特に，少年犯罪者の手続について，刑事被告人に普遍的に保障される適正手続の最低基準（無罪推定，黙秘権，上訴権等）が保障されるべきことを明示したうえで，犯罪事実の告知を受ける権利や弁護人依頼権等にその範囲を拡張している。また，親・保護者の手続的権利として，手続一般への立会権，審判手続への参加権，監督権の保持，施設内処遇を受けている少年への接触権等を規定している。これらは，権利条約が規定するものでもある。

処分の選択基準　権利条約が，福祉の重視，比例原則，福祉的要素の強い多様な措置の積極的開発の要請を規定するとともに，北京ルールは，少年の福祉の重視のほか，犯罪者と犯罪の双方に比例する処分の必要性を明示している。これらは，少年の福祉を重視する観点から，少年の社会復帰（再社会化）の効果的な実現に向けた最善の処遇選択を保障する一方で，比例原則によって処遇選択を限界づけるものであり，行為主義的な観点が行為者主義的運用を制限するものになっている。

また，子ども（18歳未満）に対する死刑は，権利条約と北京ルールのいずれもが，明示的に禁止している。

処遇システム全体の改革　身柄拘禁（施設収容）は少年処遇に重大な弊害があるとの観点から，その回避と制限が一般的に要請される（北京ルール）とともに，拘禁の最終手段性とそのための運用が明示され（少年保護規則），収容施設についての厳格な具体的基準が示されている（リヤド・ガイドライン）。

施設収容処遇の制限 は，開放的な社会内処遇の活用と表裏をなすだけでなく，少年司法システムからの積極的な離脱（ダイヴァージョン）の推進につながる。ここから，北京ルールとリヤド・ガイドラインは，社会資源の最大限の活用による法的介入の減少が少年の福祉を増進させるという認識を前提として，ダイヴァージョンの積極的推進と，その受け皿としての社会内プログラムの提供を要請している。

II　少年法の将来と課題

1　少年法の将来

(1)　少年法の現状とその評価

　第9章までの叙述を通じて，日本の少年法の成立過程を確認したうえで，少年法が少年保護事件をどのように扱っているかについて見てきた。また，少年非行の状況や少年の刑事事件についても，必要に応じて言及してきた。したがって，本書で明らかにしたことが，日本の少年法の現状ということになる。他方，少年司法システムの成立過程で明らかにしたように，少年司法システムは歴史的な創造

物であり，社会情勢や理論的動向の変化等に応じて可変的であることも否定できない。少年法の現状は，まさに現時点のものでしかなく，現在の姿が将来のあり方を拘束するというわけではない。

しかし，そうであるとしても，少年法の将来が何らの制約もなしに可変的であってよいとは思われない。少年司法システムが独立した歴史と経緯，成人と決定的に異なる少年の特性を考えれば，最低限，少年司法システムを刑事裁判システムに再統合することは否定すべきである。今後は，独立した少年司法システムという枠組みのもとで，より適切な制度と運用を模索していくべきことになろう。

(2) 刑事裁判システムとの共通性

成人と質的に異なる少年の特性を強調するとしても，刑事事件との共通性を重視しなければならない場面はある。たとえば，要保護性の解明と処遇選択の前提となる非行事実の認定については，「疑わしきは被告人の利益に」の原則から，合理的な疑いを超える程度の心証を要求しなければならない。また，無罪推定の原則と同様に，非行事実が認定されるまでは非行事実の不存在が推定されているから，審判による非行事実の認定を経ない段階（調査段階）で積極的な処遇を行うことは許されない。調査段階での試験観察の活用が許されないのは，まさにこのためである。

刑事事件との共通性からは，さらに，適正手続の保障の要請が導かれる。この関係で，被疑事実の告知を受ける権利，黙秘権，法律扶助を受ける権利等については，現行少年法でも配慮が見られるが，より以上の適切な運用が期待される。他方，刑事裁判と同じような審判の対審構造化は，要保護性の解明と最適な処遇選択にはなじみにくく，職権主義的審問構造は基本的に維持されるべきである。

(3) 侵害原理と保護原理の関係

　本書の叙述を通じても明らかなように，日本の少年法をはじめとして，現在の少年司法システムの多くは，保護原理と侵害原理の調和のうえに成り立っている。ただ，その調和のあり方は，各国の事情に応じて一様ではない。したがって，少年法の将来は，侵害原理と保護原理との調和のあり方によって大きく左右される。ひとつの考え方は，非行事実の存在を要保護性解明の契機にすぎないと考え，その限りで侵害原理を考慮するものである。それは，要保護性を中心として少年法を考え，非行少年への法的介入を正当化する機能だけを侵害原理に求めるもので，行為者主義ということができる。他方，非行事実の内容（犯罪の程度等）を軽視できないと考えれば，重大事犯（原則逆送対象事件等）でありながら要保護性が相対的に低いような少年を念頭において，侵害原理を強調し，行為主義的な少年法の構造や運用を求めることもできる。

　非行事実は要保護性の反映であるから，通常，保護原理と侵害原理の調和の問題が表面化することは多くない。実際に問題になるのは，非行事実が重大かつ深刻な場合（凶悪な犯罪等）と，少年司法システムから早期に離脱させてよいと思われる場合（軽微な非行で要保護性が低い少年）である。これらの扱いは現在の重要な論点であり，その対応が少年法の将来像を左右するものとなる。

2　少年法の課題

(1) 重大事犯への対応

　少年による重大な犯罪事件や触法事案に対して，最近の社会は，非常に強い否定的ないしは拒否的な反応を示し，少年法の内容や運用を厳しくすることで対処すべきだとの傾向（いわゆる厳罰化論）

が強くなっている。こうした傾向は、日本に特有なものではなく、すでに1970年代の終わり頃から、アメリカやカナダを中心としたモラル・パニックに見られたところである。

犯罪に対する社会的非難を目的とする刑法では、罪刑均衡の原則（比例原則）が前提とされるため、個々の犯罪類型に適用しうる刑罰の幅が法定されており、それを前提として責任に応じた刑罰が量定される。他方、非行少年の健全育成（再社会化）を目ざす少年法は、非行事実と処遇との均衡以上に、要保護性と処遇との均衡を重視すべきことを要請する。このため、処遇内容は、非行事実に応じる形で一般的には法定されておらず、審判を通じて個別的・具体的に決定される。

他方、少年保護事件としての扱いが相当でない（少年刑事事件としての扱いが相当である）場合については、例外的に刑事裁判手続への事件送致が認められる。したがって、少年による重大な事件や深刻な事案についても、現行少年法を前提とする限り、このような枠組みの中で適切に対応する以外にはない。それを不充分ないしは不適切と考えるのであれば、少年法の改正を主張するほかない。ただ、その場合にも、少年の特性の重視と不可分の保護主義を前提として少年司法システムが成立したという歴史的事実を踏まえて、侵害原理との調和のあり方を主張すべきである。情緒的な厳罰化論は、理論的に正当化できないだけでなく、少年司法システムをいたずらに歪めるものでしかない。

(2) ダイヴァージョンの方向性

少年事件については、一般に、適切な段階や場面での積極的なダイヴァージョン（司法的対応からの離脱）が望ましいとされる。理論的には法的介入が正当化される非行少年であっても、要保護性が

解消ないしは大きく低下した場合は，できるだけ早期に司法的対応から解放することが健全育成に有用だと考えられるからである。専門機関としての家庭裁判所の先議・専議を重視して全件送致主義をとり，司法前処分を認めない現行少年法においては，適時のダイヴァージョンの必要性は特に大きい。こうした要請のもとで，少年法は，調査の結果としての審判不開始決定（19条1項）と審判の結果としての不処分決定（23条2項）による離脱を規定している。また，簡易送致事件における審判不開始や試験観察を活用して不処分で事件を終結させる運用も，離脱について重要な機能を果たしている。これらの運用の結果，家裁送致された事件の約65％が保護処分や刑事処分に付されることなく終結する。

　他方，カナダ少年刑事裁判法のように，凶悪・重大事犯には厳しい態度で臨む一方，軽微事案の初犯少年については，社会奉仕命令や被害回復等の多様なプログラムを創設したうえで，積極的なダイヴァージョンを目ざす法制もある。さらに，近時においては，被害者が参加する修復的司法＊を積極的に活用することによるダイヴァージョンの有用性や成功例を指摘する立場も多い。これらは，各国の文化的風土や社会情勢と深く関わるため，日本でただちに取り入れることは困難であるが，今後の少年法のあり方を考えるうえで重要な視点を提供するものといえよう。

＊　**修復的司法**　　ニュージーランドに起源をもち，1970年代以降のカナダ等の少年事件で大きな実績を上げているとされる。その一般的な形態は，被害者と加害者が同じテーブルについて事件を考えることにより，最終的に，和解による原状回復を図るものである。そして，その過程を通じて，加害者が被害者の心情や事件後の状況について深く知ることになる結果，両者の単なる和解にとどまらず，加害者の積極的な再社会化が達成されるともいわれる。その実績はファシリテーターの力量によって大きく左右される。

事項索引

〔あ　行〕

異議の申立て……………………130
意見聴取……………………142, 188
意見聴取書…………………144, 151
移　送………………………………111
移送決定……………………………257
一事不再理（効）…158, 203, 240, 246
一般化………………………………14
一般刑法犯…………………………11
一般遵守事項……………………222
一般人通告……………………104, 106
一般短期処遇……………………233
一般短期保護観察………………224
一般保護観察……………………223
違法収集証拠……………………176
医務室………………………………139
インテイク手続………114, 137, 182
インテイク面接……………………122
疑わしきは被告人の利益に………57
援助依頼……………………………142
押　収………………………………96
押収物………………………………114
御定書百箇条………………………32

〔か　行〕

外国人………………………………71
外国人少年…………………………219
外国籍少年…………………………123
解　除………………………………224
蓋然的心証…………………………135
回　付………………………………112
科学主義……………………………138
科学調査室…………………………139
可逆性………………………………12
下限（年齢の）……………………68
家裁内部での事件の移送………155
家庭裁判所…………………………53
家庭裁判所裁判官……………54, 164
家庭裁判所先議主義………58, 253
家庭裁判所調査官…55, 106, 117, 165
家庭裁判所調査官制度…………136
仮刑律………………………………32
仮釈放期間の短縮………………265
仮釈放の要件……………………264
仮収容………………………………125
仮収容の期間……………………126
仮保護処分…………………………41
簡易送致手続………………………58
簡易の呼出し……………………145
感化院………………………………34
感化処遇……………………………36
感化法…………………………35, 38
感化法改正…………………………36
環境調整命令…………………219, 222
換刑処分……………………………261
監獄則………………………………33
観護措置……………………………116
観護措置期間………………………95
観護措置決定手続………………122
観護措置の期間…………………128
観護措置の時期…………………123
観護措置の執行…………………124
観護措置の終了…………………133
観護措置の対象事件……………120
観護措置の取消し………………127

277

事項索引

観護措置の要件 …………………… 119
観護令状 …………………………… 95
鑑別結果通知書 …………………… 149
木曽川・長良川リンチ殺人事件 …… 23
起訴強制 …………………………… 253
起訴裁量主義 ……………………… 58
起訴状一本主義 …………………… 98
旧刑法 ……………………………… 33
旧少年法 …………………………… 37
旧　派 ……………………………… 26
凶悪化幻想 ………………………… 15
教育主義 …………………………… 47
競合処分取消手続 ………………… 245
強制処分 …………………………… 101
強制的措置 …………………… 160, 227
強制的措置許可申請事件 ………… 105
協力依頼 …………………………… 142
切替え ……………………………… 132
記録・証拠物の閲覧と謄写 ……… 171
記録等の閲覧等 …………………… 152
緊急執行 …………………………… 147
緊急同行状 ………………………… 146
緊急保護 …………………………… 146
近代市民社会 ……………………… 26
国親（パレンス・パトリエ） …… 6
虞　犯 ……………………………… 5
虞犯事由 ………………………… 79, 81
虞犯少年 ………………… 79, 103, 236
虞犯性 …………………………… 79, 81
虞犯調査 …………………………… 103
虞犯通告 …………………… 105, 223
虞犯の対象 ………………………… 82
刑事裁判 …………………… 63, 273
刑事司法 …………………… 47, 63
刑事司法システム ………………… 1

刑事処分 …………………………… 38
刑事処分相当検送 ………… 196, 249
刑事処分優先主義 ………………… 58
刑事処分を求める抗告 …………… 209
刑事補償 …………………………… 214
刑事未成年 ………………………… 77
刑の優先執行 ……………………… 263
刑　罰 ……………………………… 3
軽微事件 …………………………… 182
刑法犯 ……………………………… 11
ケースワーク機能 ………………… 61
決　定 ……………………………… 83
決定書 ……………………… 83, 200
決定書の更正 ……………………… 201
検　察 ……………………………… 166
検察官 ……………………………… 97
検察官関与 ………………………… 185
検察官関与決定事件 ……… 204, 208
検察官先議主義 ………………… 39, 57
検察官送致 ………………………… 160
検察官送致決定 …………………… 250
検察官送致決定書 ………………… 253
健全育成 …………… 42, 45, 47, 80, 85,
　　　　　　　　　　　150, 275, 276
原則逆送 …………………… 249, 256
厳罰化論 …………………………… 17
権利擁護 …………………………… 102
行為時基準 ………………… 69, 258, 262
行為者主義 ………………………… 168
行為者主義的性格 ………………… 57
行為主義 …………………………… 218
行為主義的性格 …………………… 57
公開裁判 …………………………… 167
公開法廷 …………………………… 255
抗　告 ……………………………… 206

278

事項索引

抗告受理決定 …………………… 210
抗告受理申立 …………… 209, 240
抗告審の裁判 …………………… 210
抗告の期間 ……………………… 208
抗告の対象 ……………………… 206
抗告の取下げ …………………… 208
抗告理由 ………………… 201, 206
更　新 …………………………… 128
公訴時効の停止 ………………… 113
交通関係事件 …………………… 182
交通切符制度 …………………… 183
交通短期保護観察 ……………… 224
交通保護観察 …………………… 224
神戸連続児童殺傷事件 ………… 16
公立感化院 ……………………… 36
勾　留 …………………… 92, 252
勾留に代わる1号観護の取消し … 95
勾留に代わる観護措置 … 93, 121, 128, 130, 252
勾留場所 ………………………… 93
国際的動向 …………… 24, 46, 270
国選付添人 ……………………… 185
告　知 ……… 118, 122, 126, 161, 198, 199, 202, 242, 244, 251
国立感化院 ……………………… 36
子どもの救済運動 ……………… 28
子どもの権利条約 ……………… 270
個別処遇 ………………………… 64
個別審理の原則 ………………… 169
小松川女子高生殺害事件 ……… 21
コモン・ロー …………………… 6, 26

〔さ　行〕

再移送 …………………………… 257
再起事件 ………………………… 110
再逆送 …………………… 255, 257
罪刑法定主義 …………………… 27
再抗告 …………………………… 211
再社会化 ………………… 30, 48
再　審 …………………………… 215
再送致 …………………………… 254
在宅鑑別 ………………………… 148
在宅事件 ………………………… 114
裁定合議性 ……………………… 184
裁判員裁判 ……………………… 256
堺少女等殺傷事件 ……………… 22
佐世保事件 ……………………… 227
死刑適用の一般的基準 ………… 259
死刑の緩和 ……………………… 259
試験観察 ………………… 133, 190
試験観察の期間 ………………… 191
試験観察の機能 ………………… 190
試験観察の対象 ………………… 191
試験観察の方法 ………………… 192
試験観察の要件 ………………… 191
資質鑑別 ………………………… 148
事実的措置 ……………………… 65
事実認定 ………………………… 173
事実の誤認 ……………………… 207
施設収容処遇の制限 …………… 272
施設送致決定 …………………… 245
施設送致申請 …………… 223, 245
自庁認知制度 …………………… 108
執　行 …………………………… 147
実体的審判不開始 ……………… 157
実費の保障 ……………………… 195
実名報道 ………………… 20, 24
指定書 …………………………… 230
児童委員 ………………………… 105
指導監督 ………………………… 222

事項索引

児童自立支援施設 …………………… 225
児童相談所 ………………………… 88, 105
児童福祉機関先議主義 ………… 59, 74, 98, 104
児童福祉機関送致 …………………… 196
児童福祉司 …………………………… 105
児童福祉法 ……………………… 42, 225
児童福祉法上の措置 ………………… 159
児童養護施設 ………………………… 225
自白の証拠能力 ……………………… 175
司法警察員 …………………………… 97
司法の廉潔性 ………………………… 176
社会調査 …………… 136, 150, 153, 177
社会的非難 …………………… 49, 275
社会復帰モデル ……………………… 47
社会防衛機能 ………………………… 62
終局決定 ……………………………… 132
重大事犯への対応 …………………… 274
修復的司法 …………………………… 276
収容継続 ……………………………… 240
収容継続決定 ………………………… 242
収容継続申請書 ……………………… 241
収容継続の要件 ……………………… 241
収容の一時継続 ……………………… 133
14歳未満の少年の扱い ………………… 59
受理経路 ……………………………… 110
受理時基準 …………………………… 111
受理審査 ……………………………… 114
受理手続 ………………………… 108, 112
準少年保護事件 ……… 84, 239, 240, 243
上限（年齢の） ……………………… 68
証拠裁判主義 …………………… 173, 175
証拠調請求権 ………………………… 174
証拠の取調方法 ……………………… 177
証拠物等の扱い ……………………… 113
証拠法則 ……………………………… 179
情操の保護 …………………………… 102
証人尋問権 …………………………… 174
少年 …………………………… 67, 164
少年院 ………………………………… 228
少年院仮退院者 ……………………… 243
少年院送致 …………………………… 228
少年院の種類 ………………………… 229
少年観 …………………………… 2, 25
少年鑑別所 ……………………… 56, 148
少年鑑別所送致 ……………………… 118
少年救護法 …………………………… 41
少年警察部門 ………………………… 90
少年刑事事件 …………………… 71, 84
少年刑務所 ……………………… 236, 263
少年司法システム ……………… 1, 29
少年受刑者 ……………………… 228, 236
少年処遇施設 ………………………… 29
少年審判 ……………………………… 163
少年審判官 …………………………… 54
少年審判所 …………………………… 40
少年調査記録 …………………… 151, 153
少年調査票 …………………………… 151
「少年とみなす」扱い ………………… 73
少年の刑事事件 ……… 39, 47, 139, 247
少年の責任 …………………………… 49
少年の特性 …………………………… 47
少年の福祉を害する成人の刑事事件 …………………………………… 43
少年の保護事件 ……………………… 40
少年非行 ……………………………… 9
少年非行の経年的傾向 ……………… 11
少年法典 ……………………………… 44
少年法の改正 ………………………… 266
少年法の理念と目的 ………………… 255

事項索引

少年保護規則……………………270
少年保護司…………………40, 55
少年保護事件……………………82
少年保護事件記録………152, 153
少年補償…………………………214
少年補導職員……………………100
処遇意見……………98, 107, 150
処遇課程…………………………232
処遇勧告…………220, 224, 233, 244
処遇の個別化……………………66
処遇の種類………………………217
処遇選択…………………………217
触法少年……………………77, 98
触法少年の処遇…………………236
触法調査制度……………………100
処断刑……………………………259
職権主義的審問構造……63, 174, 209, 250
職権証拠調義務…………………174
処分・裁判時基準……70, 261, 264
処分終了時基準…………………69
処分の選択基準…………………271
処理時基準………………………111
侵害原理……………3, 45, 215, 274
人格重視説………………………109
人格調査…………………………138
人権保障……………………42, 50
人口比……………………………12
心証の程度…………………177, 179
新　派……………………………29
審判開始…………………………160
審判開始決定……………………161
審判期日…………………………170
審判条件…………………………135
審判調査…………………………181

審判に付すべき少年……………74
審判の進行………………………172
審判の対象………………………164
審判の場所………………………171
審判不開始………………………156
審判不能…………………………156
新聞協会の方針…………………21
審理の方針………………………256
ステイタス・オフェンダー……79
正式の呼出し……………………145
政治犯・確信犯…………………219
成　人……………………………67
成人に対する特別な扱い………73
成長発達権………………………48
責任主義…………………………4
責任要件…………………………76
接　見……………………………126
全件送致主義……………………58
全件調査主義……………………134
捜査機関…………………………89
送　致……………………97, 102, 104
送致書……………………………98
訴訟条件…………………………251
育て直し…………………………226
粗暴化……………………………13

〔た　行〕

第三者没取………………………202
対審構造化………………………269
第2次感化法改正………………38
ダイヴァージョン……61, 272, 275
大陸法…………………………6, 26
単独性……………………………183
小さな大人………………………25
中間答申と中間報告……………268

長期処遇	233
調査過程における試験観察	190
調査官観護	117, 252
調査前置主義	134
調査の嘱託	141
調査の方法	141
調査報告	151
調査命令	140
懲治処分	33
直接審理の原則	168
直送	91
直送事件	97
陳述録取調書	151
追送事件	121
通告	104
通達	46
通知	144, 170, 181, 186, 188, 199, 240, 251
通知義務	123
付添人	165, 166
連戻し	234, 236
低年齢化	14
適正手続	154, 271
手続的審判不開始	156
伝聞証拠	176
同一性推知情報	19, 21
動向観察	220
同行状	124, 146, 170
当事者主義的対審構造	63
道徳原理	3
特修短期処遇	234
特別抗告	132
特別更新	128
特別遵守事項	222
土地管轄	111
取調べ	96

〔な 行〕

長崎事件	227
永山事件最高裁判決	260
流山中央高校事件	51
2号観護措置	94
認定替え	178
年超検送	196, 248
年迫（年齢切迫）少年	72
年齢	68
年齢の認定方法	71
年齢判断の基準時	69

〔は 行〕

罰金見込検送	183
発見活動の主体と客体	88
犯罪	75, 89
犯罪被害者	52
犯罪学校	28
犯罪少年	75
犯罪報道	24
判事補	250
判事補の単独関与	54
被害者	142
被害者調査	139
被害者等	187
被害者等に対する説明	189
被害者等の申出による意見の聴取	180
被害者等の申出による記録の閲覧・謄写	171
被害者に対する配慮	142, 187
被害者傍聴制度	187
光市母子殺害事件最高裁判決	260

被疑少年の捜査	91
非公開の原則	167
非行事実	200
非行事実重視説	109
非行事実不存在	204
非行少年	74, 88
非行少年対策	45
非行なし	198
非行の発見活動	86
微罪処分	58
人の資格に関する法令	262
否認事件	135
非方式性	169
費用徴収	202
広島少年院事件	233
夫婦小舎制	226
不起訴処分	254
福祉処分優先主義	60
福祉モデル	30, 50
不告不理の原則	108, 178
不処分決定	197
不処分優先主義	61
付随措置	192, 219
不定期刑	260
不服申立	251
不服申立制度	130
扶養義務者	202
不利益変更	211
プロベーション制度	29
不論罪懲治	34
分類処遇	224, 230
併合審判の原則	168
北京ルール	270
別件保護	158
弁護士付添人	102, 166
弁護人	253
保安処分制度	30
報告	106
報告・意見の提出	220
法定代理人	207
法的調査	134
法務省「少年法改正に関する構想・同説明書」	266
法務省「少年法改正要綱」	267
法律記録	134
法令の違反	207
保護観察	221, 265
保護観察官	105, 222
保護観察所	105, 221
保護観察の方法	222
保護原理	3, 31, 45, 80, 87, 215, 274
保護司	105, 222
保護者	164, 166
保護者通知	123
保護者に対する措置	235
保護処分	41, 65, 199
保護処分決定	198
保護処分終了後の取消し	238
保護処分の事後的変更	240
保護処分の取消し	213, 239
保護処分優先主義	60, 247, 257
保護的・教育的配慮	169
保護的措置	157, 183
保護不適説	249
保護不能説	249
補充捜査	127, 135
北海道家庭学校	34
没取	201, 214
補導委託	194
補導援護	222

本収容 ………………………… 125

〔ま 行〕

身柄拘束 ………………………… 124
身柄事件 ……………… 114, 120, 148
身柄事件連絡票 ………………… 122
身柄付補導委託 ………………… 193
身柄引上げ ……………………… 121
身柄保全 ………………… 117, 121
みなし勾留 ……………………… 251
無期刑の緩和 …………………… 259
名誉毀損 ………………………… 23
黙秘権 …………………… 154, 172
戻し収容 ………………………… 243
モラル・パニック ……………… 17

〔や・ら・わ行〕

要保護性 ………… 60, 64, 80, 136, 178
要保護性重視説 ………………… 218
要保護性の判断 ………………… 179
余罪 ……………………………… 205
余罪の扱い ……………………… 180
余罪の取調べ …………………… 127
呼出し …………………… 144, 170
呼出状 …………………………… 145
リヤド・ガイドライン ………… 270
理由差替 ………………………… 132
留置 ……………………………… 92
累進処遇 ………………………… 230
労役場留置 ……………………… 261

〈著者紹介〉

丸山雅夫（まるやま・まさお）
1980年　上智大学大学院法学研究科博士課程修了
現　在　南山大学法科大学院教授
　　　　法学博士（上智大学）

〔主著〕『結果的加重犯論』（成文堂，1990年）
　　　　『カナダの少年司法』（成文堂，2006年）
　　　　『プロセス演習刑法総論・各論』（共著，信山社，2009年）
　　　　『ケーススタディ刑法〔第3版〕』（共著，日本評論社，2011年）
　　　　『ブリッジブック刑法の基礎知識』（共著，信山社，2011年）
　　　　『少年法講義〔第2版〕』（成文堂，2012年）

ブリッジブック少年法入門　〈ブリッジブックシリーズ〉

2013（平成25）年3月21日　第1版第1刷発行　2344-0101

著　者　丸　山　雅　夫
発行者　今　井　　　貴
　　　　渡　辺　左　近
発行所　信山社出版株式会社
　　　　〒113-0033　東京都文京区本郷6-2-9-102
　　　　　　　　　電　話　03（3818）1019
　　　　　　　　　ＦＡＸ　03（3818）0344
Printed in Japan　　　　E-mail info@shinzansha.co.jp

Ⓒ丸山雅夫，2013.
印刷・製本／松澤印刷・渋谷文泉閣
ISBN978-4-7972-2344-6　C3332
NDC 327.8　少年法

さあ，法律学を勉強しよう！

　サッカーの基本。ボールを運ぶドリブル，送るパス，受け取るトラッピング，あやつるリフティング。これがうまくできるようになって，チームプレーとしてのスルーパス，センタリング，ヘディングシュート，フォーメーションプレーが可能になる。プロにはさらに高度な「戦略的」アイディアや「独創性」のあるプレーが要求される。頭脳プレーの世界である。

　これからの社会のなかで職業人＝プロとして生きるためには基本の修得と応用能力の進化が常に要求される。高校までに学んできたことはサッカーの「基本の基本」のようなものだ。これから大学で学ぶ法律学は，プロの法律家や企業人からみればほんの「基本」にすぎない。しかし，この「基本」の修得が職業人の応用能力の基礎となる。応用能力の高さは基本能力の正確さに比例する。

　これから法学部で学ぶのは「理論」である。これには2つある。ひとつは「基礎理論」。これは，政治・経済・社会・世界の見方を与えてくれる。もうひとつは「解釈理論」。これは，社会問題の実践的な解決の方法を教えてくれる。いずれも正確で緻密な「理論」の世界だ。この「理論」は法律の「ことば」で組み立てられている。この「ことば」はたいへん柔軟かつ精密につくられているハイテク機器の部品のようなものだ。しかしこの部品は設計図＝理論の体系がわからなければ組み立てられない。

　この本は，法律の専門課程で学ぶ「理論」の基本部分を教えようとするものだ。いきなりスルーパスの修得はできない。努力が必要。高校までに学んだ「基本の基本」を法律学の「基本」に架橋（ブリッジ）しようというのがブリッジブックシリーズのねらいである。正確な基本技術を身につけた「周りがよく見える」プレーヤーになるための第一歩として，この本を読んでほしい。そして法律学のイメージをつかみとってほしい。

　さあ，21世紀のプロを目指して，法律学を勉強しよう！
　　2002年9月

　　　　　　　　　　　　　信山社『ブリッジブックシリーズ』編集室

〔図5〕審判段階での少年保護事件の扱い

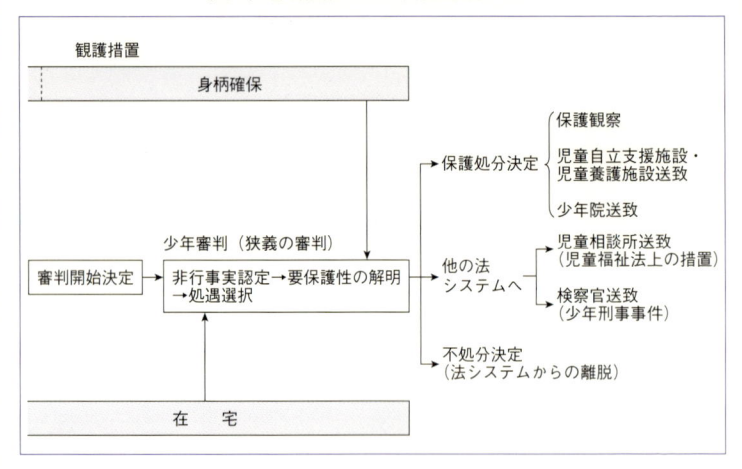

観護措置
- 身柄確保
- 在宅

審判開始決定 → 少年審判（狭義の審判）非行事実認定→要保護性の解明→処遇選択

- 保護処分決定
  - 保護観察
  - 児童自立支援施設・児童養護施設送致
  - 少年院送致
- 他の法システムへ
  - 児童相談所送致（児童福祉法上の措置）
  - 検察官送致（少年刑事事件）
- 不処分決定（法システムからの離脱）

〔図6〕少年院処遇の流れ図

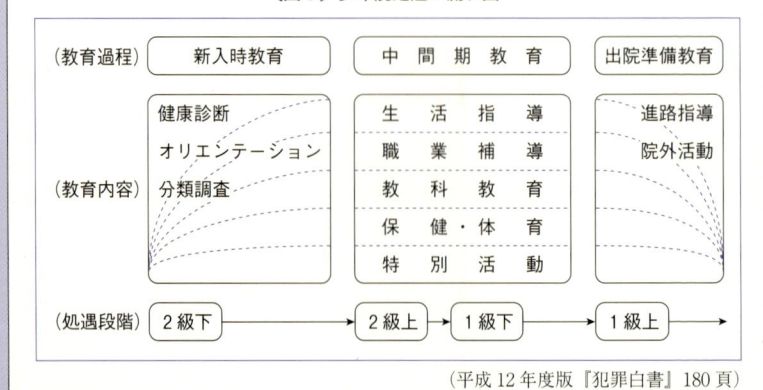

(教育過程)	新入時教育	中間期教育	出院準備教育
(教育内容)	健康診断／オリエンテーション／分類調査	生活指導／職業補導／教科教育／保健・体育／特別活動	進路指導／院外活動
(処遇段階)	2級下 →	2級上 → 1級下 →	1級上 →

（平成12年度版『犯罪白書』180頁）